A MON PÈRE ET A MA MÈRE.

LA RÉFORME

ET

LA LIGUE EN ANJOU

PAR

ERNEST MOURIN

PROFESSEUR AGRÉGÉ D'HISTOIRE AU LYCÉE IMPÉRIAL ET A L'ÉCOLE SUPÉRIEURE
D'ANGERS

PARIS

AUGUSTE DURAND, LIBRAIRE

7, RUE DES GRÈS

1856

INTRODUCTION.

La Réforme et la Ligue sont encore aujourd'hui, après trois siècles de débats passionnés, un terrain disputé sur lequel se rencontrent les partis. Je ne viens pas cependant, en auxiliaire attardé, m'enrôler au service de tel ou tel système, et ne me crois pas tenu, comme un contemporain du Béarnais et des Guise, d'opter pour un drapeau. Il peut être bon, au milieu des guerres civiles, de rappeler aux honnêtes gens la loi de Solon ; mais on ne saurait l'appliquer dans des recherches historiques qu'au détriment de la justice et de la vérité. Il semble d'ailleurs que, les enseignements du passé et le progrès des mœurs publiques ayant fait triompher dans les esprits, comme dans les lois, le grand principe de la liberté de conscience, il est devenu facile d'étudier sans arrière-pensée et d'exposer sans passion des faits dont le retour n'est plus possible.

Les limites d'une province sont le cadre restreint de cet essai. Il en est de l'histoire générale du xvie siècle comme de l'histoire de France : elle ne sera complète et définitive que lorsque des monographies en auront élaboré les éléments épars. Déjà de nombreux travaux ont jeté une vive lumière sur les principaux personnages militaires et politiques; les prédicateurs ont eu leur historien; quelques provinces ont fourni leur contingent local. Pour ma part, en étudiant l'histoire des troubles religieux de l'Anjou, j'ai cherché surtout à retrouver leur influence sur le régime d'une commune, capitale de province.

L'Anjou est à beaucoup d'égards une contrée privilégiée; les poètes l'ont chanté avec amour, et l'on rencontre son nom à toutes les pages de notre histoire nationale. Quand, du sommet d'un coteau couronné de vignes, on promène son regard sur les riants paysages qui se déroulent le long des deux rives de la Loire, ces vertes plaines à peine accidentées de loin en loin par de faibles ondulations, ces champs chargés de fleurs et de fruits, ce doux soleil dont la lumière est souvent tempérée par une légère brume, tout fait songer au mot de César, *Andecavi molles*. Et pourtant, dans ces heureuses campagnes que Ronsard appelait le *Paradis de la France,* au milieu de cette molle atmosphère qui semble porter à l'oisiveté et au plaisir, s'agite une population intelligente, active et laborieuse. Ce sol fécond a porté, comme la patrie du poète, sa moisson d'hommes, héros, penseurs, poètes, artistes, savants, hommes d'Etat, jurisconsultes. L'histoire de ses princes égale souvent en intérêt celle des rois de France. C'est sur les bords de ses trente rivières que Robert l'Angevin, le *Macchabée des Francs*, inaugura dans mille combats la glorieuse popularité de notre troisième dynastie; ses comtes Ingelgériens mirent leur branche de genêt sur la.couronne d'Angleterre; ses comtes Capétiens allèrent s'asseoir sur le trône des Deux-Siciles; ses ducs occupèrent, perdirent et disputèrent longtemps les royaumes d'Aragon, de Naples et de Jérusalem. A la passion des armes, ces princes associèrent toujours le goût des lettres et des arts : dès le xᵉ siècle, Foulques-le-Bon faisait dire hardiment à Louis d'Outre-Mer qu'un roi illettré est *un âne couronné,* et l'on sait qu'au xvᵉ, le bon René, après une jeunesse héroïque, se consolait, dans ses vieux jours, de la perte d'une province, en peignant des perdrix grises ou en écrivant des chansons d'amour.

L'Anjou garda jusqu'au temps de Louis XI son caractère féodal. Pendant quatre siècles, une brillante noblesse versa son sang sur tous les champs de bataille où se promenait la fortune aventureuse des comtes et des ducs. Mais ces guerres lointaines, puis la lutte contre les Anglais, décimèrent cruellement l'aristocratie angevine : le roi René ne comptait déjà plus autour de lui qu'un petit nombre de gentilshommes dont l'écusson portât le signe des croisades. C'est alors que la bourgeoisie fut introduite sur la scène politique.

IV

Le gouvernement paternel des ducs avait favorisé les progrès du tiers-état. Louis XI aimait beaucoup les « bons bourgeois d'Angers, et il alloit même diner et souper chez eux pour les attirer à son service. » Les grandes chasses du pays, les belles îles de la Loire, les pèlerinages et les reliques célèbres accrurent sa passion, si bien qu'un jour il s'empara des châteaux d'Angers et de Saumur, et chassa le bon René qui s'en alla finir ses jours en Provence. Pour contrebalancer la juste popularité des ducs, le roi accorda aux Angevins une charte municipale (1474). Ses successeurs confirmèrent les priviléges et libertés contenus dans cet acte mémorable. Après avoir subi quelques modifications, le corps de ville se composait, sous François II, d'un maire annuel, de vingt-quatre échevins perpétuels, d'un procureur, d'un greffier, de quatre connétables et de dix sergents. A toutes les magistratures, et à l'office de procureur, était attaché le privilége de noblesse; tous les habitants pouvaient, en outre, tenir, francs de tout droit, fiefs et terres nobles, et ils étaient exempts de toutes chevauchées, bans et arrière-bans.

La charte de Louis XI ouvrit une ère nouvelle en faisant de la bourgeoisie, déjà riche et éclairée, une classe dominante. Les parvenus de l'échevinage formèrent même une seconde noblesse. Les descendants des seigneurs féodaux les appelaient en dérision *des nobles de cloche ou de clapier*. Mais ces bourgeois-gentilshommes bravaient les dédains, achetaient des fiefs dont ils usurpaient les noms aristocratiques, élevaient dans la ville de somptueuses demeures et bâtissaient des châteaux dans les champs. Leurs petits-fils se croyaient de bonne foi descendants des croisés. Le patriotisme local était très vif dans cette active bourgeoisie; c'est par ses soins que la capitale de la province fut en quelque sorte transformée; c'est elle qui creusa les ports, qui pava les rues, qui assainit les vieux quartiers, qui acheva les murailles. Aujourd'hui encore les noms que la tradition populaire conserve à des quartiers, à des ports et à ces beaux *logis*, restes gracieux de l'art de la Renaissance, attestent le sentiment élevé et l'œuvre intelligente des bourgeois du xvie siècle.

L'échevinage assurait une grande indépendance et même une sorte d'autonomie à la commune d'Angers. D'autres institutions, empreintes à divers degrés du caractère local, complétaient la vie municipale.

Le présidial d'Angers, créé par une ordonnance d'Henri II, avait été installé le 20 juin 1552. Son président, le lieutenant-général civil, le lieutenant-général criminel et le lieutenant-particulier prenaient part aux délibérations du corps de ville. Les conseillers pénétrèrent aussi par l'élection dans l'échevinage, et y firent prévaloir leur influence. De là, d'ardentes rivalités entre les magistrats et les représentants du commerce et de l'industrie. Mais, après tout, le présidial se recrutait dans les familles bourgeoises, et servait ainsi de débouché aux intelligences les plus cultivées. Dans son sein, et dans le nombreux barreau qui s'éleva auprès de lui, se formèrent des hommes d'un rare talent et d'un grand caractère. Angers compta bientôt plusieurs de ces familles de robe, l'honneur du xvie siècle par la science, l'intégrité et la gravité des mœurs. Gardiens austères de la vertu publique, les Grimaudet, les Ayrault, les Gourreau, les Bonvoisin étaient une leçon vivante pour la cité. Leurs doctes travaux en faisaient la gloire, et ont contribué, en dégageant le droit des entraves de la barbarie, à préparer l'avènement des principes qui triomphèrent deux siècles plus tard. C'est à cette forte école des magistrats angevins que grandit Choppin, un des jurisconsultes les plus remarquables de son temps, et que Bodin se prépara aux travaux qui ont immortalisé son nom.

Les lettres, qui seules consacrent la grandeur des cités, étaient cultivées avec éclat dans l'Université d'Angers. Il faut remonter au-delà du xe siècle pour retrouver l'origine des premières écoles. L'hérésiarque Bérenger y enseignait au xie siècle, et avait pour disciple saint Bruno, le fondateur de l'ordre des Chartreux; au xiie, Robert d'Arbrissel y professait la théologie; au xiiie, l'Université de Paris venait presque tout entière y chercher un refuge. On peut voir dans *les Recherches* de Bodin, la longue liste des professeurs illustres qui se succédèrent dans l'Université d'Angers, et celle des jurisconsultes, des évêques, des cardinaux qui en sortirent. Avec son grand logis aux six fenêtres timbrées des écussons de ses six nations, ses quatre grands colléges, ses innombrables écoles, sa jeunesse bruyante et querelleuse, ses fêtes pompeuses, orgueil et joie des familles bourgeoises, l'Université d'Angers comptait parmi les plus célèbres des instituts de ce genre.

Le clergé se rattachait aussi par des liens étroits au régime municipal. Son évêque siégeait au Capitole, dont le nom rappelait au peuple les traditions les plus lointaines de son histoire. Les chanoines, les curés, mêlés aux représentants des paroisses dans les assemblées de l'hôtel de ville, participaient à tous les actes importants de la commune. Les quatre grandes abbayes bénédictines, Saint-Nicolas, Saint-Serge, Saint-Aubin et le Ronceray, asiles toujours ouverts aux âmes malades et aux natures pieuses, étaient en relations journalières avec le peuple. De belles cérémonies, des solennités patronales, de pompeuses processions, dont on retrouve aujourd'hui le souvenir dans les magnificences du *Sacre,* rendaient aimable à ce peuple croyant, avide d'émotions et de spectacles, une religion qui tempérait ses sévérités par le charme de ses fêtes.

Ce sont ces institutions, jointes à une foule d'usages traditionnels, qui attachaient à la cité les bourgeois du xvie siècle. Ils passaient volontiers leur vie entière auprès de leur berceau, pratiquant les modestes vertus de leurs pères, et n'aspirant pour toute ambition qu'à une charge d'échevin ou à un siége de conseiller au présidial. Ils songeaient rarement à sortir de cette sphère qui suffisait à leur activité, et leur offrait tout ce que poursuit une ambition légitime, la liberté, la considération et la fortune.

Il m'a semblé utile d'esquisser, en quelque sorte, le théâtre sur lequel se sont passés les évènements qui forment l'objet de cette étude. Il me reste à dire un mot des *sources* où j'ai puisé.

Pour retrouver la bourgeoisie d'Angers au xvie siècle, et la prendre, pour ainsi dire, sur le fait, il suffit d'ouvrir *les Registres des délibérations et conclusions de l'hostel de ville*. Elle vit là tout entière : ses pensées et ses actes y sont consignés au jour le jour, avec un caractère de vérité qu'on chercherait vainement ailleurs. En interrogeant ces vénérables monuments où la commune a laissé son âme, on voit avec émotion revivre soudain les fortes générations dont les vertus civiles ont préparé la France de 1789. Les *Registres* sont entièrement inédits; leur publication fournirait assurément des matériaux curieux à l'histoire du régime municipal : on y trouve, outre les délibérations du corps de ville, un très grand nombre de pièces intéressantes sur les diverses époques comprises entre 1474 et 1789.

Les documents officiels ne disent point tout; ils ont besoin d'être éclairés et complétés par la chronique. Le *Journal* de Louvet, sergent-royal au présidial d'Angers, peut servir de commentaire aux *Registres*. L'indifférence de plusieurs générations, puis la jalousie d'un bibliophile, l'ont retenu longtemps dans l'obscurité. Le manuscrit appartient aujourd'hui à la Bibliothèque de la ville d'Angers. La *Revue d'Anjou* rend un véritable service aux sciences historiques en le publiant. Bodin ne l'a connu qu'après avoir écrit le récit des guerres religieuses; il s'est contenté d'en donner quelques extraits. L'œuvre du sergent-royal n'offre pas sans doute l'intérêt général des *Discours* de Pierre L'Estoile, mais on y trouve la fidèle peinture des mœurs provinciales de l'époque et les détails les plus instructifs sur les passions populaires, les luttes et les excès des partis. Louvet n'appartenait point à la haute bourgeoisie; il n'occupait qu'un office subalterne au présidial. Cette position intermédiaire, et mal définie, semble l'avoir rendu tout à la fois étranger aux sentiments élevés des classes supérieures et à la générosité instinctive des artisans. Imbu des plus sots préjugés, ignorant, hargneux, toujours en opposition à ceux qui le gouvernent, et qu'il sert malgré lui, il se peint à merveille dans son style. Sa phrase incorrecte et embarrassée se traine lourdement. Si la passion religieuse l'emporte quelquefois, et qu'un cri s'échappe de son cœur brisé, son émotion est passagère, il retombe bientôt pesamment dans son impassibilité. Jamais il ne s'élève, jamais un trait qui prouve non pas de l'esprit, mais quelque chaleur d'âme; il note les faits dramatiques de l'histoire comme un marchand qui inscrit dans son journal ses ventes et ses achats. On s'étonne qu'un personnage aussi peu intelligent ait eu la tentation d'écrire. Tel qu'il est cependant, le journal de Louvet n'en intéresse pas moins vivement. Le sergent était de la race de ces curieux infatigables qui passent presque toute leur vie dans les rues, sur les places, aux portes des villes. Il allait écoutant les oisifs, guettant les nouvelles, s'enquérant du moindre incident, faisant cortége à tout personnage, accourant à toutes les cérémonies, prenant sa part de toutes les fêtes, et ne restant étranger à aucun des mille détails qui composent la vie publique d'une ville. Aux heures de loisir, Louvet consignait dans son livre ce qu'il avait vu et entendu : l'ordonnance publiée à son de trompe, la compagnie sortie en armes, le canon qui avait traversé la cité, les capitaines reçus dans la ville, les phénomènes dont s'entretenait le peuple, les espérances, les alarmes, toute nouvelle, tout bruit, toute rumeur; rien n'avait échappé à son œil vigilant, à son oreille attentive. Mais ce que le chroniqueur angevin se plaît surtout à raconter, ce sont les faits qui intéressent ses passions d'homme de parti. Tout trahit en lui un fougueux ligueur : il énumère avec complaisance les victimes que fait l'intolérance; il poursuit sans fin de ses invectives les religionnaires calvinistes. Aucun préjugé ne l'arrête; l'esprit démocratique de l'époque l'inspire dans ses attaques contre Henri III, et le sergent-royal refuse superbement le titre de roi de France à Henri IV jusqu'au jour où l'absolution, venue de Rome, le force à désarmer.

Louvet, du reste, ne sort pas d'Angers; c'est à peine si de temps en temps il jette un coup d'œil par dessus les murs de la ville sur les campagnes environnantes. Il est

presque toujours mal renseigné sur les faits qui survien-
nent à quelque distance, même dans l'intérieur de la
province. L'*Histoire d'Anjou* par le bénédictin Roger nous
vient alors en aide. Cet écrivain vivait quelques années
après Louvet, et rédigeait son livre à la veille de la révocation de l'édit de Nantes. Il n'appartient pas assurément
à la grande famille des Dom Vaissette et des Dom Calmet;
il a peu de science et peu de critique. Mais ses récits
offrent quelques détails utiles que le bénédictin angevin
avait sans doute recueillis de la bouche de son grand-
père, Toussaint Roger, mêlé à tous les troubles, ou qu'il
avait entendu raconter aux vieillards de la grande abbaye
Saint-Nicolas dans laquelle il vécut plusieurs années.
Roger mourut avant d'avoir publié son œuvre; la *Revue
d'Anjou* l'a récemment mise au jour.

Deux prêtres, partis de deux points opposés, essayèrent au xviiie siècle de coordonner les récits de Louvet
et les documents qui s'y rattachent. Le premier en date,
Joseph Grandet, curé de Sainte-Croix et supérieur du
petit séminaire d'Angers, était un ultramontain, ligueur
venu trop tard, auquel le sergent-royal semble avoir
transmis son esprit. Il composa des *Mémoires pour servir
à l'histoire de l'Eglise d'Angers*. Son travail est resté
manuscrit; la Bibliothèque d'Angers n'en possède que
quelques parties. Malgré la pesanteur du style et la passion étroite qui inspire les jugements de l'auteur, on le
lit avec intérêt.

L'autre historien est l'abbé Rangeard, député du

clergé à l'Assemblée nationale. Il nous apprend lui-même
que redoutant les suites funestes de la constitution
civile de l'Eglise, il essayait de prévenir les maux d'une
guerre religieuse en traçant pour ses contemporains le
tableau des malheurs du xvie siècle. Ses *Mémoires pour
servir à l'histoire du calvinisme et de la Ligue en Anjou,*
n'ont pas été plus heureux que ceux de Joseph Grandet;
ils sont restés inédits et font aussi partie des manuscrits
de la Bibliothèque d'Angers. Rangeard est franchement
gallican. Il y a plus : l'impartialité philosophique qu'il
affecte, trahit déjà le futur curé constitutionnel. Son
style ne manque ni de force ni d'éclat, mais il se ressent
trop souvent de l'emphase que Rousseau avait mise à la
mode. Rangeard avait étudié l'histoire de sa province
avec une véritable passion. Son travail sur le xvie siècle
est sans contredit le plus complet et le plus riche de faits
et de documents. L'auteur des *Recherches* a copié tex-
tuellement dans Rangeard toute son histoire des guerres
religieuses.

Enfin j'ai trouvé dans la Bibliothèque d'Angers un
certain nombre de pièces inédites, lettres, abjurations,
procès-verbaux, ordonnances, recueillies et mises en
ordre par l'intelligente activité des conservateurs.

Je crois inutile d'indiquer ici les documents déjà connus de tout le monde, que j'ai rapprochés des sources
locales, et qui m'ont servi à éclairer quelques points
obscurs ou à combler certaines lacunes.

LA RÉFORME ET LA LIGUE

EN ANJOU.

CHAPITRE PREMIER.

Commencement du calvinisme en Anjou. — Persécutions. — Premiers troubles. — Élections aux Etats d'Orléans. — Discours de François Grimaudet. — Journée des mouchoirs. — Le duc de Montpensier intervient. — Création d'une milice bourgeoise à Angers.

La réforme pénétra de bonne heure en Anjou. Dès l'an 1523, les vicaires-généraux du diocèse d'Angers publiaient un monitoire contre les personnes qui lisaient les ouvrages de Luther. Cette interdiction était renouvelée l'année suivante par l'évêque, François de Rohan (1). Il ne

(1) L'abbé Rangeard, *Mémoires pour servir à l'histoire du calvinisme et de la Ligue*, p. 2.

paraît pas d'ailleurs que les doctrines luthériennes aient été accueillies avec faveur dans le pays.

Le calvinisme se propagea avec plus de succès (1). L'esprit de révolte et d'aventure y poussa une grande partie de la noblesse; quelques bourgeois, séduits peut-être par le mot de liberté, prêtèrent aussi l'oreille aux *prédicants*.

Cependant bien qu'en Anjou, comme ailleurs, les abus de la discipline ecclésiastique eussent soulevé de vives récriminations, on peut dire que le sentiment public n'y était point favorable à une révolution religieuse. Les formes austères du calvinisme répugnaient aux instincts de la population. Dans cette belle et riche contrée où tout semble rire aux yeux, où l'imagination est éveillée à chaque pas par les gracieuses scènes de la nature, on ne pouvait comprendre un culte dépourvu de symbolisme, qui proscrit les arts et ne sait parler ni aux yeux ni au cœur. Habitués aux cérémonies tour-à-tour pompeuses et touchantes des églises catholiques, les hommes simples se sentaient glacés dans des temples froids et nus, d'où les saints et les saintes sont absents, et d'où Dieu lui-même semble banni. Ce n'est point la froide raison, c'est le sentiment qui subjugue et fait les croyants. Le peuple dédaignait donc la liberté d'examen que lui offraient les novateurs, et inébranlable dans sa foi traditionnelle, restait sous le charme du catholicisme, qui satisfait si bien aux aspirations et aux besoins de sa nature.

(1) Th. de Bèze, *Histoire des églises réformées au royaume de France*, édit. Marzial, de Lille, 1841, in-8°, t. 1er, p. 39. « L'évangile fut reçu avec grande avidité en la ville d'Angers, ville épiscopale, avec université, et remplie de prêtres et de moines plus que ville de France. »

Le prosélytisme calviniste n'eût jamais gagné qu'un petit groupe de mécontents ou d'âmes inquiètes, si la persécution n'en avait tout-à-coup hâté le progrès (1). Du moment qu'il fallut jouer sa vie pour entendre les prédicants et chercher la vérité nouvelle au fond des bois, dans les campagnes désertes, dans les carrières abandonnées, la réforme attira les natures ardentes par le charme mystérieux de l'inconnu, du péril et de la lutte. « Les cendres des premiers protestants suppliciés, dit Th. de Bèze, engraissèrent tellement le champ du Seigneur, qu'il fut depuis rendu très grandement fertile (2). » Dès-lors l'*œuvre de l'Évangile* avança rapidement. En 1555, les protestants d'Angers furent assez nombreux pour constituer une église (3).

L'intolérance redoubla d'efforts. L'échevinage, le présidial et le clergé se liguèrent contre l'église naissante. Le roi envoya deux commissaires pour procéder contre les réformés. « Cette persécution fut merveilleusement âpre (4). » Les protestants ont inscrit les noms des victimes dans leur martyrologe. On y remarque surtout le supplice de deux ministres nommés Rabec et Rousseau. L'un et l'autre avaient rejeté la robe de prêtre catholique pour devenir « écoliers des seigneurs de Berne à Lau-

---

(1) Les premières persécutions remontent à l'an 1567. On jetait les réformés dans des chaudières d'huile bouillante. Roger, *Histoire de l'Anjou*, p. 406.

(2) Bèze, t. Ier, p. 62.

(3) *Id. ibid.* Ce fut la seconde de France ; la première avait été établie à Paris quelques mois auparavant, et avait pour ministre un Angevin du nom de Launay.

(4) *Id.* p. 68. Roger, p. 406. Rangeard, p. 3 et suiv.

sanne. » Leur science théologique et leur parole éloquente avaient touché plusieurs de leurs juges ; l'enthousiasme qu'ils montrèrent sur le bûcher, au milieu des flammes, émut profondément la foule (1).

Ces cruelles exécutions dispersèrent les plus timides et interrompirent les prêches et les *écoles buissonnières*. Mais l'Église ne fut point dissoute ; et bientôt après, les sectaires, rassurés par la présence et l'exemple de Dandelot, frère de l'amiral Coligny, commencèrent à se réunir de nouveau (2). Il leur vint de Poitiers un ministre « qui exerça fidèlement sa charge près de deux ans, faisant les exhortations de nuit, quelquefois en ville, quelquefois aux champs, par les blés et par les bois (3). » Le calvinisme continua ainsi à grandir en silence, se propageant surtout dans les rangs de la noblesse et de la petite bourgeoisie. La persécution, loin d'arrêter son essor, lui avait communiqué une force nouvelle. Les défections catholiques se multipliaient ; la foi s'ébranlait dans bien des cœurs généreux, prêts à admettre comme la vérité une croyance qui inspirait à ses adeptes un tel enthousiasme et un pareil mépris de la souffrance et de la mort.

Il en était d'ailleurs dans la plupart des provinces de France comme en Anjou. Le calvinisme persécuté voyait croître chaque jour le nombre de ses adhérents, « et plus on en faisoit de punitions, plus ils multiplioient (4). » En 1555, il n'y avait encore que deux églises réformées ;

(1) Bèze, t. 1er, p. 68, Rangeard, p. 11.
(2) Roger, p. 406. « Dandelot, malgré l'opposition des magistrats, fit prêcher trois fois à logis ouvert. »
(3) Bèze, t. 1er, p. 95.
(4) Castelnau, liv. 1, ch. 1v, p. 31, Collection Petitot.

en 1559, on en comptait deux mille. Le premier synode national tenu à Paris à l'occasion du procès d'Anne Dubourg, permit à la secte de mesurer ses forces. Elle avait pénétré partout, dans la noblesse, dans le clergé, dans les parlements, dans la bourgeoisie ; les masses lui résistaient, il est vrai ; mais les classes éclairées étaient en grande partie entraînées dans son mouvement. Elle était désormais assez puissante pour sortir du rôle passif que la violence lui avait jusqu'alors imposé.

Dès lors tout s'organise pour la lutte. Les églises éparses sur le sol de la France se relient fortement les unes aux autres ; les consistoires et les synodes délibèrent ouvertement « pour adviser tous les moyens de se défendre et assaillir (1). » Les prédicants parcourent les villes et les châteaux, annonçant que le moment est venu « de défendre la cause, même à coups d'arquebuse. » Il ne manque rien aux huguenots pour former un parti redoutable : ils ont des capitaines habiles et leur chef est un prince de race royale. Tandis, en effet, que les Guise prennent en main le drapeau catholique, le prince de Condé ne dissimule plus ses sympathies pour la secte dont il était depuis longtemps la secrète espérance.

On sait que Condé, avant de jeter son épée dans les hasards d'une guerre civile, essaya de s'emparer du gouvernement par un coup de main. Une trahison fit échouer la conjuration d'Amboise. L'Anjou ressentit violemment le contre-coup de cette échauffourée : plusieurs de ses gentilshommes s'y étaient compromis. Les restes des bandes de La Renaudie furent refoulés dans les campagnes

(1) Castelnau, liv. I, ch. VII, p. 45.

et y propagèrent leur passion religieuse et leur ressentiment contre les Guise (1).

Au milieu de l'agitation croissante, on vit arriver à
Angers un ministre calviniste dont on vantait les talents
et l'audace. Il se nommait Charles d'Albiac, dit Du Plessis.
Ses prédications achevèrent d'exalter les esprits. Le 31
septembre, la salle ordinaire des assemblées ne pouvant
contenir la foule accourue pour entendre le fougueux orateur, il entraîna les religionnaires dans la vieille église
de Saint-Laurent, abandonnée depuis quelques années par
le clergé catholique. Le prêche se fit désormais dans cet
édifice, au mépris des édits du Roi, et malgré l'opposition de l'échevinage. La secte ne gardait plus de mesure
et défiait publiquement ses adversaires (2).

L'attitude de jour en jour plus provocante du parti protestant était encouragée par la conduite de la cour. Catherine de Médicis, effrayée des sanglantes exécutions
d'Amboise, manœuvrait secrètement contre les Guise.

(1) On a publié, dans les *Documents inédits, pièces relatives au règne
de François II*, une lettre du maire d'Angers, écrite à cette occasion au
cardinal de Lorraine. « Comme il a plu à Dieu, en ce temps, agiter ce
royaume d'émotions et séditions causées, soubs le voile de religion, par
gens séditieux et perturbateurs du repos public, nous en avons une
bonne partie en cette ville et pays d'Anjou, où se sont eslevés aucuns
du reste de l'émotion d'Amboise, qui ont attiré à soi toute la noblesse
dépravée de ce pays et ont tellement couturé ensemble qu'ils ne craignent
aujourd'hui publiquement se déclarer tels qu'ils sont; et s'estant peu à
peu renduz en ceste ville, ayant gagné le cœur de nombre de marcan-
deaux et artisans, ils se sont renduz les plus forts; ce à présent y ont
leurs magasins d'hommes et armes... » Cette lettre ne se trouve pas au
Registre des conclusions, parce que, sans doute, elle était tout confi-
dentielle.

(2) Bèze, t. 1er, liv. III, p. 190.

Michel l'Hôpital, instrument honnête de sa politique arti-
ficieuse, fit prévaloir au conseil du Roi les idées modé-
rées; et peu après les notables de Fontainebleau, en sus-
pendant les édits contre les hérétiques et en décidant la
réunion des États-généraux, semblèrent justifier les espérances des religionnaires.

Les élections furent, dans toutes les provinces, l'occasion de luttes animées entre les deux partis, également
impatients d'en venir aux mains et dont les modérés contenaient à peine les fureurs. Sur plusieurs points éclatèrent des scènes tumultueuses.

Les trois ordres de la province d'Anjou avaient été
invités à se réunir, le 14 octobre, dans le palais royal
d'Angers, pour y procéder au choix de leurs députés res-
pectifs. Les cahiers ou remontrances devaient, suivant
l'usage, être rédigés dans des assemblées préparatoires. Les
opérations du tiers-état s'accomplirent régulièrement;
neuf commissaires élus le 2 octobre par les représentants
des paroisses, furent chargés de *dresser les doléances* (1).

Les gentilshommes n'imitèrent point la sagesse et le
calme de la bourgeoisie. A mesure qu'on se rapprochait du
jour fixé pour les élections, Angers se remplissait de
rumeurs menaçantes. Les nobles se réunissaient bruyamment, armés comme à la veille d'une campagne, l'insulte
et la provocation à la bouche. A l'affluence qui se portait
à la *cène genéviste,* on eût dit d'une cité déjà conquise par
les huguenots (2).

(1) Registres des délibérations et conclusions de l'hostel-de-ville,
année 1560, fo 231 ro.

(2) Documents inédits. Lettre du maire d'Angers déjà citée. « Ils ont
en nombre de mille ou douze cents, en armes, fait la cène à la gene-

Le 13 octobre, la noblesse tint une réunion prépara-
toire. Les gentilshommes calvinistes avaient chargé d'Albiac de porter la parole en leur nom. L'éloquent ministre
« fit une longue, narrative et entière confession de leur
» foy. Puis entra en la deffense des calomnies desquelles
» on chargeoit ceux qui faisoient profession de la pure
» religion chrestienne et de là vint aux abus de l'église
» romaine, monstrant comme elle avoit ensorcelé toute
» la chrestienté et concluant à la réformation du clergé
» et qu'il pleust au Roy leur ottroyer estat paisible et
» temples pour l'exercice de leur religion jusqu'à la dé-
» termination d'un saint et libre concile (1). » Cette harangue, qui excita des transports d'admiration dans le
camp huguenot, irrita profondément la partie catholique de l'assemblée, et alla troubler toutes les têtes au
dehors.

Le lendemain, 14 octobre, les représentants des trois
ordres s'assemblèrent dans la grande salle du palais
royal. L'avocat du roi au présidial, François Grimaudet,
ouvrit la séance par un discours qui eut un grand reten-
tissement. L'orateur, éminent jurisconsulte, appartenait,
par ses principes de tolérance et de modération, à ce tiers-
parti, dont Michel l'Hôpital était l'illustre chef. La gravité
de son caractère et la supériorité de son esprit donnaient
un grand poids à sa parole éloquente. On peut considérer
son discours comme le manifeste du tiers-état. L'avocat
du roi ne parle pas en sectaire; il recherche les causes

viste; fait dire par aulcuns des leurs aux gens de la justice du roy, qui
ne s'avancent de les troubler en leur sabat, signifiant témérairement
qu'ils avoient la force et les armes. »

(1) Regnier de la Planche, dans le Panthéon littéraire, p. 389.

diverses qui compliquent la question religieuse et menacent la société d'un bouleversement prochain. Le
clergé, la noblesse, la magistrature, le tiers-état sont
passés en revue; et dans un tableau peint à grands traits
et vivement coloré, l'orateur, assiégé par de sombres
pressentiments, expose sans ménagement et quelquefois
sans pudeur, les abus, les vices et les iniquités de l'ordre
social (1).

Les États-généraux ont été convoqués pour trois causes :
« 1° ouyr les doléances de toute personne ; 2° composer et
pacifier les troubles de la religion ; 3° soulager le peuple
des tributs et impôts qui tant le foullent qu'il est tout
courbé. » Grimaudet aborde tout de suite la question religieuse qui préoccupe le plus vivement les esprits.
Hésitant peut-être, comme plusieurs personnages de ce
siècle, sur quelques dogmes, objet des discussions des
docteurs, il n'en dit qu'un mot en passant. C'est un point
qui ne doit être réglé que dans « les Estals-généraux de
la chrestienté, c'est-à-dire au concile général et universel... Or, en nostre religion il y a deux sectes : l'une de
ceux qui vivent en l'obéissance de l'église romaine;
l'autre, qui se disent évangélistes; et sont les deux si
populeuses qu'il est en double laquelle est la plus numé-
reuse; bruslent les deux de telle ardeur de haine l'une
contre l'autre, que, si Dieu n'y remédie, la chrestienté
est préparée à embrasement de guerres civiles. Le concile
seul y peut remédier où Dieu sera le plus fort et puissant
et permettra que la doctrine qui est de son Sainct-Esprit

(1) Le discours est cité en entier dans Regnier de la Planche, p. 389-
396, et dans Roger, p. 409-422.

demeure victorieuse, et celle qui sera au contraire soit dissipée et exterminée. » La solution du magistrat angevin, comme on le voit, n'était pas nouvelle ; elle avait été proposée déjà bien des fois par les modérés des deux partis. Si Grimaudet s'abstient prudemment de toucher aux points dogmatiques, il est moins réservé sur « la police et discipline sacerdotales. » Il établit d'abord en principe « que les roys et princes chrestiens ont puissance d'icelle dresser, mettre en ordre et réformer icelle corrompue. » Il appuie cette étrange doctrine sur de nombreux exemples empruntés à la Bible, à l'histoire des empereurs romains et aux règnes de Charlemagne, de Charles VII et de François Ier. Or, selon lui, la Réforme n'a jamais été si urgente. Tout le mal vient des richesses excessives de l'Église. Lorsqu'elle était pauvre, « nous avions des presbtres d'or et d'argent. Depuis que les richesses y ont entré, nous n'avons eu que des presbtres de bois et de terre. » Il leur reproche leur ignorance, leur vénalité dans l'administration des sacrements, la pluralité des bénéfices et le trafic scandaleux qu'on en fait ; la luxe, la licence des mœurs, le défaut de résidence. Il est impossible de citer. L'avocat du roi s'exprime avec une crudité de termes qui blesserait aujourd'hui la délicatesse ou, si l'on veut, la timidité de nos oreilles. Au XVIe siècle, les habitudes *gauloises* des classes les plus élevées n'admettaient ni les réticences ni les euphémismes dont les convenances nous font une loi.

L'orateur bourgeois n'est pas moins amer quand il passe à la noblesse. « Aucuns nobles présents n'ont rien retenu de leurs anciens pères, fors le nom et les armes, lesquels ont diffamés et mis en obscurité par oisiveté.

Leur faict d'armes est de faire assemblées illicites et ports d'armes contre les édicts du roy. Sont au village à battre et outrager le pauvre homme, voler le bien au pauvre marchant, faire infinies forces au peuple, avec grands blasphêmes du nom de Dieu, en grande furie. Se disent fort magnanimes comme hercules, pour terrer et intimider le pauvre peuple; et toutefois ès nécessités des guerres publiques, et lorsqu'il faut prendre les armes pour la deffense du Roy et du royaume, sont chrestiens si débonnaires qu'ils ne bougent de leurs maisons de peur d'offenser leurs frères chrestiens, les ennemys du Roy et du royaume. Tels nobles ne sont vrays enfants de leurs prédécesseurs, mais avortons dégénérans de noblesse. » Et d'où viennent la plupart de ces privilégiés qui déshonorent les titres qu'ils portent? « Sont infinis faulx nobles, les pères et prédécesseurs desquels ont manié les armes et fait acte de chevalerie ès boutique de blasterie, vinoterie, draperie, au moulin et ès fermes des terres des seigneurs; et toutesfois quand ils parlent de leurs lignages, ils sont descendus de la couronne, extraits du sang de Charlemagne, de Pompée ou de César. » Il est temps que le roi fasse rentrer « ces usurpateurs de noblesse en l'estat du commun, duquel ils se sont voulu dérober. »

Grimaudet a une haute idée de la mission des juges. Ils exercent un sacerdoce, « ce sont les prélats de la déesse Justice, et la science des droits est très saincte. » Mais combien peu répondent à cet idéal! Qu'il en est qu'on appelle avec raison « les sangsues du peuple! » « Leur ministère, jurisdiction ou distribution de justice, n'est autre chose qu'une boutique où se détaillent par le menu leurs offices qu'ils ont achetés en gros. Le noble, l'homme d'église, le roturier, le pèlerin, la veuve, l'orphelin, l'impotent et mendiant n'auront aucune sentence qui ne soit taxée, prisée et payée auparavant le prononcer. » Et que dire de leurs agents! Les greffiers sont « *les bouchers du peuple;* » les clercs sont des « larrons rapaces; » les sergents « des harpyes et griffons. » Tous ces abus sont dérivés de la vénalité des charges. C'est une des premières réformes à demander aux Etats-généraux. Le roi doit être supplié de rembourser aux juges le prix de leurs offices, « pour les remplacer par des juges désignés de trois ans en trois aus sur une liste dressée par les États, et leur donner honnestes et suffisans gages. »

Après avoir dénoncé, avec une verve impitoyable, les vices des classes privilégiées, le représentant de la bourgeoisie porte les yeux sur le tiers-état et ne découvre que des vertus, des travaux et des souffrances. « Reste le tiers-état, lequel nous trouvons sans macule publique. C'est celuy qui soustient les guerres; en temps de paix entretient le Roy, laboure la terre, fournit de toutes choses nécessaires à la vie de l'homme. Toutesfois est grandement taillé de subsides et taxes insupportables.... est nécessaire faire remonstrance à sa Majesté de l'indigence de ce pauvre commun, auquel sont tant imposées de tailles qu'il travaille jour et nuit et ne peut, du salaire de ses journées et labeur de ses mains, fournir à les payer; et pour y suppléer est souvent contrainct vendre sa vache, son porc, son lit; ne manger et boire que du pain et de l'eau et coucher sur la dure. » Il est surtout un impôt odieux et impopulaire, c'est la gabelle du sel « duquel le bon homme porteroit patiemment le proffit que le Roy en reçoit, n'estoit qu'il y a des marchans, fermiers, grenetiers, contrerolleurs, greffiers et archers, lesquels vont ès maisons des pauvres gens, remuant leurs hardes et tout ce peu de meubles que Dieu leur a donné; et le plus souvent s'en emparent, font adjourner les pauvres à comparoir par-devant eux aux villages, où il n'y a aucuns conseils, se monstrent au peuple en grand' furie et crainte, armés de pistoles, pistolets et longs bois; font aux rustiques procès extraordinaires, les arrestent prisonniers, exécutent de leurs bœufs, chevaux et charrettes. Tellement qu'en une seule matinée par leurs actions ils ruinent quarante à cinquante pauvres rustiques qu'ils envoyent à l'aumosne; et se trouvera en ce pays d'Anjou qu'ils en ont ruiné plus de mille... Le pauvre bon homme est comme la brebis qui tend le dos pendant qu'on lui oste la laine. Il est pauvre, destitué de biens et d'amis contre la richesse et support des officiers et fermiers du grenier... »

On sent, dans cette partie du discours, passer comme un souffle de révolte. Grimaudet semble parler sous l'impression des sanglants souvenirs de la Jacquerie. Il évoque le fantôme sinistre de Jacques Bonhomme et ne craint pas de faire entendre des menaces prophétiques : « Si tels abus ont cours plus longuement, il est grandement à craindre que ce ne tourne en sédition publique, assemblées illicites, révoltement des subjets d'avec le prince. Est requis et nécessaire pour la manutention et conservation des grandeur, majesté et dignité royales, trancher tels abus. »

On blâmera peut-être la vivacité intempestive de cette espèce de réquisitoire. Grimaudet a prévu le reproche; il avoue qu'il a frappé fort pour frapper juste. « Il appartenoit, dit-il, à notre charge de vous remonstrer telles fautes. Nous ne nous sommes peu contenir au rapport des abus de chascun estat d'user de véhémence, à ce que plus clairement lesdicts abus fussent cogneus. » C'était une âme honnête et ardente qui ressentait pour les vices de son temps *des haines vigoureuses.* Aussi bien, l'heure lui semblait passée des vains ménagements ; voiler le mal ou en détourner les yeux , c'eût été manquer aux devoirs d'un magistrat et compromettre le salut public (1).

La harangue de Grimaudet avait porté à son comble l'émotion de l'assemblée. Les trois ordres se séparèrent pour achever leurs opérations dans leurs salles respec-tives. Les élections du tiers-état ne furent troublées par aucun incident ; cependant les protestants l'ayant em-porté, on les accusa plus tard de n'avoir triomphé que par la violence.

Quant aux gentilshommes, ils se rendirent à la salle du vote comme à un combat. Armés ostensiblement d'épées et de pistolets, ils demandaient ou plutôt exigeaient des députés huguenots. Un de leurs ministres, Charles du Lys, s'écria : « que laditte noblesse, à tout le moins la plus part pour laquelle il parloit n'avoit agréables plusieurs follyes et scandalles qui avoient esté commis audict païs d'Anjou et que laditte noblesse voulloit vivre et mourir pour le Roy et luy obéir ; protestant oultre laditte no-blesse qu'elle voulloit vivre selon le commandement de

______

(1) « La harangue de Grimaudet, aussi parvenue ès mains des sorbon-nistes, fut par eux censurée, et l'autheur d'icelle déclairé hérétique et schismatique, ressentant la doctrine des huguenauds. Mais Grimaudet ne demeura muet, les accusant par sa deffense qu'ils sont coustumiers de traicter de mesme ceux qui osent descouvrir leurs abus. » — De la Planche, p. 397. — La défense a été perdue.

Dieu et non selon la tradition des hommes (1). » Tous les calvinistes applaudirent bruyamment à cette profession de foi, et « finallement députta ladilte noblesse MM. de Vallière, la Barbée et Brezé. » Les deux premiers étaient notoirement des protestants.

Les catholiques n'avaient pu empêcher cette élection violente et précipitée. La plupart d'entre eux n'avaient même pas assisté à la séance. Dans l'après-dîner, ils se réunirent en grand nombre, se concertèrent et provoquèrent une nouvelle assemblée au palais royal. Tout aussi inhabiles à manier la parole que les gentilshommes protestants, ils choisirent pour orateur un certain Louis Marquis, « bachelier ès droict, praticien en cour lay. » Les calvinistes avertis étaient accourus armés comme dans la matinée. Le praticien « commença à parler et dire qu'il avoit procuration spécialle des gentilshommes d'Anjou, au nombre de cinq cents ou environ, pour révoquer ce qu'avoit dit au matin ledict du Lys, ensemble la députation qu'on avoit faite, comme aiant indiscrètement parlé à la vollée. » A ces mots, de violentes clameurs éclatent. Les huguenots s'élancent en tumulte vers le téméraire orateur. « Lesquels, tout en mesme temps, misrent tous leurs mouchoirs tout au bout de leurs chappeaux et autour de leurs cols pour s'entre recongnoistre, dont on les appela des morveulx et non plus huguenots. Ils bandoient et tiroient leurs pistolles et pistollets en grand nombre pour estonner et espouvanter ceulx qui n'estoient de leur secte. » L'intrépide bachelier « voulloit

____

(1) Journal de Demarian, avocat au Présidial, inédit. Louvet en a fait des extraits qu'il a mis à la suite de son premier vol., f° 217 r°, et suiv.

parachever son plaidoyer. » On le tira hors du barreau,
« et luy donnèrent plusieurs coups de pié et de poing, et
luy tirèrent un coup de pistollet, duquel il fust préservé
de Dieu par la main d'un qui leva ledict pistollet en
hault, luy disant : Mon gentilhomme, que voullez-vous
donc faire? il est deffendu de tuer. » Le prévôt des maré-
chaux sauva Marquis en le conduisant en prison, d'où
on le fit sortir quelques heures après. Un chanoine, mêlé
à ces désordres, reçut un coup de dague. « Comme aussi
y furent plusieurs personnes blessées et foulées à cause
de la grande multitude de peuple qui y estoit et fust la
table de greffier tout rompue. »

Ces scènes bruyantes faillirent être suivies d'une lutte
plus sérieuse. Quelques désordres ayant été commis pendant la nuit dans les églises, les huguenots, qui se savaient en minorité, craignirent « que le commun peuple
et ceulx de la ville d'Angiers, à tout le moings que la plus
grant part, s'eslevassent contre eulx. » Mais ils firent
bonne contenance. Dès le matin du 15, les gentilshommes s'étant réunis convoquèrent les religionnaires. « Il y eut un desdicts huguenots hérétiques qui
alloit par toutes les rues disant ces mots : — Enfants
de Jésus-Christ et de l'évangille, à l'arme! à l'arme!
secourez-nous! — A ce cri, il s'assembla grand nombre
de personnes, jusques aulx garçons de boutique, qui
alloient au pallais en armes, qui marchoient trois à
trois, quatre à quatre, jusqu'aux environs de trois
cents garçons de boutique, gentilshommes et aultres
gens de tous estats qui se déclaroient huguenots. »
Cette audacieuse bravade en imposa aux catholiques.
La collision, qui semblait inévitable, n'eut point lieu, et

« par la grâce de Dieu il n'arriva aulcun meurtre (1). »

Telle fut la *Journée des Mouchoirs* dont le souvenir est resté populaire en Anjou. Ces faits, peu importants en eux-mêmes, étaient un grave indice des dispositions du parti protestant; il venait de provoquer lui-même ses adversaires au combat. Désormais les deux camps sont formés : catholiques et huguenots sont en présence, l'arquebuse à la main ; ils ne désarmeront qu'après quarante ans d'une lutte acharnée.

La *Journée des Mouchoirs* n'est pas un épisode isolé dans l'histoire de l'année 1560; elle se rattache évidemment aux nouveaux complots par lesquels le prince de Condé cherchait à prendre sa revanche de l'échec d'Amboise. Des rixes, plus sanglantes que celles dont Angers avait été le théâtre, éclatèrent successivement dans plusieurs provinces; elles n'étaient que le prélude d'un mouvement général des huguenots et des mal-contents. La vigueur et l'activité des Guise déconcertèrent les projets de leurs ennemis : des troupes furent dirigées sur tous les points menacés; on dispersa les prêches; on pendit les prédicants ; on confisqua les biens des perturbateurs. Le duc de Montpensier, particulièrement chargé de rétablir l'ordre à Angers, entra dans la ville le 21 octobre, accompagné de quatre à cinq cents gentilshommes, « les ungs armés à blanc et les aultres aiant seullement chemises de maille et pistollet (2). »

Le duc de Montpensier « estoit sur tous autres princes et seigneurs françois bandé contre ceux de la reli-

(1) Journal de Demarian, f° 219 r°.
(2) *Id. ibid.*

gion (1). » Il était, dit Brantôme (2), « extraict de l'estoc de
ce grand roy saint Louys, ainsi qu'il en faisoit grande jac-
tance... Voullant de tout imiter le roy saint Louys, son
grand mirouer contre les infidèles, cestui-ci, disoit-on, de
même estoit fort animé contre les hereticques, qu'il hays-
soit mortellement. » Pour le séparer tout-à-fait de ses
cousins les Bourbons, chefs du protestantisme, les Guise
l'avaient récemment investi d'un gouvernement extraordinaire, qui comprenait la Touraine, l'Anjou, le Ven-
dômois, le Maine, le Blésois et pays circonvoisins (3).

A l'arrivée du gouverneur, les gentilshommes protestants se hâtèrent de quitter la ville. Des mesures énergiques relevèrent le parti des Guise. Toute la noblesse
catholique de la province, convoquée par une proclamation (4), accourut se ranger autour de Montpensier. Les
élections du 14 furent cassées comme entachées de violence, et renouvelées en l'absence des huguenots (5). Une
ordonnance prescrivit le désarmement général de la population (6).

(1) Regnier de la Planche, p. 389.

(2) Brantôme, *Hommes illustres et grands Capitaines françois,* dans le
Panthéon littéraire, t. I, p. 479.

(3) Regnier de la Planche, p. 378.

(4) Demarian, fo 219 ro. « Que tous les gentilshommes du païs d'Anjou
et aultres subjects au ban et arrière-ban eussent à se trouver au 29mo
jour de ce mois d'octobre, en la ville d'Angiers, sur peine d'être dés-
obéissants au Roy, pour ouyr et entendre ce que ledict sieur de Montpensier leur voulloit dire et déclarer. »

(5) Rangeard, p. 18.

(6) Cet ordre ne fut pas exécuté. « Et fust seullement porté par les
habitants, des mémoires des armes que chascun avoit, en la maison de
M. Me Guy Lasnier, qui estoit lors maire de la ville. » Demarian, fo 220, ro

En même temps des recherches actives étaient dirigées contre tous ceux qui avaient trempé dans la *Journée
des Mouchoirs*. L'évêque, Gabriel Bouvery, prêtait son
concours au lieutenant-général. Les curés et les moines
lisaient et commentaient dans les chaires « un monitoire
contre tous ceulx qui sçavoient et avoient congnoissance
que plusieurs personnes avoient rompu les imaiges en
plusieurs églises, et avoient rompu, bruslé et faict
brusler plusieurs ornements des églises et avoient commis plusieurs aultres insollences. Et contre ceulx qui
avoient congnoissance que plusieurs personnes fussent
allées tant de jour que de nuict aux assemblées conventicules de leurs presches diaboliques, en plusieurs lieux de
ce diocèse, et spéciallement au tertre Saint-Laurent dans
l'église, dans laquelle ils auroient faict la cène à la mode
et manière de Genève ; et contre ceulx qui les auroient
vus le 14 dudict mois d'octobre, audict an 1560, dans le
pallais, en armes, aiant des harquebuzes, pistolles et
pistollets, armes et bastons offensibles, et qui auroient
ouy dire à plusieurs personnes plusieurs propos contre
l'honneur de Dieu, de la vierge Marie et des saincts et
sainctes du paradis et contre le sainct sacrement de
l'autel et de la messe. Aultrement et faulte que ceulx qui
sçavoient et avoient congnoissance des faicts cy-dessus
feroient de les déclarer dans quinze jours, qu'ils seroient
excommuniés (1). » A la suite du monitoire de l'évêque,
les prédicateurs publiaient « une admonition et advertissement dudict duc de Montpensier, que tous ceulx qui
auroient congnoissance ils eussent à le déclarer sans aul-

(1) Demarian, f° 220, r°.

cunc craincte, promettant d'en faire bonne et briève justice et de les faire pugnir et de mettre les catholiques en
paix et tranquillité (1). » Les passions de parti commençaient, on le voit, à pénétrer dans l'enceinte des églises;
les moines, qui devaient bientôt transformer la chaire en
tribune politique, se faisaient déjà les auxiliaires des répressions du pouvoir temporel.

Les rigueurs annoncées par le duc de Montpensier
émurent l'échevinage. Les chefs de la bourgeoisie ne
s'étaient point compromis dans les scènes du 14 et du 15
octobre. Ils n'avaient aucune sympathie pour l'humeur .
brutale et turbulente des gentilshommes protestants, et
la répugnance qu'ils éprouvaient à se mettre à la suite de
pareils meneurs contribua certainement à les retenir dans
la communion catholique. Mais tout en restant fidèles à
la religion de leurs pères, ils refusaient de se faire les
hommes d'un parti, et n'oubliaient pas que le premier
devoir des magistrats municipaux était de couvrir d'une
égale protection tous les membres de la commune. Ils
intervinrent donc en faveur de leurs concitoyens égarés.
Le 3 novembre, après avoir convoqué une assemblée des
paroisses pour faire élire de nouveaux députés, « sans
s'arrêter à aultre députtation et élection viollente, » les
échevins décidèrent qu'il serait fait « requeste de commisération au Roy et à Monseigneur le duc de Montpensier
pour les délinquauts et séditieux du pays (2). »

Le lieutenant du roi eut-il égard à cette démarche? Il
est certain qu'il n'y eut qu'un petit nombre d'exécu-

(1) Demarian, fo 220, ro.
(2) Registres, an 1560, fo 244 vo.

tions (1). Les principaux coupables, il est vrai, s'étaient dérobés par la fuite au châtiment. Le duc en était réduit à faire abattre leurs maisons (2). Ceux qui étaient restés à Angers trouvaient facilement un asile dans les maisons catholiques. Les témoins n'osaient pas déposer contre eux et les magistrats du présidial procédaient à leur égard avec beaucoup d'indulgence (3). Les passions implacables de la Ligue n'étaient pas encore éveillées.

Sa mission terminée, le duc de Montpensier s'éloigna, ramenant vers Orléans les neuf cents soldats qui l'avaient accompagné ; « pour les faire sortir, il leur fut baillé par les habitants de la ville dix mille livres qui leur furent distribuées (4). » Afin de ne pas laisser la capitale de l'Anjou exposée sans défense à une nouvelle tentative des calvinistes, le gouverneur fit enjoindre « à son de trompe, ban et cry public par les quarfours, à tous les habitants, à peine de cent livres d'amende, de se garnir d'armes, tant harquebuzes, pistollets, picques, hallebardes qu'autres armes de deffense pour deffendre la ville quand besoin seroit (5). » En outre, les habitants furent organisés en compagnies de milice. Il y eut d'abord cinq compagnies de cent hommes ; leur nombre et leur effectif varièrent dans la suite. Les cinq premiers capitaines furent choisis

---

(1) Demarian, f⁰ 220, ne cite qu'un gentilhomme, le sieur des Pruniers, qui eut la tête tranchée, et deux hommes du peuple qui furent pendus et étranglés.

(2) *Id. ibid.* Entre autres la maison des frères de Soucelles au village de ce nom.

(3) *Id.,* f⁰ 221 v⁰.

(4) *Id. ibid.*

(5) *Id.,* f⁰ 222 r⁰.

par Montpensier sur une liste de dix « hommes probes, non suspects, » présentée par les échevins (1). Depuis ils furent électifs.

L'institution de la milice bourgeoise complète la constitution déjà si libérale de la commune angevine. Son maire, réélu chaque année, son échevinage, sorte de sénat dont les membres sont à vie et se recrutent eux-mêmes, ses assemblées de paroisses délibérant sur les affaires les plus importantes, ses citoyens armés nommant eux-mêmes leurs capitaines et chargés seuls de la défense de la ville, tout lui donne la physionomie d'une petite république placée sous la suzeraineté éloignée du roi. Cette indépendance, suspendue quelquefois par les crises violentes de la guerre civile, ira toujours grandissant à la faveur même des troubles qui affaibliront le pouvoir central.

(1) Registres, an 1560, fᵒ 267 rᵒ.

CHAPITRE II.

———

Première guerre de religion. — Les protestants s'emparent d'Angers,
qui leur est bientôt repris. — Réaction catholique. — Siége de Rochefort : Desmarais. — Dictature de Puygaillard. — Les suspects.

Les tentatives insurrectionnelles fomentées par les chefs
du calvinisme avaient été partout réprimées. Les Guise
triomphaient pour la seconde fois. Ils avaient arrêté le
prince de Condé lui-même, l'avaient livré à une commission extra-judiciaire, et voulaient, malgré les résistances
de Catherine, faire tomber sa tête sur l'échafaud. Les
États-Généraux, facilement entraînés par leur influence,
achéveraient la victoire en proscrivant la secte protestante
tout entière. La mort de François II déjoua brusquement
le plan des princes catholiques (5 décembre 1560).

Catherine de Médicis, investie de la régence au nom

24

de son fils, le nouveau roi Charles IX, inaugura ce système de gouvernement sans foi et sans principes, qui fut
déguisé un instant sous le nom de tolérance. Elle affectait de conformer sa conduite à l'égard des protestants, aux
vues élevées de Michel l'Hôpital; mais en réalité la sceptique florentine n'obéissait qu'aux inspirations immo-
rales d'une politique sans grandeur. Du reste, sincère ou
calculée, l'indifférence de la régente fut singulièrement
favorable à la Réforme. Les prédicants se donnèrent libre
carrière à Paris (1), et dans la province, sur plusieurs
points du royaume, la *cause* doubla ses forces et partout
acheva de s'organiser.

Les calvinistes d'Angers hésitèrent à profiter d'une impunité inattendue. Ils s'assemblèrent d'abord craintive-
ment dans les bois, à une lieue de la ville; puis ils se
rapprochèrent des faubourgs, et enfin établirent un
prêche public dans une petite église dédiée à saint Ladre.
L'édit de juillet fit suspendre les prédications pendant
quelques jours. Mais bientôt « apprenant que les autres
églises continuaient, sans tenir compte de l'édit, leurs
exercices publics, ils prirent si bon courage, qu'ils commencèrent à prêcher en plein jour au temple de Saint-
Laurent (2). » Un ordre du roi les força d'évacuer ce
temple, où retentissait encore l'éloquence téméraire de
Charles d'Albiac. Ils se portèrent hardiment dans les halles
de la ville. Montpensier les expulsa de cette retraite; ils
se réfugièrent enfin dans le cimetière des pauvres. C'est

(1) Bèze, t. I. p. 421. « En ce même temps continuoient les assemblées et prédications publiques à Paris, avec le su et consentement de
la reine. »

(2) *Id.* p. 675.

là qu'ils restèrent campés, en quelque sorte, depuis le jour où l'édit de janvier leur interdit formellement l'entrée des villes murées.

La Réforme avait, à cette époque, gagné une partie de la bourgeoisie. Les masses seules continaient à rester sourdes à la voix des prêcheurs. Les défections qui éclataient dans les rangs élevés n'excitaient que leur colère. Loin de céder à l'entraînement, elles se pressaient plus fidèles, plus ferventes, plus passionnées autour des chaires catholiques. D'alarmants symptômes révélaient les progrès des passions religieuses. Des rixes sanglantes troublaient journellement les quartiers populaires. Les réformés, se refusant désormais au rôle de martyrs, repoussaient la force par la force, amassaient secrètement des armes, et à leur tour provoquaient leurs adversaires (1). Chacun se préparait à une lutte que rien, ce semble, ne pouvait plus empêcher. Les maisons étaient encombrées d'armes. Les moines eux-mêmes remplissaient leurs couvents d'artillerie, de poudre, de munitions de tout genre; les chanoines fermaient les portes de la Cité et y faisaient amener du canon. Presque chaque jour, chaque nuit, on entendait retentir quelques coups d'arquebuse, préludes de la bataille prochaine, comme ces rencontres d'avant-postes qui précèdent une action générale (2).

Cette agitation n'était point particulière à l'Anjou. Michel l'Hôpital échouait dans ses généreuses tentatives de conciliation. Le colloque de Poissy n'avait réussi

____

(1) L'un d'eux tira un coup de pistolet sur un religieux Jacobin qui faisait un sermon dans l'église Saint-Maurice. Louvet, t. i, f° 43.

(2) Bèze, t. i, p. 475.

qu'à manifester les profonds dissentiments des docteurs ; l'édit de janvier, regardé par les catholiques
comme une trahison du pouvoir, et célébré comme un
triomphe par les protestants, avait exalté jusqu'à la fureur, les haines des deux partis. La guerre allait suivre.
Dans tout le royaume, de menaçantes rumeurs traversaient l'air. Un sourd frémissement annonçait la marche
rapide du feu souterrain qui cheminait en grondant sous
le sol ébranlé de toutes parts. Tout-à-coup la nouvelle du
massacre de Vassy, courant de ville en ville, « fit éclater
cent mines à la fois (1). »

Le prince de Condé écrivit de Meaux des lettres circu-
laires adressées à toutes les églises et portant l'ordre de
se mettre en défense. Elles furent remises vers la fin de
mars (1562) aux ministres et aux anciens d'Angers, qui
les communiquèrent aux gentilshommes de la province (2). Ils étaient prêts depuis longtemps. La ville,
dépourvue de garnison, et n'ayant d'autres défenseurs
que les soldats peu aguerris de ses milices bourgeoises,
était facile à enlever.

Il est nécessaire, pour l'intelligence des faits qui vont
suivre, de donner une idée de la topographie d'Angers.
Dans les plans de cette époque, la capitale de l'Anjou est
divisée en trois parties distinctes : la Cité, la Ville et la
Doutre. Ce dernier quartier, habité par les classes laborieuses, occupe la rive droite de la Maine ; il communique avec la rive gauche par deux ponts qui se font
suite et que borde, suivant l'usage du temps, une double

(1) Henri Martin, *Histoire de France*, t. x, p. 121.
(2) Bèze, t. ii, p. 330.

ligne de maisons. En amont et en aval des ponts, la rivière est barrée par deux grosses chaînes, qu'on appelle
la *haute* et la *basse chaîne;* elles se rattachent l'une et
l'autre à des tours fortifiées. La Ville est ceinte de
murailles, inachevées sur plusieurs points; au-delà
s'étendent les faubourgs. La Cité, noyau primitif d'Angers, s'élève sur une hauteur formée de roches schis-
teuses; elle renferme le capitole, édifice d'origine romaine, devenu le palais des évêques, l'église cathédrale
de Saint-Maurice, le couvent des Jacobins et une tren-
taine de maisons habitées par des chanoines et des prêtres.
Malgré cette pacifique population, la Cité, entourée d'un
mur, fermée de quatre portes, a l'aspect et l'importance
d'une véritable forteresse. Enfin, en dehors de ces trois
quartiers occupés par la population civile, se dresse le
château, qui domine au loin toute la contrée. Ce monument des siècles féodaux, œuvre des contemporains de saint
Louis, resté jusqu'à nos jours l'orgueil de l'Anjou, était,
par sa masse imposante, ses formidables murailles as-
sises sur le roc, ses dix-sept tours gigantesques, ses
douves profondes, une des plus fortes places de la France
du XVIᵉ siècle (1).

Bèze assure que les protestants songèrent d'abord à
s'emparer du château. Leur projet n'ayant point réussi,
ils auraient obtenu du capitaine la Faucille, par l'entremise de son fils, qui était de leur parti, la promesse d'une
stricte neutralité (2).

____

(1) De Thou, liv. XXXII, p. 52. « Eam esse arcem Andegavensem
omnium regni famâ et re firmissimam. »

(2) Bèze, t. II, p. 330.

Leur entreprise sur la ville fut couronnée d'un plein succès. Le 5 avril, les réformés des villes de l'Anjou, secrètement convoqués, accoururent par tous les chemins, de Craon, de Châteaugontier, de Saumur, de Baugé, de Beaufort, et se répandirent dans les divers quartiers. Ils avaient gagné un chanoine nommé du Pineau, dit la Musse, que sa mauvaise conduite avait fait priver par ses confrères d'une partie de sa prébende. Il introduisit dans sa maison de la Cité un certain nombre de huguenots (1). Le soir, au moment où, suivant l'usage, on se disposait à fermer la porte Angevine, les conjurés, conduits par Mébretin, sortent de la maison du chanoine, écartent le porte-clefs et s'emparent de la porte. A la même heure, d'autres huguenots se saisissent des trois principales entrées de la ville.

En un instant, la Cité ouverte est envahie ; des hommes armés pénètrent dans les maisons des chanoines. Quelques serviteurs de l'église Saint-Maurice montent au clocher et sonnent le tocsin. Mais les protestants ayant rompu à coups de hache les portes du palais épiscopal et celles de l'église, font cesser cet appel alarmant. Déjà, du reste, ils occupent tous les postes militaires dans les rues et sur les places : la nuit est noire et pluvieuse, les catholiques éperdus ne peuvent se reconnaître ni se rallier ; en quelques heures, et sans aucune résistance, les religionnaires se trouvent maîtres d'Angers (2).

On voit par les noms des chefs cités dans Louvet et par

______

(1) Louvet, t. 1, f° 44. Rangeard, p. 23. J. Grandet, t. x, épiscopat de Gabriel Bouvery, sans pagination.

(2) *Id. ibid.*

ceux qu'il laisse deviner sous l'expression que lui arrache la colère, que l'élément bourgeois s'était mêlé cette fois à la noblesse (1). Toutefois il n'est pas douteux que la majorité de la population ne fût contraire aux calvinistes. « Les habitants catholiques, dit Roger, qui cite parmi eux son bisaïeul Toussaint Roger, et entr'autres les marchands, bourgeois et artisans, s'encourageant les uns les autres, se fortifièrent de leur côté et allèrent promptement au château pour empêcher les huguenots de s'en saisir. » Nos braves bourgeois, dit-il plus loin, « se jetèrent au château avec des vivres (2) ». J'ajouterai qu'on ne rencontre dans la liste fournie par Louvet, aucun nom qui appartienne à la grande bourgeoisie; deux échevins et quelques personnages furent compromis dans l'opinion publique, mais aucun n'avait pris une part directe à l'entreprise.

Si les chefs du parti eussent pu conserver leur autorité au milieu du tumulte qui suivit l'occupation, ils auraient sans doute fait exécuter le mot d'ordre envoyé par le prince de Condé (3), et donné une leçon de tolérance aux catholiques en respectant les images, les reliques et les autres objets du culte. Mais derrière eux venait cette foule

---

(1) « Les chefs de cet heureux coup de main étoient les sieurs de Soucelle, M. de la Barbée et son gendre, M. de Mébretin, M. de Lamure, M. de Luvaraulx, M. de Beauchêne, fils aîné du capitaine la Faucille, M. des Marays, Malabry, le receveur Belhomme, Mathurin Bouju, receveur, les Lavarges, l'élu Thouyn, Grimaudet droguiste, Bonaventure Roger *et aultres huguenots, tous avocats, marchands, artisans et aultres racailles et brigands de laditte ville»*. Louvet, t. 1, f° 44.

(2) Roger, p. 424.

(3) Bèze, t. ii, p. 20.

aux passions brutales et désordonnées, qui ne comprend point la victoire sans l'insulte, la destruction et le pillage. Ces soldats indisciplinés, exaltés de longue main par leurs prédicants, envahirent l'église Saint-Maurice qui devint bientôt le théâtre d'odieux excès (1). « Ils firent de » grandes insollences en l'église M. saint Maurice, en » laquelle ils rompirent toutes les imaiges et plusieurs » des autels, faisant brusler les ornements de M. saint » René, et faisoient de laditte église comme d'une estable » à mettre chevaulx, en laquelle ils mettoient de la paille » et couchoient dedans, y buvoient et mangeoient et y » faisoient leurs infections et salletés... Ils rompirent la » représentation du deffunct roy de Cicille, ensemble » celle de la royne sa femme qui est à costé (2). » Roger les accuse aussi d'avoir pillé les maisons des chanoines et d'avoir perdu, « en s'amusant à boire leur bon vin », l'occasion de s'emparer du château (3). De Thou, qui a suivi Théodore de Bèze, vante la modération des vainqueurs (4). Rangeard fait seulement ressortir celle des chefs qui essayèrent de dérober les trésors des églises à la rapacité de leurs soldats (5).

Dès que le jour éclaira le triomphe des protestants, le maire et les échevins se rendirent à l'hôtel de ville, tombé aussi aux mains de l'ennemi. Mébretin, ayant confié la

______

(1) Suivant Grandet, ils avaient déjà envahi l'église dans la matinée; le doyen des chanoines, Hector, était parvenu, par sa courageuse intervention, à les éloigner.

(2) Demarian, f° 223 r°.

(3) Roger, p. 425.

(4) De Thou, liv. xxx, p. 102.

(5) Rangeard, p. 25

garde de la cité au capitaine Chavagnes, se présenta devant les magistrats municipaux, accompagné d'un grand nombre de gentilshommes et de quelques bourgeois. Il déclara que « cette entreprise, faite par exprès commandement d'un prince du sang, avoit pour but d'empêcher la conspiration de Guise qui s'étoit emparé de la personne du roi et de ses frères (1). » Il priait le maire et les échevins de prendre les mesures convenables pour la sûreté de la ville, promettant de les appuyer de tout son pouvoir. Ainsi le chef huguenot, par une modération singulière qui rentrait dans les instructions générales qu'avait données le prince de Condé, affectait de ne porter aucune atteinte aux institutions municipales. Le lendemain, 7 avril, il renouvela ses promesses rassurantes. Il proposa seulement d'investir de la charge de gouverneur le sieur de la Barbée, gentilhomme du pays, « sous l'autorité du roi, du maire et des échevins. » La Barbée n'accepta qu'à la condition qu'on doublerait les clefs de toutes les portes, qu'il en garderait une et que le maire aurait l'autre. On fit ensuite, suivant de Bèze, l'inventaire des reliques et des trésors de Saint-Maurice, et le tout fut mis sous la garde et la responsabilité de Chavagnes. L'historien protestant, qui s'évertue à établir la réserve et le désintéressement de son parti, n'a garde de mentionner les pillages déjà commis, et ne dit rien de la rupture des châsses dont les débris servirent à solder les troupes huguenotes (2). Il assure même que la déférence des siens fut portée si loin, que « pour ce que le temps ne pouvoit

(1) De Bèze, t. ii. p. 331.
(2) Rangeard, p. 37. J. Grandet.

porter que ceux de la religion sortissent dehors, suivant la teneur de l'édict de janvier, ceux de la religion romaine furent priés de ne trouver mauvais s'ils s'assembloient au dedans de la ville (1). » Des vainqueurs ne pouvaient assurément être plus polis.

Il est vrai de dire cependant que les biens des particuliers furent respectés. Le vol était sévèrement réprimé ; Louvet rend lui-même cette justice aux protestants (2). Ils n'exercèrent pas de représailles contre les personnes : ils laissèrent fuir les magistrats qui s'étaient le plus compromis dans l'exécution des édits ; les autres restèrent dans la ville sans être inquiétés. L'ancien maire Gui Lasnier, qui avait montré dans tous les temps une violente animosité contre la secte, tentait de s'échapper sous un déguisement ; il fut arrêté aux portes de la ville ; on se contenta de le retenir sous bonne garde, et au bout de dix ou douze jours, on le renvoya dans sa maison (3).

Malgré la vive répulsion des masses et le peu de sympathie de la classe bourgeoise, les gentilshommes protestants auraient sans doute conservé Angers, s'ils y avaient établi une forte garnison, et surtout s'ils avaient complété l'occupation en réduisant le château. Quelques années plus tard, lorsque le Poitou fut devenu le centre principal du parti, rien n'eût été épargné pour garder une ville qui par sa position était une des clefs des provinces du nord. Mais, en 1562, le prince de Condé, séduit par de trompeuses espérances, ne portait les yeux que

(1) Bèze, t. II, p. 331.
(2) T. I, fº 45.
(3) Demarian, fº 223 rº.

sur la cour, et concentrait toutes ses forces sur les approches de Paris. Arrivé à Orléans le 7 avril, il se hâta d'expédier à toutes les villes, déjà déclarées, des lettres pressantes pour demander leurs contingents. Le sieur de Soucelles vint à Angers, le 9, réclamer au nom du prince un secours d'hommes tant de pied que de cheval, qu'on devait entretenir, en partie aux dépens des réformés de la ville, en partie aux dépens des églises de l'Anjou. Mébretin et ses amis objectèrent la nécessité de défendre la ville, et l'imprudence qu'il y aurait à laisser les femmes et les enfants, exposés pendant leur absence, aux vengeances des catholiques. Soucelles, pour lever la difficulté, négocia un compromis. Le maire et les échevins n'avaient point abandonné leur poste : ils se réunissaient chaque jour à l'hôtel de ville, délibérant, sans doute, sous la pression de l'armée victorieuse, mais défendant, autant que le permettait un semblant de liberté, les intérêts de la cité conquise (1). C'est avec ces magistrats que Soucelles et les autres chefs huguenots arrêtèrent, le 11 avril, les articles suivants :

« Que pour la garde et le guet de la ville sous l'autorité et obéissance du roi, avec l'observation de l'édit de janvier, ceux de la religion choisiraient cinquante hommes de ceux de l'Eglise romaine, bourgeois et habitants de la ville. Et au réciproque, les autres prendraient de ceux de la religion soixante-dix hommes pareillement bourgeois et habitants de la ville pour la garde et guet d'icelle ;

Que les portes de la Cité seraient abattues pour ôter

______

(1) On ne trouve rien aux *Registres* du 5 au 25 avril. Le greffier a laissé plusieurs pages en blanc.

plus de marque et différence entre les habitants de la ville et de la Cité;

Que les églises seraient délaissées par ceux qui les te-naient pour y être fait le service à la manière accoutu-mée;

Que toutes armes, étant dans les églises, colléges, monastères, autres communautés et autres lieux qui en dépendent, seraient prises et portées en la maison de ville;

Que le port de toutes armes, fors la dague et l'épée, permises aux gentilshommes, serait interdit à tous, hormis ceux qui avaient la garde de la ville;

Que toutes gens de guerre, tant de pied que de cheval, non habitants de la ville, et y étant de présent, seraient tenus d'en vider et laisser la garde à ceux que dessus;

Que toutes injures particulières et publiques du passé seraient entièrement quittées et mises sous le pied res-pectivement, excepté qu'il serait loisible aux offensés de poursuivre les larrons et voleurs;

Que l'édit de janvier s'observerait inviolablement sans que l'un provoquât l'autre par injures ni outrages quel-conques;

Que toutefois et quantes qu'il se ferait assemblée en la maison de ville où serait appelé le clergé, on y appelle-rait aussi autant de bourgeois de la religion de ceux dont le rôle serait baillé aux maire et échevins (1). »

Il fallait que la nécessité d'envoyer les troupes à Condé parût bien pressante, pour que de Soucelles eût signé un

----

(1) Bèze, t. II, p. 333. Il est le seul qui rapporte les articles; mais tous les autres en parlent.

pareil traité dont l'exécution était remise presque entièrement à la bonne foi de ses adversaires. Dans cette singulière transaction, les gentilshommes ne tenaient aucun
compte des passions de leur parti, et semblaient faire bon
marché de la religion qui leur avait mis les armes à la
main. Mais les meneurs aristocratiques étaient dupes
d'une illusion grossière, s'ils croyaient qu'il suffît d'un
mot d'ordre pour refouler dans le cœur des religionnaires des colères longtemps contenues et des ressentiments amassés durant trente ans de persécution. Etait-il
sage d'espérer que des hommes fanatisés par de violentes
prédications, et exaltés par le triomphe, consentiraient
de bonne grâce à rouvrir les églises au culte catholique,
et verraient de sang-froid le clergé, qu'on dénonçait
chaque jour à leur mépris et à leur haine, s'asseoir à côté
d'eux dans les séances de l'hôtel de ville? Bèze prétend
que les chefs n'avaient point trop présumé de la sagesse
des sectaires qu'ils laissaient derrière eux, en se dirigeant
pour la plupart vers l'armée de Condé (1). Mais il en im-
pose sciemment quand il passe sous silence des faits
qu'il n'ignorait pas, puisqu'il en fut le témoin oculaire
et même le censeur. Le journal de Louvet ne permet point
de doute à cet égard (2). Etait-il d'ailleurs possible qu'il
en fût autrement! Je n'ai pas besoin de rappeler quelle
race d'hommes violents toute commotion sociale semble
faire sortir du sol des cités. Il suffit de dire que les
religionnaires plébéiens, engagés à la suite des gen-

(1) Bèze, t. II, p. 333.
(2) Journal de Louvet, t. I, fo 46.

tilshommes, n'admettaient pas les ménagements que la
politique dictait à leurs chefs. Les apôtres du calvinisme,
qui prétendaient ramener le culte chrétien à sa simplicité
primitive, s'emportaient chaque jour contre les images
des saints, les tabernacles, les autels, les décorations des
églises, parure-païenne de la nouvelle Babylone. Les disciples, impatients de passer des vaines théories à la pratique, et, dans leur sombre enthousiasme, croyant imiter
les saints des premiers jours, dont les prédicants louaient
le zèle, pensaient, sans doute, faire un acte agréable à
Dieu en s'abandonnant au penchant naturel qui entraîne
la plupart des hommes à la destruction.

D'ailleurs les catholiques eurent le tort de prendre trop
à la lettre l'accord qu'ils avaient obtenu; leur conduite
imprudente irrita les sectaires. Le roi, pour ôter tout prétexte aux soulèvements, et ramener les populations éga-
rées, avait donné le 11 avril un édit qui fut répandu dans
tout le royaume (1). Cet édit confirmait celui de janvier,
accordait l'abolition du passé, défendait de poursuivre qui
que ce fût à raison de ce qui avait eu lieu. Le roi y joignit
une déclaration, dans laquelle il protestait contre les as-
sertions mensongères du prince de Condé, et niait sa
prétendue captivité (2). Un sergent-royal fut assez hardi
pour publier dans les formes d'usage la déclaration du
roi. Il ajouta même ces mots : « Dieu doint bonne vie et
longue au roy et à M. de Guyse. » Les protestants indignés
arrêtèrent l'audacieux, et se disposaient à le pendre, lors-

(1) Bèze, t. ii, p. 333.
(2) Id. ibid.

que le maire intervint et lui sauva la vie en le faisant
enfermer pour quelques heures dans la prison municipale (1).

La publication des lettres du roi était assurément, dans
l'état des choses, une grave imprudence. Les sectaires y
virent une insulte et un défi, et ils y répondirent par la
profanation et le pillage des églises catholiques. Pendant
plusieurs jours, les images de la Vierge, les statues des
saints et des saintes, les objets du culte, furent mutilés,
brisés, traînés dans les rues, livrés aux flammes ou jetés
dans la Maine (2). Un envoyé du prince de Condé, passant la nuit aux Ponts-de-Cé, fut témoin d'excès de ce
genre, commis par les soldats qu'il avait reçus pour escorte (3). Cet envoyé, que l'historien protestant ne
nomme pas, était, d'après le récit de Louvet, Théodore
de Bèze lui-même, *le grant pontiffe des huguenots.* « Cela
fut cause que le lendemain matin, s'étant icelui trans-
porté au palais vers les officiers et magistrats de la ville,
après les avoir salués de la part du prince et suppliés de
lui prêter faveur et aide, il désavoua aussi, au nom dudict
seigneur prince, tous ceux qui, contre l'édit de janvier
et les associations et déclarations faites à Orléans, rom-

(1) Louvet, t. I, fo 45 vo.

(2) *Id. ibid.* Ils envahirent l'église Saint-Sanson « et vollèrent ladicte église de tout ce qu'il y avoit de bon et emportèrent l'imaige de
la Trinité et l'imaige de Notre-Dame, qu'ils traînèrent par les rues et
la fouettèrent et la fisrent brusler et prindrent la saincte et sacrée hostie
qu'ils jettèrent dans le feu, et fisrent par force et viollence mettre le
feu par le vicquaire de ladicte église, aultrement, s'il eust esté refusant,
ils l'eussent tué, et vollèrent tout en sa maison. »

(3) Bèze, t. II, p. 334.

praient les images et commettraient quelques inso-
lences (1). » Le ministre tint le même langage à ses coreligionnaires (2). Il sentait combien ces violences étaient
compromettantes pour son parti, et les blâmait de bonne
foi, bien qu'après tout il n'ignorât point qu'elles étaient
l'application rigoureuse de la doctrine.

Théodore de Bèze venait réclamer de nouveaux secours d'hommes et d'argent pour l'armée de Condé. Il ne
resta à Angers, après le départ des renforts, qu'une poignée de gentilshommes. La discorde acheva d'affaiblir le
parti : Mébretin et Soucelles se disputaient le commandement (3). Desmarais, n'acceptant pour chef ni l'un ni
l'autre, se fit une position à part, en allant s'établir
dans le château des Ponts-de-Cé. Quelques-uns, sentant
le danger d'une pareille situation, se hâtèrent de sortir
d'Angers. La faiblesse de la garnison calviniste, ses divisions et l'incurie qui en était la suite, firent naître chez
les catholiques la pensée de délivrer la ville. Le 2 mai,
l'échevinage envoie au duc de Montpensier, « Clément
Louet, Mathurin Bouju et Jacques Richard, pour lui faire
part de l'état où est la ville, ce qui a esté faict depuis la
prise et les pactions, conventions, accords faits en l'assemblée avec plusieurs nobles et aultres de la religion
réformée (4). » Deux membres de la députation appartenaient au parti huguenot; mais Clément Louet, lieute-

(1) Bèze, t. II, p. 334.

(2) Louvet, t. I, fo 46 vo « fist le presche aux Augustins, environ de
deux heures, où les huguenots se trouvèrent, auxquels il défendit de
rompre les imaiges. »

(3) Bèze, t. II, p. 334.

(4) Registres, an 1562, fo 71.

nant-général civil au présidial, en était notoirement l'adversaire. Ce dernier s'était chargé, sans doute, d'instruire le duc de la disposition des esprits et des chances de succès que rencontrerait une entreprise sur Angers. Dans le même temps, un bourgeois nommé François Rigault, qui joua dans ces circonstances un rôle très actif, quitte le château, où il avait déjà introduit des troupes et des vivres, et trompant la vigilance des partisans qui tenaient la campagne, court secrètement à Saumur et presse Montpensier de se rendre aux vœux de la population catholique. Le duc est facilement persuadé : il dépêche aussitôt son lieutenant Puygaillard avec quelques soldats. Guidée par Rigault, la petite troupe suit des chemins détournés, traverse la Loire au Port-Thibaut, et, à la faveur d'une nuit profonde, gagne rapidement le château, dans lequel elle pénètre par la *porte des Champs* (1).

Si nous en croyons Théodore de Bèze, les huguenots, avertis des desseins de leurs ennemis, passèrent toute la nuit sur le qui-vive dans les rues et sur les places, élevant des barricades pour obstruer les approches du château. Vers le point du jour (6 mai), n'apercevant aucun mouvement dans la forteresse, ils se retirent dans leurs logis. Ils laissent seulement une douzaine d'hommes à l'hôtel-de-ville; bientôt même la moitié de ceux-ci abandonnent leur poste. Le parti protestant manquait évidemment de direction; on ne sait ce qu'étaient devenus Mébretin et Soucelles : personne n'exerçait plus ce commandement si disputé. Cependant Puygaillard ayant

(1) J. Grandet. Rangeard, p. 30.

laissé reposer ses compagnons pendant quelques heures, fait tout-à-coup tirer un coup de canon, signal convenu avec les catholiques de la ville. Au même instant, il sort brusquement du château, renverse les barricades, pénètre dans la Cité et s'empare de tous les postes. La ville s'éveille au bruit du canon et des arquebuses; les catholiques accourent en armes de tous les côtés. Puygaillard, après avoir jeté quelques soldats à la tête des ponts et fait saisir tous les bateaux, pour couper les communications avec la Doutre, s'avance sur l'hôtel-de-ville avec les bourgeois et des arquebusiers. Les cinq ou six hommes de garde livrent la place après quelques minutes d'une résistance inutile. Cependant les huguenots, revenus de leur surprise, se rallient sous la conduite d'un écolier allemand nommé Gaspard Schomberg (1). Ils tentent de rentrer dans la Cité. Une lutte furieuse s'engage près de la porte Angevine. En même temps, ceux qui étaient logés dans la Doutre se rassemblent sur les ponts et dressent des barricades. Mais la partie était inégale; au bout de quelques heures, les calvinistes reconnaissent leur impuissance en face de toute une population soulevée; ils demandent la médiation du lieutenant-général. Clément Louet se rend auprès de Puygaillard, qui s'était installé à l'hôtel-de-ville. Il rapporte cette déclaration qu'on ne veut « molester personne pour la religion, pour le passé ni pour l'avenir, mais seulement conserver la ville en paix, en l'obéissance du roi, suivant l'édit de janvier (2).»

(1) Rangeard, p. 16. Ce Gaspard Schomberg était de l'illustre famille de ce nom; il se rattacha étroitement à l'Anjou par son mariage avec la fille du seigneur de Serrant.

(2) Bèze, t. II, p. 335.

Les protestants rassurés envoient à l'hôtel-de-ville six plénipotentiaires qui discutent et acceptent les articles suivants :

Que les habitants de la ville, tant de l'une que de l'autre religion, mettraient bas les armes ;

Que la garde de la ville demeurerait à Puygaillard et à ceux de sa compagnie ;

Que l'exercice de la religion ne serait aucunement empêché, suivant l'édit de janvier, et qu'à cette fin l'issue et l'entrée seraient libres pour aller au prêche ;

Que les prisonniers seraient mis en liberté et serait oublié tout le passé sans aucune recherche à l'avenir (1).

Bèze ajoute que ces quatre articles « ayant été ainsi accordés en présence de plus de six vingt personnes de la religion romaine, furent incontinent déguisés et couchés en termes captieux, de sorte que les députés firent difficulté de les signer. Mais étant tenus prisonniers, force leur fut de passer par là (2). » Il ne nous donne pas la rédaction frauduleuse ; on ne la trouve nulle part, et j'ai peine à croire que Puygaillard ait songé à ce petit moyen. Il était de ceux qui ne reconnaissent d'autre droit que celui de la force ; et une capitulation, quels qu'en fussent les termes, ne pouvait l'embarrasser, qu'autant qu'il ne serait pas en mesure de la violer. Du reste, le parti n'eut point les scrupules que l'historien attribue aux mandataires. Il accepta l'accord tel qu'on le publiait. Il est vrai que les protestants demandèrent vainement dans la journée, en vertu du quatrième article, la mise en liberté des

(1) Bèze, t. II, p. 335.
(2) *Id. ibid.*

prisonniers. Mais le lendemain 7 mai, Puygaillard leur fit ouvrir les portes pour leur permettre de se rendre à leur prêche sur les douves de Saint-Nicolas. Il leur remit aussi le corps du ministre Salvert, qui avait été tué au moment où il cherchait à s'échapper par dessus la muraille; ils l'ensevelirent dans le cimetière des pauvres, « et estoient bien joyeulx d'avoir accordés (1). »

Cette tolérance n'était qu'un masque exigé par les circonstances; Puygaillard ne le porta pas longtemps. Ce personnage, que nous retrouverons souvent dans la suite de cette étude, était un officier de fortune, né dans une province du midi. Il s'était distingué dans les guerres du Piémont : Brantôme fait l'éloge de sa bravoure (2), et d'Aubigné vante plusieurs fois son habileté à conduire les siéges. Il fut du nombre de ces gentilshommes sans patrimoine venus de Gascogne à la cour des Valois, et qui s'élevèrent aux honneurs, à la faveur des troubles. Une grande audace, le goût des aventures et des intrigues, un caractère insinuant et souple, une activité infatigable le poussèrent auprès du duc de Montpensier, et plus tard auprès du duc d'Anjou. Il affectait un grand zèle pour la religion de ses maîtres; mais sa moralité douteuse, son insatiable avidité, son cœur impitoyable permettent de soupçonner la sincérité de ses convictions. Les récits du temps montrent toujours en lui un partisan sans scrupule, flattant les passions du maître, se jouant cyniquement de sa parole et ne songeant qu'à hâter ou à consolider sa fortune.

(1) Louvet, t. I, f° 47 v°.
(2) Capitaines françois, p. 483.

A mesure que la noblesse catholique affluait à Angers, le lieutenant de Montpensier se départait d'une modération qu'il avait d'abord jugée nécessaire, pour ne point pousser au désespoir un parti encore assez nombreux et résolu à se défendre. Mais dès le 8 mai, il procède avec plus de rigueur. Une proclamation, publiée dans les carrefours, ordonne aux protestants de livrer leurs armes sous six heures (1). Quelques uns s'y refusent. Alors le gouverneur et ses soldats commencent une visite domiciliaire. Dans la rue Saint-Aubin, ils trouvent la maison d'un sieur Pierre Richard fermée et barricadée. Quelques réformés s'y étaient réunis ; ils répondent aux sommations « qu'ils obéiront bien sans qu'il soit besoin de recherches (2). » Aussitôt le tocsin sonne à Saint-Maurice ; les catholiques prennent les armes, on amène des canons et des pierriers. Un siége en règle commence. La maison est bientôt forcée ; trois serviteurs sont tués ; tout est rompu et *donné à la pille,* on ne laisse ni portes, ni vitres, ni fenêtres (3). La même résistance et les mêmes violences se reproduisent au logis de Mathurin Bouju, receveur des tailles. La populace traîne à la rivière les cadavres des protestants (4).

Dès ce moment, les articles du 6 mai furent lettres mortes. Les protestants restèrent sans garantie à la merci de leurs ennemis. Puygaillard en fit enlever un grand nombre ; les prisons du château se remplirent. Le capitaine pouvait se jouer impunément des transactions qu'il

<hr>

(1) Bèze, t. II, p. 337. Louvet, t. I, f° 47.
(2) Bèze, t. II, p. 337. Louvet, t. I, f° 48 r°.
(3) Bèze, t. II, p. 337. Louvet, t. I, f° 48 r°.
(4) Louvet, t. I, f° 48 r°.

avait signées : les renforts ne cessaient d'arriver ; le 8 mai, de Villeneuve, gentilhomme du pays, lui amenait une compagnie ; le 9, une autre entrait conduite par Richelieu le moine : le 10, le procureur du roi, qui avait fui de la ville pour éviter « la furye des huguenots, » revenait avec un grand nombre de nobles et de soldats (1).

Du reste, il n'eût pas été peut-être au pouvoir de Puygaillard, l'eût-il voulu, d'empêcher la réaction catholique. Les compagnies étaient fort indisciplinées. Les soldats allaient, sans ordre, de maison en maison, fouillant les retraites les plus cachées, sous prétexte de rechercher les huguenots, insultant les personnes, violant les propriétés, et se livrant, au nom de la foi, aux actes les plus odieux. La populace se joignait à cette brutale soldatesque. Ils vengeaient à leur manière les temples et les autels profanés (2).

Puygaillard ne se contentait pas de fermer les yeux sur les violences commises par les troupes et par la populace. Il encourageait tous les excès par la passion qu'il déployait lui-même. Il avait fait dresser des potences sur les quatre principales places de la ville (11 mai). Les exécutions régulières commencèrent aussitôt et continuèrent

(1) Louvet, t. 1, f° 48 r°.

(2) Ils pillèrent la maison d'un libraire protestant, enlevèrent tous ses livres et les brûlèrent au milieu de la ville ; « puis, ayant choisi une grande bible bien reliée et dorée, la fichèrent au bout d'une hallebarde, et partant de ce lieu firent une procession au travers de toutes les grandes rues, criant et hurlant : Voilà la vérité perdue, la vérité des huguenots, la vérité de tous les diables ; voilà le Dieu, le fort, l'éternel parlera ; et en cette façon, parvenus jusqu'au pont, la jetèrent en la rivière, disant : Voilà la vérité de tous les diables noyée. » Bèze, t. II, p. 337. D'Aubigné, t. III, p. 135.

les jours suivants (1). On arrêta ce Pierre Richard, qui avait soutenu un siége dans sa maison. Après un interrogatoire sommaire, il fut condamné à mort, et « le soir, à dix heures, il était garrotté et pendu à sa porte, à la clarté des torches et des flambeaux (2). » Louvet ajoute : « S'il n'eust esté pendu, la commune l'eust tué, de tant que c'estoit un séditieux (3). »

Le 12 mai, le duc de Montpensier vint ajouter par sa présence à la terreur du parti vaincu (4). Il ne démentit pas la réputation qu'il s'était acquise en Anjou, à la suite de la journée des Mouchoirs. Il se mit à « purger son gouvernement » avec tant de cruauté que Charles IX l'appelait plus tard « un boucher et un brutal (5). » Brantôme raconte des choses horribles du gouverneur et de ses deux séides, le cordelier Babelot et le guidon de sa cornette (6). D'Aubigné dit « qu'il se servit des noms des juges (7). » Il forma en effet une sorte de commission martiale, composée de conseillers du Présidial, auxquels il adjoignit deux gentilshommes et deux bourgeois (8). La commission siégeait au château, au milieu des soldats, sans cesse entourée des plus fougueux catholiques le pistolet au poing. Les vengeances du parti gardaient à peine une apparence de régularité juridi-

(1) Louvet, t. I, f° 49 r°. Bèze, t. II, p. 338.

(2) Bèze, t. II, p. 338.

(3) Louvet, t. I, f° 49 r°.

(4) Bèze, t. II, p. 338. « Il entra suivi d'une troupe de paysans et de bélîtres. »

(5) D'Aubigné, *Hist. univ.*, t. II, p. 6.

(6) Capitaines françois, p. 482.

(7) D'Aubigné, *Hist. univ.*, t. I, p. 135.

(8) Bèze, t. II, p. 338.

que (1). D'ailleurs on ne s'occupait au château que des notables. La populace procédait tumultuairement contre les autres, les traînait dans les rues et les jetait demi-morts à la rivière. Tous les enfants des huguenots étaient enlevés de force à leurs familles et portés dans les églises pour y recevoir le baptême. Les femmes, poussées brutalement à Saint-Maurice, étaient forcées d'abjurer. Plusieurs furent lâchement outragées, et de Thou rapporte une scène si monstrueuse que la plume se refuse à la décrire (2).

Il est impossible d'évaluer avec certitude le chiffre des victimes de cette cruelle réaction. Théodore de Bèze, dont le témoignage est naturellement suspect, l'élève à quatre-vingt-huit (3); D'Aubigné dit que quarante notables périrent, et qu'il y eut successivement quatre cents personnes enveloppées dans le massacre (4); Roger en porte le nombre à soixante ou à quatre-vingts (5); de Thou s'arrête à quarante (6). J'incline à croire que le chiffre de cinquante-deux se rapproche le plus de la vérité; c'est celui du journal de Louvet (7). Il n'y a pas à craindre que le fanatique greffier ait cherché, en réduisant le nombre des victimes, à diminuer l'horreur que ces cruautés inspi-

(1) On voit pourtant dans Louvet que cette commission, quoique fonctionnant sous le glaive, ne craignit pas de prononcer l'élargissement de trente-six huguenots. Journal, t. I, f° 51 r°.

(2) Liv. xxx, p. 102.

(3) T. II, p. 338.

(4) *Hist. univ.*, t. I, p. 135.

(5) *Hist. d'Anjou,* p. 424.

(6) T. xxx, p. 102.

(7) T. I, f° 49 et suiv. Il ne donne pas le chiffre; mais il cite dix massacrés, trois noyés, un roué, six décapités et trente-deux pendus.

rent. Il n'a garde de reprocher à son parti tant de sang
versé. S'il laissait percer un regret dans son récit, que
rien n'émeut, ce serait plutôt celui de n'avoir pas vu
périr tous les hérétiques. Il se console en notant avec
complaisance, chaque jour, ceux qui sont pendus, ceux
qu'on décapite, ceux qui ont le poing coupé, ceux que
la populace jette par-dessus les ponts dans la rivière (1).

Du reste, on aurait tort de croire que la population catholique d'Angers tout entière eût dépouillé cette humeur
douce et bienveillante qui est un des traits marquants de
son caractère. Rangeard fait remarquer avec raison que
les chefs qui commandèrent les supplices, et les soldats
qui poussèrent le peuple aux massacres, n'appartenaient
point au pays d'Anjou (2). Il aurait pu ajouter que plusieurs maisons catholiques furent d'inviolables asiles toujours ouverts aux huguenots persécutés. Parmi ces hôtes
généreux qui s'exposaient, en violant les édits, à la colère impitoyable de Montpensier et de Puygaillard (3),
on aime à trouver le doyen des chanoines, Hector. Ce
prêtre vénérable donnait à tous un exemple de charité
chrétienne. Il cacha, durant plusieurs jours, dans son
logis de la Cité, Malabry, un des gentilshommes les plus
compromis et d'autres réformés. Il n'eut point la joie de

(1) T. I, fº 49 et suiv. « Le dimanche dix-septiesme jour de may, feste
de la Pentecoste, la demoiselle de la Tremblaye fust menée à la messe
à Saint-Maurice par les soldats où entrant en l'église, le prestre qui
célébroit la messe luy présenta la paix pour la baizer, qu'elle refuza et
au mesme instant fust menée et tirée hors l'église, où estant en rue,
elle fust tuée par la populace et traisnée en la rivière. »

(2) Mémoires, p. 43.

(3) Louvet, t. I, fº 52 rº.

sauver ses protégés. Puygaillard les lui arracha pour les envoyer au supplice, et le punit lui-même en l'enfermant dans la prison du château (1).

Tandis que quelques protestants, cachés dans les maisons catholiques, se dérobaient à grand'peine aux recherches des agents de Montpensier, d'autres plus heureux parvenaient à s'évader et gagnaient à travers la campagne les villes occupées par le parti. On procéda contre ces fugitifs. Le 4 juillet « ce requérant M. le procureur du Roy, Jehan Lemaczon, sieur de Launay, lui a esté donné deffault des accusez et défaillants cy-après nommez, pour le proffit duquel il a esté ordonné que les témoings ouïs seroient réputtez et que ledict récollement général et examen qui en sera faict vauldra confrontation (2). » Louvet donne la liste « desdicts accusez qui ont esté ajournez à trois briefs jours. » Elle renferme 244 noms, appartenant à des personnes de toutes les classes et de toutes les conditions (3). Le sergent royal dissimule mal le dépit qu'il éprouve de n'avoir pu les ajouter au catalogue incomplet des suppliciés; « tous les dessus dicts s'en allèrent et fuyrent comme larrons hors la ville d'Angers, lorsque M. de Montpensier fist pendre le recepveur Bouju et plusieurs aultres huguenots (4). »

La soumission d'Angers entraîna rapidement celle de

(1) Louvet, t. i, fº 51 rº.

(2) *Id.*, fº 53 rº.

(3) *Id.*, fº 53-56. En décomposant ce chiffre, j'ai trouvé vingt-huit gentilshommes, quatre-vingt-sept marchands, deux anciens moines, deux prêtres, un prieur, un chanoine, quinze fonctionnaires, deux peintres, sept hommes de loi, neuf domestiques et quatre-vingt-dix sans profession indiquée.

(4) Louvet, t. i, fº 56 vº.

tout le pays d'Anjou ; la Réforme n'y comptait, en dehors de la classe noble, qu'un petit nombre de partisans. Cependant si la *cause* succomba, ce ne fut pas sans résistance et sans gloire. J'ai signalé, en passant, la prise des Ponts-de-Cé par le capitaine Desmarais de Saint-Aignan. Cette petite ville, située à une lieue d'Angers, sur la Loire, était un poste militaire de premier ordre ; mais elle n'avait qu'un château mal fortifié. Desmarais, désespérant de s'y défendre avec la poignée d'hommes qui l'avait suivi, l'abandonna bientôt et alla chercher plus bas, sur la rivière, une position d'un accès plus difficile. Il entra sans coup férir dans Rochefort et y attendit l'ennemi.

En traversant les molles plaines de l'Anjou, la Loire étend ses eaux sur un lit sans rives et sans limites et sème sur sa route capricieuse des îles innombrables. Parmi les plus riches de ces poétiques jardins de la Loire, on remarque la Vallée. Elle s'allonge, sur la rive gauche, en face du bourg de Rochefort, à trois ou quatre lieues d'Angers et non loin de cette gracieuse chapelle de Béhuard, toute pleine encore des souvenirs de Louis XI. Le regard est surpris d'y rencontrer trois roches gigantesques qu'une bizarre fantaisie de la nature a soulevées au milieu d'une prairie et qui dominent au loin de riants paysages. Elles ont des noms historiques que leur conserve la tradition populaire. Sur le premier plan se dressent Rochefort et Saint-Symphorien ; un peu en arrière s'élève Dieusie. Les deux premières étaient encore couronnées au xvi⁰ siècle de redoutables forteresses ; le château de Dieusie, ancien repaire de pirates, avait été ruiné pendant les guerres des Anglais, au xv⁰ siècle (1). Les

(1) Bodin, *Recherches sur le Bas-Anjou*, t. I, p. 186.

troubles religieux de l'Anjou nous raméneront plus d'une fois au pied de ces forts. Desmarais, trop faible pour occuper les trois hauteurs, s'était enfermé avec cinquante soldats dans Rochefort.

Montpensier n'ignorait ni la force ni l'importance de cette position qui commandait le cours de la Loire. Il essaya de s'en emparer par surprise. Mais Desmarais, sectaire exalté, était aussi un brave et vigilant capitaine. Les catholiques, repoussés dans une escalade, furent obligés de faire un siége en règle. Le sixième jour, la garnison, succombant à la fatigue et au sommeil, offrit de capituler. Il fut convenu que Desmarais sortirait « lui huictième avec l'espée et le poignard, l'arquebuse sur l'espaule, le morion sur la teste et la cuirasse sur le dos; » le reste de sa troupe se retirerait libre, mais sans armes ; la place serait rendue dans quatre jours ; le capitaine livrerait son fils en ôtage jusqu'à l'entière exécution du traité (1). Que se passa-t-il ensuite? Les deux partis se renvoyèrent l'accusation de mauvaise foi (2). Quoiqu'il en soit, les calvinistes, sous prétexte qu'on avait préparé des embûches pour les arrêter dans leur retraite, refusèrent d'évacuer Rochefort. Ils ravitaillèrent la place et complétèrent leurs fortifications.

Alors les troupes catholiques reparaissent sous les murs de Rochefort. Desmarais repousse les premières attaques avec sa bravoure et son bonheur accoutumés. Le 15 juin, la compagnie du capitaine Petit-Pré vient renforcer les

---

(1) Louvet, t. 1, f° 51 v°. Bèze, t. II, p. 343.

(2) Montpensier avait des théories particulières sur l'honneur : « Quand il prenoit les hérétiques par composition, il ne la leur tenoit nullement, disant qu'à un hérétique on n'étoit nullement obligé de garder sa foy. » Brantôme, Capitaines françois, p. 482.

assiégeants. Elle s'établit près du château, place un corps de garde dans la chapelle de Saint-Symphorien et jette des sentinelles jusqu'aux portes de la forteresse. Vers le milieu de la nuit, un traître avertit les assiégés que les soldats, fatigués d'une longue marche, se sont endormis sous la tente. Desmarais fait une sortie, pénètre dans le camp ennemi, tue soixante à quatre-vingts soldats et met le reste en déroute. En se retirant, il incendie la chapelle et les maisons voisines pour dégager ses approches. Déconcertés par cette sanglante surprise, les assiégeants suspendent leurs attaques pendant quinze jours (1).

Cependant la garnison était à bout : plusieurs soldats avaient péri, les munitions diminuaient, les succès mêmes accroissaient le danger. Tout à coup Desmarais quitte secrètement Rochefort et court chercher des secours à Saumur qui était occupé par les réformés. Ses coreligionnaires, pressentant la chute prochaine et inévitable de la place assiégée, essaient vainement de le retenir auprès d'eux. Le capitaine répond qu'il a donné sa foi à ses soldats et qu'il est de son honneur d'aller mourir avec eux. Il prend trente hommes, de la poudre et des armes, et s'achemine vers Rochefort. En arrivant dans la nuit à Saint-Georges, sa petite troupe, saisie d'une terreur panique, se débande et l'abandonne (2). Desmarais continue résolument sa route sur les rives de la Loire. Il trouve Rochefort complétement investi ; Montpensier était venu lui-même au camp avec du renfort et du canon. Favorisé

____

(1) Bèze, t. ii, p. 344.
(2) Bèze, t. ii, p. 344. — J. Grandet, t. x.

par l'ombre, le chef calviniste passe à travers les ennemis, pousse son cheval dans la rivière et rentre dans la
place.

Le lieutenant du roi était accompagné de Puygaillard
et de ses meilleurs capitaines. Il avait fait venir de Nantes
deux pièces de siége. Le 2 juillet, il ouvrit le feu du haut
des ruines de Dieusie. Mais comme les boulets portaient
à peine à cette distance, il descendit ses canons et établit
une nouvelle batterie dans le fort Saint-Symphorien. Une
canonnade de quelques heures pratiqua une brèche qui
parut suffisante. Aussitôt Puygaillard, la Varenne, Beau-
regard lancèrent leurs colonnes à l'assaut. Mais Desmarais
et ses compagnons forment un mur de fer sur les débris
écroulés ; bientôt les cadavres de cinquante assaillants
encombrent la brèche ; les catholiques vaincus reculent
jusque dans leur camp.

Montpensier fait recommencer le feu le lendemain ; la
place est battue pendant huit jours. Alors la brèche
s'agrandit dans des proportions effrayantes ; les murs
tombent en poudre. La résistance ne pouvait plus être
qu'une folie héroïque. Les réformés demandent une
capitulation ; Montpensier exige qu'ils se mettent tous
à sa discrétion. Desmarais repousse ces conditions hu-
miliantes et se prépare à mourir. Dans ce moment
suprême, le cœur du farouche sectaire s'attendrit. Il avait
auprès de lui le plus jeune de ses fils ; pour le soustraire
au sacrifice qu'il veut faire à l'honneur de la *cause,* il le
porte sur la muraille et, appelant le capitaine de Villeneuve, son ancien ami, il le prie de sauver cet enfant
dont il était le parrain. Mais avant de se séparer de son
fils, et en lui donnant son dernier baiser de père, « il lui

défend avec des conjurations étranges de se faire catholique et d'aller à la messe (1). »

Le 10 juillet, les troupes catholiques montèrent une
dernière fois à l'assaut. Il paraît certain que la trahison
hâta leur triomphe. Tandis que Desmarais, debout sur la
brèche, faisait face à ses nombreux assaillants, un de ses
soldats ouvrit une poterne. L'ennemi se précipite dans
la place, égorge vingt-cinq hommes et pousse le reste
dans une basse fosse où on les massacra le lendemain.
Desmarais, resté seul avec un soldat fidèle, s'éloigne des
murailles et se retire dans une de ses tours. Là, son arquebuse à la main, l'indomptable sectaire soutient longtemps
encore l'attaque de ses ennemis. Enfin, épuisé par ces
efforts désespérés, voyant son compagnon étendu à ses
pieds, ayant tiré son dernier coup de feu, entouré par
toute une armée, il se rend à Puygaillard, qui lui promettait, sur sa parole, la vie sauve (2).

Si Montpensier avait eu quelque grandeur d'âme, il eût
honoré la chute glorieuse du soldat calviniste, tombé en
défendant sa foi. Il le traita comme un malfaiteur vulgaire. Traîné à Angers, au milieu des lâches insultes de
la populace, Desmarais fut rompu sur une croix, puis
étendu sur une roue où son âme héroïque lutta douze
heures contre d'atroces douleurs. Plus tard, son cadavre,
attaché à l'instrument de son supplice, fut exposé en face
de la porte du château « où il avait tenu le fort contre
Dieu, l'Église et le Roi (3). »

(1) Roger, p. 426.
(2) Bèze, t. ii, p. 344. De Thou, l. xxx, p. 102.
(3) J. Grandet, t. x. Louvet, t. i, fo 53 ro. Rangeard, p. 42.

Sur les autres points de la proviuce, les protestants, trop inférieurs en nombre, n'essayèrent même pas de résister. Montpensier entra sans coup férir dans Saumur, qui n'avait pas du reste, à cette époque, l'importance que lui donna plus tard Duplessis-Mornay. Quelques régiments, parcourant les bords de la Loire, dégagèrent les abbayes de Bourgueil et de Saint-Florent, qui avaient été prises et pillées par les calvinistes (1). Beaufort, Chalonnes, Châteaugontier rentrèrent dans l'obéissance, non sans avoir été cruellement châtiés. Craon, abandonné par le parti de Condé, fut traité par Puygaillard comme ville conquise ; les maisons des réformés furent pillées et saccagées, « les femmes furent traînées à la messe avec outrages et blasphèmes, » et l'impitoyable lieutenant de Montpensier ne se retira qu'après avoir fouillé le pays, dévasté les châteaux des gentilshommes absents, et massacré le petit nombre de religionnaires qui tombèrent entre ses mains (2).

Tandis que les soldats catholiques promenaient la terreur dans les petites villes et les villages de l'Anjou, Montpensier suspendait à Angers les libertés municipales et mettait la commune en état de siége. Toutefois le gouverneur conservait en apparence les formes ordinaires. Les mesures qu'il jugeait convenables étaient votées en

(1) Roger, p. 426. « Ce qui arriva par la lâcheté et apostasie de quelques moines, lesquels pour se marier et vivre plus licencieusement jetèrent le froc aux orties et donnèrent l'entrée de ces deux monastères aux religionnaires. Il en arriva de même à Nyoiseau, abbaye de filles, dont quelques religieuses quittèrent le voile et, rompant leurs vœux, se marièrent. »

(2) De Thou, l. XXX, p. 103. Bèze, t. II, p. 348. Roger, p. 426.

conseil de ville. Ainsi l'insuffisance des compagnies bourgeoises ayant été reconnue, l'échevinage décida, contre les usages et les priviléges de la ville, qu'on entretiendrait une garde de 400 hommes de pied et de 100 arquebusiers à cheval, sous le commandement de Puygaillard et de Montbourcier (1). On manquait d'artillerie : l'hôtel-de-ville ordonna de prendre les cloches des églises pour fondre des canons (2).

Les habitants catholiques payèrent les frais de leur triomphe sur les réformés. Les demandes d'argent se multiplièrent. Ils avaient déjà fourni, le 11 mai, une somme de 1000 écus pour soudoyer les gens de pied (3). A la fin de juin, on vota encore une somme mensuelle de 300 livres tournois pour « l'estat » de Puygaillard, à condition « qu'il prendroit gens capables et expérimentés aux armes, non suspects d'hérésie et autres que les manans qui doivent la garde de la ville (4). » Le capitaine exigea en outre qu'il lui fût alloué une indemnité pour les dépenses qu'il avait faites dans l'intérêt du service public. On lui offrit 200 écus. Le Gascon trouva la proposition inconvenante, et parla de se démettre de son commandement. Le conseil alarmé éleva le chiffre jusqu'à 1000 livres tournois que le clergé fut prié d'avancer, sauf compensation ultérieure (5).

---

(1) Registres, an 1562, fᵒ 75 rᵒ.

(2) *Id.*, fᵒ 81 vᵒ. « Pour la défense et tuition de la ville sera faict de l'artillerie et à ceste fin les cloches et aultres métaux que l'on trouvera convenables, seront prins et estimés affin de remboursement. »

(3) *Id.*, fᵒ 72 vᵒ.

(4) *Id.*, fᵒ 105.

(5) *Id.*, fᵒ 108.

L'échevinage avait perdu toute indépendance. Puygaillard, investi régulièrement du titre de gouverneur
d'Angers depuis le 6 juin (1), assistait à toutes les séances (2), et y exerçait, au nom de Montpensier, une pression
équivalente à la dictature. J'aime à expliquer par cette
malfaisante influence la requête adressée au duc par le
corps de ville « pour qu'on punisse tous les gens atteints
de cédition, tant ceux qui ont esté mis hors de prison que
ceux qui y sont encore, et qu'on n'en mette aucun dehors
comme a esté faict cy davant sans ouyr les gens du Roy
et les parties intéressées, et qu'en outre les eschevins et
officiers compromis soient privés de leurs estats (3). »
On ne reconnaît point là les traditions généreuses de la
bourgeoisie ; Puygaillard avait sans doute dicté lui-même
cet appel à de nouvelles sévérités. Montpensier y répondit
dès le lendemain (26 juin), en envoyant au maire une
ordonnance qui privait de leurs charges les échevins
Belhomme et Pierre le Mal, tous les deux compromis dans
les troubles et absents de la ville (4). Il fit plus : non
content de violer dans les personnes de ces magistrats le
principe d'inamovibilité qui assurait l'autorité de l'échevinage, il chercha à détruire l'esprit de ce corps en y
introduisant ses créatures (5). Les bourgeois essayèrent

(1) Registres, an 1562, fᵒ 92.

(2) *Id.*, 11 juillet, fᵒ 116 vᵒ. « Ne se fera aulcune assemblée de ville
sans que le sieur de Puygaillard ne soit préalablement adverty par le
sergent. »

(3) *Id.*, 25 juin, fᵒ 101 rᵒ.

(4) *Id.*, 26 juin, fᵒ 111 rᵒ.

(5) Il écrivait aux échevins : « Messieurs, vous avez bonne cognoissance
de la fidellité et relligion de Maistre François Boylesve et la peine et

de résister ; ils semblèrent du moins refuser tacitement de se décimer eux-mêmes en acceptant la mesure provoquée par la requête qu'ils avaient signée malgré eux : le 2 juillet, les échevins fugitifs n'avaient pas encore reçu de successeurs. Mais le gouverneur insista, fit publier dans les carrefours son ordonnance de révocation, et adressa au conseil de ville l'invitation impérative de procéder sur-le-champ à l'élection. Alors on obéit : les magistrats absents furent rayés du tableau et les candidats présentés par le duc, triomphant de toutes les répugnances, entrèrent dans le corps de ville (1).

La population tout entière était soumise à ce système d'épuration. Le 8 juillet, une ordonnance prescrivait à « tous les suspects de religion de vuider la ville et faubourgs dans deux jours. » Les curés et vicaires étaient invités à « référer et rapporter au gouverneur ceulx ou celles de leurs paroisses qu'ils connaissent avoir hanté les presches conventicules de ladite religion, sous peine, s'ils

debvoir qu'il a faict à la sollicitation des procès des rebelles, comme substitué du Procureur-général du Roy, qu'il n'est point de besoin le vous recommander beaucoup. Aussi ne me veux-je arrester à cela pour vous dire qu'il me semble ne sauriez mieux faire que de garnir le corps et conseil de nostre ville de personnaiges de tel mérite que luy. A ceste cause, je vous prie comme celui qui désire et pourchasse de bon cueur et affection le repos et seureté de vos personnes, biens et familles, pour veoir ledict Boylesve d'un estat et office d'eschevin en lieu de Pierre le Mal, absent et fugitif pour raison de la cédition dernière. Ce faisant, j'espère que tout se portera mieux et que le repos et seureté sera plus grand en vostre ditte ville et m'asseurant que me croirez en cest endroict, je vais prier Dieu vous donner, Messieurs, sa saincte et digne garde. D'Angiers, 26 juin 1562. Le bien fort vostre, Loys de Bourbon. »

(1) Registres, f° 122.

y manquoient, d'être procédés contre eulx comme rebelles et factieux (1). » Trois jours après, une autre ordonnance révoquait de leurs charges des magistrats et des fonctionnaires « pour avoir connivé avec les huguenots et s'estre enfuys de la ville (2). »

Le duc de Montpensier quitta Angers au mois d'août, laissant à Puygaillard le soin d'achever son œuvre (3). Le lieutenant aggrava le régime exceptionnel inauguré par son maître et poursuivit avec acharnement les débris de la faction calviniste. Dans les violences de cette implacable réaction, disparurent les derniers restes de la constitution municipale. Le 7 août, le gouverneur demanda à l'hôtel-de-ville qu'on lui adjoignît « un conseil de six hommes, tous gens de bien, échevins, avocats et marchands, pour deux d'eulx assister par semaine avec luy pour pourveoir aux affaires et requestes qui luy sont adressées par des gens desquels il n'a cognoissance ne de leurs vies (4). » Les registres ne nous font pas connaître la composition de ce comité qui partagea la dictature avec Puygaillard. Les membres en furent choisis, s'il faut en croire Théodore de Bèze, « parmi les plus mutins et les plus séditieux. » Représentants directs et permanents des paroisses, ils apportaient à l'hôtel-de-ville les passions, les rancunes, les haines aveugles des masses. Puygaillard, en introduisant ainsi l'élément démocratique dans

(1) Registres, fº 114.

(2) *Id.*, fº 116.

(3) *Id.*, fº 147. Il présenta le 14 août les lettres patentes qui l'instituaient lieutenant du duc de Montpensier à Angers, Beaufort et Baugé.

(4) *Id.*, fº 131.

le gouvernement de la cité, annulait l'influence de la haute bourgeoisie.

La terreur règne désormais sur la ville. La vie et la fortune des plus honnêtes gens sont exposées sans défense aux soupçons et aux emportements du comité. Les calvinistes qui avaient échappé au supplice ayant déserté la commune, bannis par Montpensier ou exilés volontaires, Puygaillard et les siens s'en prennent aux modérés, dont les maximes de tolérance n'étaient guère moins odieuses que l'hérésie : ils créent, comme devaient le faire plus tard les terroristes, une classe de suspects. On procède à une enquête publique sur tous les habitants de la ville. « Pour mieux connoître le nom des suspects, a esté apporté le taulx général du dernier emprunt auquel sont les noms des manants et habitants de laditte ville et faulxbourgs, lequel a été leu ledict jour (7 août) et le mercredy 9ᵐᵉ ; et le lundy, 10ᵐᵉ jour, en fust extraict les noms de plusieurs suspects escripts en un cahier de papier contenant cinq feuilles de papier(1). » De Bèze, qui paraît bien instruit de tout ce qui se passa à Angers, nous apprend que « le peuple, à mesure qu'on nommait quelqu'un, déclarait par cris s'il le tenait pour être de la religion; par ce moyen on en remarqua encore de six à sept cents ou plus de reste (2). » Le 23 septembre, une assemblée extraordinaire à laquelle on avait convoqué expressément, dès le 21, « les curés, vicaires, procureurs et marguilliers des paroisses et six plus notables bourgeois (3) » arrêta

(1) Registres, fᵒ 131.

(2) T. ii, p. 346. Ce chiffre est évidemment exagéré; les registres n'en donnent aucun.

(3) Registres, fᵒ 150 vᵒ.

définitivement la liste des suspects « en un cahier de papier contenant six feuilles dont il y en a cinq escriptes (1). » Tous ceux dont les noms étaient compris dans ces tables de proscription reçurent ordre de sortir d'Angers (2).

La ville était désormais « bien purgée ». Pour prévenir toute surprise de la part des huguenots et des bannis, le gouverneur ordonna l'achèvement des fortifications. Les travaux furent conduits par l'abbé de Saint-Serge. Cet abbé, que Demarian appelle *un des maistres maczons du Roy,* n'était autre que le célèbre Philibert Delorme, l'architecte d'Anet, de Meudon et des Tuileries. Les habitants se portèrent en foule aux remparts. « Ils y alloient bescher et porter la hotte chascun en leur rang, et les plus apparents de laditte ville commencèrent les premiers, sçavoir : M. de Puygaillard, gouverneur, M. de Montbourcier, capitaine de cent hommes, de la Bellotière, conseiller et pour lors maire, Lemaczon, procureur du Roy, et plusieurs aultres qui portoient la hotte, et, à leur imitation, les habitants la portoient aussy..., dont ils furent bientôt lassés, à rayson qu'il y en eut beaucoup qui y gaignèrent de grandes malladies, à rayson de quoi fust advisé que chascun mesnaige payeroit quatre deniers par

(1) Registres, fº 151 rº.

(2) Les supplices, les emprisonnements, les exils ne rassurent pas complétement le gouverneur. Le 30 septembre, il fait publier l'ordonnance suivante : « Il est ordonné aux manants et habitants de bailler en deulx jours, sans fraude et signé de leur nom, le nombre de leurs gens, enfants, serviteurs, hôtes et aultre famille, leur asge, qualité, vacation, origine, nativité, armes et bastons qu'ils auront, sous peine de prison, amende arbitraire et confiscation. » Registres, fº 172 vº.

jour pour avoir des hommes pour parachever ce qui estoit commencé, ce qui fust faict, et y avoit tous les jours quatre cents hommes (1). »

Cette année si agitée de l'histoire d'Angers se termina par un événement qui fit quelque sensation. Le 31 décembre, la femme de Puygaillard fut tuée d'un coup de pistolet. Le meurtrier était un soldat. Louvet ne dit rien de plus. Rangeard, ordinairement plus réservé, attribue gratuitement le crime à la haine des protestants (2). De Bèze dit au contraire « qu'on estima que son mari avait voulu s'en défaire (3). » Cette accusation n'est sans doute pas plus fondée que la première. Mais il est certain que Puygaillard ne fit aucun bruit de la catastrophe, et s'en consola trop promptement. Après deux mois de veuvage, le capitaine gascon présentait à la population d'Angers, un peu surprise, sa nouvelle épouse, Marie de Maillé, dame de Jarzé, de la maison de Brézé (4).

Au moment où le lieutenant de Montpensier célébrait ses brillantes noces, la première guerre de religion arrivait à son terme. La défaite du prince de Condé près de Dreux, sa captivité et l'assassinat du duc de Guise, sous les murs d'Orléans, avaient facilité les négociations. Catherine et le chef des protestants signèrent, au grand mécontentement des deux partis, *la pacification d'Amboise*. Louvet l'annonce avec dépit : « Le 13 mars 1563, la paix fust faite avec les luthériens huguenots, où l'exercice de leur faulce relligion leur fust accordé en leurs

(1) Demarian, à la suite de Louvet, t. I, fᵒ 225 rᵒ.

(2) Mémoires, p. 48.

(3) T. II, p. 347.

(4) *Id. ibid.* Rangeard, p. 48.

maisons, qui est la perte du royaulme de France de souffrir ung si dangereulx venin, qui sont ennemys des
roys (1). » L'édit de pacification fut publié solennellement à Angers le 7 avril. Le régime de la terreur cessa
aussitôt : les prisons furent évacuées et les portes de la
ville s'ouvrirent aux fugitifs et aux proscrits (2).

(1) T. ı, f° 59 r°.
(2) *Id. ibid.* « Cedict jour au moïen de la publication de l'édict de
paix, MM. Maurice Bautru, François Grimaudet, Gille Heard, rentrèrent
en la ville d'Angers fort honteusement. »

CHAPITRE III.

————

Agitation des provinces. — Les commissaires royaux : le maréchal de
Vieilleville vient en Anjou. — Voyage de Charles IX ; son entrée à
Angers. — Première ligue catholique.

Un édit ne suffisait pas pour ramener la paix dans les
cœurs profondément troublés par la haine. Les deux
partis, également mécontents de la trève imposée à leurs
passions, se mesuraient encore d'un œil irrité, et, la
main sur leurs armes, se tenaient prêts à recommencer
le feu au premier signal. En attendant, les catholiques
célébraient bruyamment leur triomphe (1). De leur côté,

(1) Ils instituèrent une procession générale destinée à perpétuer le
souvenir de la délivrance d'Angers. Cet anniversaire irritant fut célébré
jusqu'en 1593. L'évêque Charles Miron eut la sagesse de l'abolir.
Louvet, t. I, fº 59 vº.

les calvinistes revenus de l'exil bravaient les magistrats, ne tenaient aucun compte des termes de la pacification, et ouvraient publiquement des prêches aux portes d'Angers. Chaque jour des rencontres sanglantes avaient lieu dans les quartiers populeux et prouvaient aux modérés, qui se berçaient d'honnêtes illusions, combien étaient loin de s'éteindre les fureurs allumées par le fanatisme et la guerre civile! Le départ du lieutenant de Montpensier et de ses troupes ne calma point l'effervescence des esprits (1). C'est à peine si la contagion, qui exerça d'épouvantables ravages en Anjou dans les derniers mois de 1563, suspendit un instant ces luttes fratricides (2).

L'agitation était la même dans toutes les provinces. Les protestants, partout en minorité, semblaient prendre à tâche d'irriter les masses par leur morgue, leurs prétentions et leurs bravades. Ils s'abusaient sur leurs forces, et reprochaient à Condé d'avoir trahi la cause en acceptant la paix au moment où leurs efforts allaient obtenir un triomphe décisif. En même temps, ils se plaignaient de la mauvaise foi de Catherine, qui, par ses édits explicatifs, dénaturait le caractère de la pacification d'Amboise. La cour retentissait de leurs réclamations mêlées de menaces. « De leur côté, les catholiques et gens d'église se plaignaient que les huguenots les empêchaient de jouir de leurs biens et les ecclésiastiques et curés de faire les fonc-

_____

(1) Louvet, t. i, fo 60 ro. « Il fut levé à Angers 1,500 livres pour paier la solde des soldats qui estoient à M. de Puygaillard, lequel s'en alla en emmenant sa compaignée de tant que les habitants n'en vouloient plus. »

(2) *Id. ibid.*

tions de leurs charges, de sorte que chacun recommençait à se liguer comme ne se pouvant plus souffrir (1) ».

Catherine, effrayée de l'émotion croissante des provinces, envoya des Commissaires chargés de pourvoir à l'exécution des édits. Les premiers qui vinrent à Angers (février 1564), interdirent aux protestants l'exercice public de leur culte en tout autre lieu que dans les faubourgs de Baugé (2). Mais ces représentants obscurs d'un pouvoir que discréditaient l'incertitude de ses principes et les variations de sa conduite, manquaient de l'autorité nécessaire ; les sectaires n'eurent aucun égard au règlement et continuèrent à s'assembler à Cantenay, village voisin d'Angers, au grand scandale et à l'indignation du peuple catholique.

Au mois de juillet 1565, la Cour, mieux inspirée, désigna pour commissaires M. de Vieilleville et deux conseillers au parlement de Bordeaux (3). Le maréchal de Vieilleville s'était illustré sur les champs de bataille et passait en outre pour un homme d'état distingué. Il appartenait à l'Anjou par sa naissance, y possédait ses terres de famille et y était grandement apparenté. Vrai type du grand seigneur des meilleurs temps, il recevait avec une magnifique hospitalité, dans son beau château de Durtal, la noblesse du pays, les grands personnages de l'état, et parfois les rois eux-mêmes. Il était fort populaire dans l'Anjou dont on le regardait avec raison comme une des gloires les plus pures. Son esprit libéral, ses principes hautement avoués de tolérance, sa politique conci-

---

(1) Mémoires de Castelnau, ch. X, p. 311.
(2) Louvet, t. I, f⁰ 60 v⁰.
(3) *Id. ibid.* f⁰ 61 v⁰.

liante le rangeaient dans le parti des modérés. Nous n'avons pas de détails sur sa mission ; elle paraît avoir été couronnée de succès. Il est certain que l'effervescence publique qui menaçait d'éclater en une guerre ouverte, s'apaisa peu à peu. Castelnau attribue ce « refroidissement des cœurs querelleurs aux rigueurs de l'hiver ; » on peut, sans témérité, en faire honneur aussi à l'influence et à la sagesse du commissaire royal.

Tandis que le maréchal de Vieilleville travaillait heureusement à la pacification de l'Anjou, Catherine promenait le jeune roi dans les villes du midi. La reine-mère, en montrant de près le souverain aux populations, espérait raviver le prestige de la royauté singulièrement affaibli par les doctrines démocratiques de la réforme. Elle était bien aise aussi sans doute de vérifier de ses propres yeux l'état des deux partis entre lesquels elle avait jusqu'alors laissé flotter sa politique. Trois mois avant l'arrivée de Charles IX à Angers, les registres sont pleins de conclusions relatives à ce voyage (1). A chaque page, on rencontre des lettres de Chavigny, de Puygaillard, du Prince-Dauphin adressées au maire et aux échevins ; elles ont toutes pour objet de faire disparaître les traces de la guerre civile. Aucun désordre ne doit blesser les yeux du roi ni le faire douter de l'habileté de ceux qui gouvernent la province. Ces pressantes recommandations n'étaient pas inutiles. Le pays était rempli de gens sans aveu, abritant leurs crimes sous le voile de la religion, et exploitant audacieusement le fanatisme désintéressé du peuple (2).

(1) Registres an 1565, fos 180 à 239.

(2) Le 24 août 1565, M. de Chavigny écrit au maire et aux échevins: « Messieurs, je vous envoye ce porteur exprès pour savoir de vos nou-

Ce fut à l'issue des fameuses conférences de Bayonne que la Cour visita les provinces de l'Ouest. Elle séjourna à Nantes pendant la seconde moitié d'octobre. Le 4 novembre, le Prince-Dauphin, reçu à Angers avec les honneurs dus au titre de duc d'Anjou, qu'il portait depuis peu, annonça que le roi et la reine-mère le suivaient à la distance d'une marche.

La longue attente des magistrats et du peuple fut enfin satisfaite. Charles IX et son plus jeune frère arrivés vers le soir (5 novembre), traversèrent la Maine et allèrent passer la nuit au château. L'entrée solennelle eut lieu le lendemain. Ces fêtes n'étaient point une vaine représentation (1). Catherine savait combien il importe de frapper l'imagination d'un peuple aussi impressionnable que le nôtre. Dans ce roi de quinze ans, fils d'Henri II qui avait péri dans une catastrophe et frère de François II, mort à

velles et comme toutes choses se passent en vostre ville, m'ayant, M. le maréchal de Vieilleville, escript qu'il vous avoit laissez en bonne tranquillité et que les principaulx de vostre ditte ville luy ont tous promis de faire leur debvoir de contenir tout en paix suivant les édits du Roy; ce que je désire estre observé et entretenu parmy vous et vous pry d'y tenir la main. Il est advenu une émotion au Château-du-Loir, dimanche dernier, dont il s'est ensuyvi des meurtres de quatre ou cinq personnes et mesme du ministre faisant le presche et ceulx qui ont faict les meurtres sont gens incognuz qui estoient la pluspart marqués et ne sait l'on qu'ilz sont devenuz. Ayant mandé le prévost des maréchaulx pour en venir informer en diligence, je vous pry si quelques-uns de ces gens là s'estoient retirez en vostre ville de les faire appréhender et vous en enquérir pour cest effect, afin que l'on en puisse faire telle justice que le cas requiert; et que chascun tienne la main à ce que les choses demeurent en paix et repos dans vostre ville, de sorte que personne n'ayt occasion de se plaindre et que les Majestés en ayent contentement et me mander de vos nouvelles attendant lesquelles, etc. » Reg., fo 186, ro.

(1) Louvet t. 1, fo 63 ro. Registres, fo 239 ro.

dix-sept ans, jeté lui-même si jeune et sans autre appui que sa mère au milieu des orages, il y avait quelque chose qui touchait vivement les cœurs simples, si prompts à passer de la pitié à l'amour. On vantait d'ailleurs les qualités heureuses de Charles IX, la distinction de son esprit, son goût naissant pour les arts, son âme portée vers la gloire et l'on en tirait tous ces heureux présages que l'illusion ou la flatterie murmure autour du trône des rois qui ne gouvernent pas encore. Charles fut donc accueilli avec une vive sympathie. Sa conduite acheva de lui gagner la population. Depuis l'abbaye Saint-Nicolas où, du haut d'un théâtre, il avait entendu les harangues d'un docteur de l'Université et d'un échevin, et vu défiler « tous les estats et habitants de laditte ville qui estoient en bel ordre, » jusqu'à l'église Saint-Maurice où l'attendait le clergé, le jeune monarque fut pour tous d'une grâce parfaite. Le petit-fils de François Ier et des Médicis, qui avait puisé dans le lait de sa mère le sentiment délicat des arts, sourit sans dédain « aux beaux et riches tableaux, colonnes et aultres enrichissements, » dont les Angevins avaient décoré les carrefours, les places et les rues. Il écouta « fort attentivement » la harangue d'un précoce orateur, bel enfant de deux ans, « représentant la Justice, tenant d'une main l'espée et de l'aultre la balance. » Mais Louvet ne nous dit point quelle fut l'impression du roi catholique, quand en passant sous la porte Chapelière il aperçut devant lui « ung tableau dans lequel estoit peint ung Hercule tuant un Cerbère enchaisné en bas duquel estoit escript :

Je, Cerbère tiré des enfers odieux
Sacrifice on m'a faict et colonnes levées;
Mais voiant ta vertu conduite par les Dieux
Je cedde à tes haults faicts mes armes et trophées. »

Il y avait là autre chose qu'un mauvais tableau et des vers indignes d'être présentés au jeune souverain qui aurait pu disputer à Ronsard lui-même la couronne des poètes. La fiction était transparente et le roi ne pouvait se tromper sur le sens d'une allégorie qu'il retrouva plus tard sur les médailles frappées à l'occasion de la Saint-Barthélemy (1).

La reine-mère n'avait point paru dans ces fêtes. Exemple d'une vanité puérile, Catherine s'effaçait adroitement et se gardait bien de disputer à son fils l'attention et les hommages de la foule. Elle savait que la popularité, si nécessaire au trône en ces jours difficiles, commence souvent par l'espérance et elle laissait agir le charme naturel de la jeunesse royale. Cependant retirée à l'écart, elle observait en silence, prêtant l'oreille aux rumeurs publiques et recueillant tous les indices qui pouvaient l'éclairer sur la situation. Or, il lui semblait de plus en plus évident qu'on s'était exagéré les forces du parti calviniste. Sur tout son passage, la Cour avait trouvé les masses et la plus grande partie de la bourgeoisie sincèrement affectionnées à la religion catholique. La réforme n'avait pour elle que la moitié de la noblesse; ses adhérents dans les classes inférieures ne formaient au milieu de la nation qu'une minorité bruyante, mais peu redoutable. Aussi Catherine ne gardait presque aucun ménagement à l'égard des sectaires qu'elle ne craignait plus. Elle retirait successivement toutes les concessions faites dans la pacification d'Amboise et si elle rejetait les conseils sanguinaires du duc d'Albe, c'est qu'elle se flattait d'atteindre sûrement

____

(1) Henri Martin, *Histoire de France*, t. x, p. 389.

à la ruine des huguenots par une guerre sourde plus familière à son esprit machiavélique. Elle s'abusait : ce n'est pas avec des demi-moyens ni par des ruses italiennes qu'elle aurait pu venir à bout d'un parti admirablement organisé, qui puisait une indomptable énergie dans les sentiments les plus élevés de la nature humaine, dont les membres se recrutaient dans les classes militaires, et qui savait suppléer à l'infériorité du nombre par la force que donnent l'union et la solidarité.

La province ne s'y trompait pas. Les protestants alarmés des bruits venus de Bayonne, exaspérés par des dénis de justice et de criantes vexations, se préparaient ouvertement à revendiquer les armes à la main la tolérance et la liberté. Ils reformaient leurs ligues, amassaient de l'argent, enrôlaient leurs hommes, négociaient avec l'étranger et disposaient tout pour une nouvelle lutte. Les catholiques, de leur côté, ayant appris à connaître dans la dernière guerre, la puissance du principe d'affiliation, s'essayaient aussi à des associations armées.

Ces tentatives isolées précédèrent de plusieurs années la sainte Ligue (1). L'évêque d'Angers, Gabriel Bouvery, fut un des premiers à mettre en pratique l'idée nouvelle. Ce prélat avait accompagné le cardinal de Lorraine au concile de Trente et l'avait, sans doute, entendu discuter le projet d'une grande confédération catholique. Revenu dans son diocèse, en 1565, il s'inspira des conceptions hardies du plus habile des Guise, et entreprit, de concert

____

(1) Tavannes organisa, dès 1567, en Bourgogne, une véritable ligue catholique sous le nom de *Confrérie du Saint-Esprit*. Mémoires de Tavannes, collection Petitot, t. I, p. 451.

avec Puygaillard, de former une ligue angevine. Le clergé et un grand nombre de gentilshommes et de bourgeois entrèrent dans les vues de l'évêque. Rangeard nous a conservé la formule du serment qui fut prêté par les associés (1). Cette pièce curieuse, jusqu'ici inédite, mérite d'être citée en entier.

« Nous soussignés et confrères, alliés par sainte et divine alliance pour la continuation et manutention de l'honneur souverain dû à Dieu notre créateur, de ses saints commandements et ordonnances de la sainte église catholique, apostolique et romaine, et pour la manutention du roi très chrétien et très catholique notre souverain prince, élu et à nous baillé par grâce et providence divine pour notre chef et souverain terrien dominateur, conservateur de ladite église catholique, apostolique et romaine et des saints décrets et conciles d'icelle et de l'obéissance que nous et tous ses bons sujets lui devons et à Messeigneurs aussi très chrestiens et très catholiques princes repos de tout son royaume et de tout son peuple, et afin de maintenir la sainte église et religion catholique romaine et l'état et autorité du roi notre bon souverain catholique

____

(1) Mémoires p. 102. Il en avait pris copie sur l'acte original qui fut depuis détruit dans un incendie. Cinquante-neuf gentilshommes y avaient apposé leurs signatures; on remarque les noms de Puygaillard, Vassé, La Tour-Landry, Villeneuve, de Daillon, du Bellay, Montboucher, Tillon de Conquesac, de Chivri, de Charnacé, René de Saint-Offange, d'Aubigné, de Chavigny, etc. A la tête des ecclésiastiques qui ont signé sont Gabriel Bouvery évêque d'Angers, de Cossé évêque de Coutances, Bouvery abbé de Toussaint, Pierre évêque de Rouanne, etc. Rangeard ne rapporte point les noms des membres du tiers-état qui sont, dit-il, en très grand nombre.

et très chrétien prince et légitime défenseur et de mes-
dits sieurs ses frères et pour tenir moyennant l'aide de
Dieu, consentement et accord de leurs majestés tout le
peuple en repos, pour servir à Dieu et rendre obéissance
à leurs maîtres, faire obéir sa justice tant de ses cours de
parlement que autres ses juges et magistrats, promettons
et jurons de vivre et mourir en ladite religion catholique
et romaine et obéissance due auxdites majestés, aux-
quelles majestés et leur justice nous promettons et jurons
toute obéissance, secours et aide, et de nos personnes et
biens empêcher et courir sus avec leur autorité contre tous
perturbateurs, innovateurs et contrevenants à ladite religion et état desdites majestés et à leurs saints et catholiques édits, et ordonnances divines et politiques et de
nous secourir les uns et les autres aux effets susdits, par
tous moyens contre tous rebelles hérétiques, sectaires
tendant à fins... le tout jusqu'à mort inclusivement. »

Au moment où les catholiques de l'Anjou, en prévision
de la guerre prochaine, s'unissaient par des serments (1),
les chefs calvinistes arrêtaient leur plan de campagne et
prenaient leurs dernières dispositions. Au mois de septembre, des agents secrets, partis de Châtillon-sur-Loing,
portèrent le mot d'ordre à toutes les églises. Le 26, un
espion de Catherine voyait Coligny « habillé en ménagier,
faisant ses vendanges; » le lendemain, tous les huguenots
de France se levaient en armes (2). Ce jour-là le maire,

---

(1) L'acte déposé à l'évêché ne portait pas de date. Rangeard le rapporte avec vraisemblance à l'année 1567.

(2) « Le 26 septembre, il sortit d'Angers un grand nombre de huguenots, ce qui donna des soupçons. » T. I, f° 67.

les échevins, les députés des paroisses d'Angers se réunirent à l'hôtel-de-ville. Le gouverneur Puygaillard assistait à l'assemblée. On délibéra « sur les plainctes et clameurs faictes touchant le soubdain département que font ceulx de la religion prétendue réformée, lesquels d'heure à aultre dellaissent et abandonnent la ville et leurs maisons, transportent, cachent et latitent leurs meubles, s'assemblent près et ès-environs de ceste ditte ville en troupes portans armes à feux et aultres prohibées, et menacent de surprindre et saccaiger la ville à raison de quoy le repos du public est grandement troublé. » L'assemblée vota aussitôt les mesures ordinaires de prévoyance : les gardes seront doublées à toutes les portes, les étrangers seront surveillés et « ad ce que aulcun n'ait occasion de mal faire de nuict ne se esmouvoir, a esté pareillement conclud qu'il sera enjoinct à tous habitants tenir lumières et lanternes de six maisons une, depuis l'heure de sept heures du soir jusqu'à cinq heures du matin (1). » En outre on dépêcha des courriers au roi, à la reine-mère, au duc d'Anjou et à Messieurs de la cour tenant les grands jours à Poitiers (2).

(1) Registres, an 1567, f° 25 r°.

(2) La lettre la plus circonstanciée est adressée au duc d'Anjou. « Monseigneur, le sabmedy vingtième du présent moys, nous reccusmes et fismes publier les lettres de la Magesté, données à Fère, en Dardenois, par le moien desquelles nous espérions le peuple de decza se contenir en la doulceur qu'il avoit faicte depuys les édicts de paciffication de laditte Magesté, mais six ou sept jours après ceulx de la relligion p. r. de ceste votre ville et pays circonvoisins, ainsy que ont faict aultres d'aultres villes, comme nous avons eu advertissement, soubdainement, aiant diverty leurs meubles ont habandonné leurs maisons et prins les

Le maire écrivit aussi au comte de Lude, au maréchal de Vieilleville, à M. de Gonnord, au comte de Brissac, pour les prier d'appuyer la requête du conseil auprès du roi et du duc d'Anjou et d'envoyer des secours à Angers, menacé par les troupes ennemies (1).

En attendant les ordres du roi, l'échevinage établit une

armes et marchent en troupes, tant de cheval que de pied, en armes descouvertes, tant à feux que aultres prohibées, comme nous fusmes informez duement; qui nous donne argument de croire qu'il y a quelque sinistre entreprinse dont nous advertissons laditte Magesté et la Grandeur de votre Excellence, comme estant nostre naturel seigneur, et nous vos naturels et très humbles et très obéissants subjets, pour y donner l'ordre requis et nécessaire; et par ce, Monseigneur, que ceste ville est vostre, laquelle nous entendons vous garder, et maintenir les habitants d'icelle en leur ancienne et inviolable obéissance vers vous, leur seigneur, ce qui nous seroit difficile, voire impossible faire, s'il ne plaist à laditte Magesté et à votre Grandeur permettre à tel nombre de nos bons bourgeois et habitants, que pourrons choisir, s'armer d'armes à feu et aultres nécessaires; cependant, Monseigneur, avec le conseil du seigneur de Puygaillard, lequel, pour le service de Sa Magesté et le vostre, s'est condescendu à desmeurer en ceste ville, nous donnerons ordre en doulceur et avec la force qui nous est permise par les privilléges de vos prédécesseurs, roys et ducs d'Anjou, là vous garder et maintenir le peuple en laditte obéissance, ce que vostre ditte Grandeur trouvera s'il luy plaist et fera trouver bon aux Magestez. Monseigneur, toutte la plus grande force de ceste ditte ville, c'est l'aisseurance de vostre chasteau qui est de tout desgarni de munitions de guerre et de vivres; à quoi Monseigneur est très requiz commander au recesveur de vostre dict dommaine ou aultre pour veoir par l'advis du seigneur du Plessis, lieutenant audict chasteau, pour Monseigneur le comte de Brissac, qui en est cappitaine et gouverneur, avecq l'advis de vos officiers. Monseigneur, nous supplions le Créateur vous donner sa saincte grâce et heureuse et longue vie et accomplissement de vos desseins. D'Angiers, ce 28 septembre 1567. » Registres, an 1567, f° 29 v°.

(1) Registres, an 1567, f° 30 r° et suiv.

sorte de comité de permanence pris dans son sein et assisté des représentants des paroisses (30 septembre).

Cependant le messager qui portait les lettres du corps de ville au roi et au duc ne put franchir la frontière de la province « à raison que lesdicts huguenots tenoient beaucoup de pais, et fust contraint de revenir (1). » La seconde guerre religieuse embrâsait déjà tout le royaume.

(1) Louvet, t. 1, f° 68 v°.

CHAPITRE IV.

Seconde guerre de religion. — Rappel de Puygaillard. — L'échevinage
lutte contre le nouveau gouverneur, M. de Vassé : importance croissante de la mairie. — Pierre Ayrault. — Retour de Puygaillard. —
Troisième guerre religieuse. — Combats de la Levée. — Les Torcheurs de rottes. — Exactions du gouverneur et du roi. — Angers,
place d'armes des catholiques. — Second voyage de Charles IX en
Anjou. — Paix de Saint-Germain.

Les grands incidents militaires qui appartiennent à la
seconde guerre religieuse se passèrent hors de l'Anjou.
Louvet ne dit qu'un mot de la bataille de Saint-Denys et
de la mort du connétable. Cependant Angers et surtout
les campagnes environnantes se ressentirent cruellement
de ces sanglantes perturbations.

Les communications avec la cour étant interceptées,
le maire prit d'urgence les mesures nécessaires à la sûreté

de la ville; il mit sur pied les milices bourgeoises, leva des compagnies soldées, et fit fondre des canons (1). Un nouveau courrier, parti le 7 octobre, réussit à échapper aux huguenots, rejoignit le roi à Paris et lui remit le message des magistrats d'Angers. Charles IX envoya aussitôt un de ses gentilshommes, nommé de Vassé, pour remplacer en Anjou le sieur de Puygaillard, rappelé à la tête de sa compagnie. Le nouveau gouverneur présenta dans l'assemblée du 18 octobre des lettres du roi. Le souverain louait la diligence des magistrats municipaux, et, pour compléter leurs moyens de défense, leur adressait trois commissions : « 1° Au lieutenant du comte de Brissac, capitaine du château, pour lever quarante hommes, lui compris, pour renforcer la garnison ordinaire ; 2° pour lever trois cents hommes sous deux bons que vous eslirez des bourgeois de vostre ville, le nom desquels est laissé en blanc ; 3° de même en blanc, pour lever quarante arquebuziers à cheval sous quelque gentilhomme ou aultres que vouldrez (2). » Il paraît que les échevins s'étaient remis de leur première émotion. Ils refusèrent d'employer les commissions, que la cour leur accordait si gracieusement. Ils prièrent même le roi de ne pas envoyer de troupes étrangères dans la ville, l'assurant que les compagnies de bourgeois suffisaient à la défense (3).

On voit aussi renaître dans le corps municipal les sentiments de modération qui avaient semblé s'éteindre pendant la dictature de Puygaillard. De Vassé proposait

(1) Registres, an 1567, f° 57 r°.
(2) *Id.*, f° 99 r°.
(3) *Id.*, f° 130 r°.

d'expulser les protestants en masse (1). Les échevins se refusèrent à ces nouvelles proscriptions, et modifièrent l'arrêté qui leur était soumis par le nouveau gouverneur.

« A esté advisé que les conclusions d'aultrefois tiendront, et icelles amplifiant, a esté délibéré que ceulx de ladille oppinion qui seront tolérés en ville seront tenuz, dedans trois jours, se consigner et présenter en la maison de l'hostel de ville, par davant Mⁱʳ le Gouverneur, dire et déclarer, jurer et affirmer solempnellement de cueur et de bouche, sur les saincts et sacrés évangilles, qu'ils se contiendront dans l'obéissance dudit gouverneur et de l'hostel et maison de ville, sans s'esmouvoir ne eslever, avoir ne retenir armes quelle quel soit et demeureront fidelles au Roy et aux habitants catholiques et de l'ancienne relligion, n'auront faction, participation, ne inteligence avecq ceulx qui se sont ellevez et prins les armes contre l'auctorité et magesté du Roy, ne les favoriseront et ne les sousmèneront de conseil, de biens, ne d'aultre ayde, faveur ne subvention quelconque, mais au contraire où ils se présenteront contre la ville qui leur y résisteront à leur pouvoir, et ayderont à les repoulser

(1) « Fault faire commandement à tous ceulx de la nouvelle relligion de ceste ville, qu'ils aient à sortir hors ceste ville dedans vingt-quatre heures après la publication qui sera faicte, sur peine de confiscation de corps et de biens, sans touttefois y pouvoir rentrer jusqu'à ce qu'il en ait été autrement ordonné, excepté ceulx qui sont à présent mallades et personnes vieux, ne pouvant porter les armes, lesquels touttefois seront mis en ung rôle qui me sera apporté pour savoir le nombre qui en restera en ceste ville ; et ceulx qui en sortiront n'emporteront et ne pourront sortir aulcunes armes, synon que l'espée et la daigue. » Registres, fᵒ 89 rᵒ.

comme les aultres habitants, s'ils en sont requis, sans se y espargner, jusqu'à l'extrémité de leur vie, et où ils ne vouldront faire ledict serment, seront tenuz vuider comme les aultres; le tout par provision et jusqu'à ce que aultrement en soit ordonné par sa Magesté, à la charge qu'ils se contiennent en leurs maisons et n'en sortiront depuis six heures du soir jusques à sept heures du matin, le tout sur peine de confiscation de corps et de biens (1). »

Assurément cela n'était pas encore de la tolérance; on ne pouvait guère y songer en pleine guerre religieuse. Mais le conseil était déjà bien loin du système mis en pratique par Montpensier et Puygaillard. Le serment qu'il exigeait était-il autre chose qu'une simple formalité? Les protestants n'avaient pas sérieusement à craindre que les catholiques les missent jamais, en leur rendant leurs armes, dans l'alternative de se parjurer ou de combattre leurs coreligionnaires. Quant à l'espèce de claustration qui leur était imposée, n'était-elle pas préférable aux misères et aux angoisses de l'exil? Tout porte d'ailleurs à croire que les rigueurs de l'ordonnance s'adoucissaient dans l'usage. Les magistrats fermaient les yeux sur les contraventions qui ne troublaient point le repos public, et les honnêtes gens de mœurs paisibles, qui voulaient rester étrangers aux factions, pouvaient vivre sans crainte dans leurs familles et vaquer sans entraves à leurs affaires privées.

Cette conduite si remarquable du corps de ville ne témoigne pas seulement de la politique réservée de la bour-

(1) Registres, f° 91 v°.

geoisie ; elle s'explique aussi par les idées nouvelles d'indépendance qui commençaient à prévaloir dans les villes. On a souvent remarqué que les grands seigneurs profitèrent des troubles pour tenter la reconstitution de la féodalité. Le réveil de l'esprit communal, qui a moins frappé l'attention des historiens, mérite à coup sûr autant d'intérêt. A mesure que le pouvoir royal, battu en brèche par les factions, devient plus inhabile à maintenir la centralisation politique et administrative, les bourgeoisies de provinces s'émancipent, et leurs magistrats essaient de faire revivre les traditions oubliées des consuls et des jurats du xII[e] siècle.

Cette tendance se manifeste fréquemment dans les registres des conclusions de l'hôtel-de-ville d'Angers. Les bourgeois ne songeaient pas à rompre les liens qui les rattachaient à la couronne ; ils affectaient, au contraire, un dévouement sans bornes à la royauté. Mais, tandis qu'ils prodiguaient des hommages sans conséquence à un pouvoir affaibli par l'anarchie et placé si loin qu'il ne pouvait exercer aucune action directe, ils contestaient l'autorité de ses principaux agents, et s'efforçaient d'affranchir leurs actes de toute surveillance. Le maire, gardien jaloux de la charte, était chaque jour en conflit avec le gouverneur de la ville ou le capitaine du château. Il éloignait les garnisons qui auraient assuré la prépondérance des officiers du roi, et ne souffrait dans la ville que les milices bourgeoises dont il était le premier capitaine. Il se donnait même au besoin l'importance d'un chef militaire en s'entourant d'une sorte de garde qui rappelait sans doute à l'imagination flattée de ce conseil municipal les licteurs des magistrats romains (1).

M. de Vassé, gouverneur de la ville, s'opposait vivement aux empiètements de l'échevinage. Ce gentilhomme était, suivant Brantôme (2), « un très bon et vaillant capitaine; » il avait fait sa réputation dans les guerres du Piémont, et devait son avancement autant à ses mérites qu'à la protection du connétable de Montmorency. Mais il était aussi d'humeur peu accommodante « haut à la main, collère et bizarre. » Il ne tarda pas à se choquer violemment au conseil de ville, au point que plus d'une fois des collisions sanglantes éclatèrent entre les soldats des compagnies bourgeoises et les gentilshommes du gouverneur (3). Le danger commun rapprochait seul de temps en temps les deux pouvoirs rivaux : l'ennemi était aux portes.

Bien que la guerre proprement dite n'eût pas son théâtre en Anjou, la province n'en souffrait pas moins tous les

(1) Registres, novembre 1567, f° 131. « Le maire a remonstré à la compaignée qu'il a eu cest honneur d'estre choisi pour chef d'icelle et cappitaine de la ville; que faisant sa charge à faulte de forces luy ont esté faictes plusieurs braveries et injures, la continuation desquelles tournera au deshonneur de luy et de ses successeurs et de la compaignée que les roys de France ont honoré de grands et beaux privilléges. Demande que pour la sureté de sa personne il plaise à la compaignée lui accorder telle garde qu'il luy plaira adviser pour éviter à telle contumélie et ad ce que sans craincte il puisse faire sa charge. Sur ce, a esté ordonné que ledict maire aura pour la seuretté de sa personne par chascun jour pour sa garde et conduitte six soldartz aux despens de ceste maison à raison de dix livres tournois pour chascun soldart, jusqu'à ce que aultrement en soit ordonné, et lesquels seront révocables toutefois et quant bon semblera convenable à la compaignée. »

(2) Capitaines françois, p. 386.

(3) Registres, an 1567, f°ˢ 147 r°, 160 v°.

maux qu'elle entraînait à sa suite. Les partisans infestaient la campagne, les gentilshommes ruinés organisaient le brigandage, la société tombée dans l'anarchie semblait livrée sans défense à des malfaiteurs de toutes conditions. C'est dans ces circonstances difficiles que le glaive de la justice fut remis dans la main vigoureuse d'un des hommes les plus remarquables de l'histoire d'Anjou. Louvet, qui admire rarement, et qui n'adresse jamais aux gens du roi que d'amères récriminations ou de lourdes épigrammes, parle avec une sorte de vénération de Pierre Ayrault, installé le 12 janvier 1568, dans la charge de lieutenant-général criminel (1).

Pierre Ayrault appartenait à une de ces grandes familles de bourgeoisie qui formèrent la noblesse de robe. La science du droit, l'amour des lettres, le goût des anciens et surtout ces fortes vertus qu'on a nommées les vertus romaines, se perpétuaient dans sa maison comme un pieux héritage. Son père, René Ayrault, avait rempli les fonctions d'échevin et de maire, et son nom est resté attaché à l'un des ports d'Angers. Jeune encore, Pierre avait débuté dans le barreau de Paris, et, plus heureux que son compatriote, Jean Bodin, il s'y était acquis une grande réputation. Le parlement n'avait oublié ni son talent ni la gravité de son caractère*: aussi lui fit-il l'honneur de le confirmer dans sa charge de lieutenant-criminel sans le soumettre à l'examen ordinaire. Pierre Ayrault éleva son office, comme le voulait l'orateur de 1560, à la dignité d'un sacerdoce. Dans ce siècle agité par tant de tempêtes, alors que la conscience publique se troublait quelquefois,

____

(1) Louvet, t. Ier, f° 66 r°.

et que les âmes les plus énergiquement trempées avaient leurs jours d'incertitude et de défaillance, le vertueux magistrat suivit d'un pas toujours ferme et mesuré la voie droite du devoir. Le peuple tremblait devant *Pierre qui ne rit point* (1) et admirait d'instinct l'austère justicier, impassible comme la loi, et frappant le crime sans hésitation, sans ménagement et sans crainte (2). Louvet peint tout son ministère en quelques mots : « lequel sieur Ayrault, a bien dignement exercé ledict estat pour avoir bien et sainctement rendu la justice à l'endroict des méchants qu'il a faict pugnir suyvant leurs démérittes, et particulièrement il a bien faict coupper des testes à ung grand nombre de gentilshommes de ce païs d'Anjou qui estoient mauvais et qui l'avoient bien mérité, et faict mourir grand nombre d'aultres méchants durant qu'il a vescu (3). »

Pierre Ayrault s'était mis en relations, pendant son séjour à Paris, avec tout ce qu'il y avait en France d'hommes distingués dans la science et dans les lettres. Cujas, Bodin, Loisel, Pierre Pithou, Estienne Pasquier, Turnèbe, de Thou étaient ses amis (4). Le magistrat angevin était digne de cet illustre commerce, non seulement par ses doctes travaux (5), mais aussi par ses idées

(1) Louvet. Cathalogue des autheurs angevins les plus renommés, à la suite du journal, fº 211 rº. Voir *Vita Petri Œrodii quæsitoris Andecavensis, scriptore Œgidio Menagio.*

(2) Ménage. *Vita Petri Œrodii,* p. 17, « *scopulum reorum Andes cum appellitabant.* »

(3) Louvet, t. 1er, fº 66 rº.

(4) Ménage, *Vita Petri Œrodii,* p. 29.

(5) On a de lui des *plaidoyers* et plusieurs traités. Le plus célèbre est intitulé *De jure patrio.* Pierre Ayrault l'écrivit à l'occasion de son fils René, qui, étant entré chez les Jésuites contre son gré, se cacha

libérales. Étranger aux passions et aux préjugés du vulgaire, il réglait sa conduite, non sur des maximes douteuses qu'un siècle met en honneur et qu'un autre réprouve, mais sur ces principes éternels qui restent à l'usage de tous les temps. Bien qu'il fût catholique sincère et qu'il envoyât ses fils au collége de Clermont, il pratiquait la tolérance religieuse et ne regardait pas comme un devoir de défendre sa foi en versant le sang des hérétiques. L'office de lieutenant-criminel lui ayant donné entrée aux corps de ville, Pierre Ayrault y fortifia le parti des modérés de tout l'ascendant que lui assuraient son éloquence, ses talents et ses vertus.

Au mois de février 1568, la guerre se rapprocha d'Angers. Condé, renforcé par les lansquenets et les reîtres du comte Palatin, se porta sur la Loire, dégagea Orléans qu'assiégeait l'armée royale, et s'empara de Beaugency et de Blois. Les populations catholiques fuyaient à son approche (1). On craignit une tentative des protestants sur Angers. Le Prince-Dauphin et Puygaillard y amenèrent des troupes (2). Mais quelques jours après, l'annonce d'un nouvel édit de pacification, signé à Longjumeau, dissipa les alarmes.

sous un nom d'emprunt et se déroba à toutes les recherches. Cette affaire fit grand bruit. Le malheureux père accusa la Compagnie de rapt, fit intervenir sans succès le roi Henri III, le pape lui-même, et remplit vainement la chrétienté entière de sa douleur et de ses plaintes éloquentes. Voir *id., ibid.,* p. 35.

(1) De nombreux fuyards cherchèrent un asile à Angers : ils arrivaient avec leurs femmes, leurs enfants, leurs serviteurs, « tant par batteaulx que par charrettes, et estoit chose pitoiable de voir tous ces pauvres habitants refugiez. » Louvet, t. I, fᵒ 66 vᵒ.

(2) *Id.,* fᵒ 67 rᵒ.

Cette paix ne réconcilia point les deux partis ; ce ne fut qu'une suspension d'armes de quelques mois. Elle n'avait pas d'autre caractère dans la pensée de Catherine, qui, effrayée de l'esprit révolutionnaire de la secte, se laissait enfin entraîner par l'opinion publique vers les résolutions violentes. Désabusée de la modération par une expérience de huit années, elle se déterminait à ne plus chercher que dans la force le salut de la couronne. La disgrâce de Michel l'Hôpital ne laissa aucun doute sur la phase nouvelle dans laquelle entrait la politique changeante de la reine-mère.

La cour avait désormais besoin d'hommes énergiques à la tête des provinces. De Vassé, affaibli par l'âge et la maladie, fut remplacé dans le gouvernement d'Angers. Son successeur fut Puygaillard, qui, on s'en souvient, avait déjà donné des gages éclatants de sa vigueur et de son zèle catholique (1). Le premier acte de l'ancien lieutenant de Montpensier, en remontant au pouvoir, fut une sorte de mise en demeure adressée aux sectaires. Ils furent sommés de prendre l'engagement formel de ne rien tenter contre le trône ; le gouverneur promettait à ce prix de les protéger dans leurs biens et leurs personnes ; il ferait justice de tout perturbateur, à quelque religion qu'il appartînt (2). Huit protestants se présentèrent à l'hôtel-de-ville, firent serment de fidélité et déclarèrent, au nom de leurs coreligionnaires, qu'ils

(1) Puygaillard prit possession du gouvernement au mois de juillet. Sa commission remontait au mois de mars ; mais de Vassé avait refusé de se retirer à cette époque, et en avait référé au roi qui dut lui réitérer l'ordre de résigner ses pouvoirs Registres, an 1568, f° 229 r°.

(2) *Ibid.*, f° 275 r°.

ne troubleraient en rien la tranquillité publique (1).

L'arrivée de Puygaillard avait réveillé les sanglants souvenirs de 1562. Mais si son nom seul était une menace pour les protestants, la population catholique se défiait aussi de son caractère despotique et de sa turbulente activité. Ses habitudes méridionales, sa familiarité gasconne, choquaient la morgue des nobles angevins, blessés d'être traités comme compagnons par cet officier de fortune. Il s'agitait sans cesse, et, par une intempérance de zèle commune aux parvenus, il compromettait les intérêts de son parti et de son maître. Nous avons vu son nom à la tête de la liste des nobles qui signèrent le projet de ligue de l'évêque Gabriel Bouvery. Il reprit en sous-œuvre cette tentative avortée. Le 15 août, il convoqua les gentilshommes au Palais-Royal et les somma brusquement de déclarer « quel party ils voulloient tenir, du costé du Roy ou des Huguenots. » Les chefs des plus grandes maisons du pays, les La Trémoille, les Du Bellay, les Plessis-Chivré, les Plessis-Baudouyn, assistaient à l'interpellation. Quelques-uns furent peut-être embarrassés; la plupart manifestèrent leur dédain pour ce capitaine de petite maison qui osait parler si haut. Puygaillard n'obtint aucune réponse. « Rien, dit Louvet, ne fust terminé ni conclu, à raison de la malladie du sieur de Puygaillard, joinct que la noblesse d'Anjou ne lui voulloit obéir, parce qu'il n'estoit du païs et qu'il estoit de bas lieu, comme le bruict en estoit (2). »

Cependant la paix de Longjumeau était déjà rompue. L'astucieuse Catherine, s'essayant à ce guet-à-pens dont

(1) Registres, an 1568, f° 275 r°.
(2) Louvet, t. I, f° 70 r°.

la pensée la suivait depuis Bayonne, avait failli enlever au château de Noyers, en Auxerrois, le prince de Condé et l'amiral Coligny. Les chefs huguenots se sauvèrent à grand peine vers la Loire, et expédièrent dans toutes les directions des courriers chargés d'avertir leurs amis. Pour la troisième fois, la *cause* relevait son drapeau de guerre (25 août 1568).

L'Anjou fut bientôt en feu. Les protestants, après avoir saccagé Châteaugontier, s'assemblèrent de tous côtés et se préparèrent à passer la Loire pour gagner La Rochelle, rendez-vous indiqué par Condé. Angers vit arriver dans ses murs une grande partie de la population de la province : les gentilshommes qui accouraient à leur point de ralliement naturel ; les bourgeois des villes ouvertes, qui redoutaient les excès de la soldatesque ; les paysans qui emportaient à la hâte ce qu'ils pouvaient soustraire aux coureurs de l'ennemi. « Comme aussy les religieux de Saint-Sierge, Saint-Nicollas, et aultres gens d'église se vindrent resfugier en laditte ville où ils apportèrent tous leurs joyaux de leurs églises et aultres biens pour leur sûreté. » Puygaillard dressa des compagnies et les envoya couvrir la campagne. Mais Louvet confesse que les soldats catholiques n'étaient ni moins brutaux ni moins avides que leurs adversaires, et qu'ils firent beaucoup de mal sur le pays (1).

Jusqu'alors Condé, se berçant de l'espoir d'enlever la cour de vive force ou par un coup de main, et de régner ensuite au nom du roi, avait toujours concentré ses troupes dans les provinces du nord et dirigé ses coups au-

____

(1) Louvet, t. i, f° 71 r°.

tour de Paris. Obligé de renoncer à son rêve et regrettant peut-être d'avoir sacrifié les intérêts de son parti à son ambition personnelle, il porta son quartier-général dans le midi au milieu de populations en grande partie favorables à la Réforme. Il ne combattait plus pour l'empire, mais pour la liberté et pour la vengeance. Les provinces du midi, soulevées à sa voix, formèrent bientôt une sorte de royaume protestant, dont La Rochelle fut la capitale.

Dandelot avait été chargé de conduire dans le Poitou les calvinistes de la Bretagne, de la Normandie, de l'Anjou et du Maine. Sept à huit mille hommes se rassemblèrent dans la vallée de Beaufort en Anjou, commandés par Dandelot, La Nouc, Lavardin, Montgommery. De là ils se portèrent sur la levée qui borde la Loire. Puygaillard avait fait retirer tous les bateaux. Les protestants embarrassés cherchèrent vainement un gué, et craignant de s'engager dans un fleuve encombré de sables mouvants, et semé d'îles touffues où se cachaient peut-être des embuscades, ils songèrent à s'emparer de Saumur, afin d'avoir désormais une porte toujours ouverte entre le midi et le nord. Montpensier, pressentant leur dessein, amassa des troupes sur le point menacé, et demanda des secours au gouverneur d'Angers et à celui de Bretagne. Martigues et Puygaillard, ayant réuni à la hâte les gentilshommes catholiques, se dirigèrent sur Saumur, livrèrent trois combats sur la levée, percèrent d'un élan irrésistible à travers l'armée protestante et rejoignirent Montpensier (1). Les combats de la levée firent le plus

(1) Les détails sont connus; Louvet n'en fournit pas de nouveaux. Voir d'Aubigné, *Hist. univ.*, t. I, p. 264. De Thou, liv. XLIV, p. 549. Roger, p. 434. Rangeard, p. 64. Bodin, *Rech. sur le Haut-Anjou*, t. II.

grand honneur à ces « hazardeux.» Les calvinistes étaient en plein désarroi, et les chefs, redoutant une catastrophe, agitaient tour-à-tour, dans leur perplexité, les expédients conseillés par l'audace ou dictés par la prudence. Vers le milieu de la nuit, Montgommery mit fin à l'anxiété générale en annonçant qu'on avait trouvé un gué au village des Rosiers. « Et lors toutes ces troupes, avec une grande allégresse, se misrent à l'eau, la cavalerie à gauche, pour rompre le fil, les plus petits dans le milieu des rangs; mais il s'en fust perdu la pluspart sans un heur non pareil, ce fut que la rivière s'estant diminuée d'un pied et demi durant le passage de quatre heures, se renfla vers la fin. Nous dirions avec crainte ces courtoisies de Loire, si nous n'avions tous ceux qui ont escrit pour garimant (1). »

Puygaillard et Montpensier eurent un instant l'idée de poursuivre Dandelot au-delà de la Loire. Ils consultèrent la cour, qui leur envoya l'ordre de rester sur la rive droite. La partie méridionale de l'Anjou fut ainsi exposée aux entreprises des huguenots. Ils brûlèrent l'église et le château de Montreuil-Bellay, pillèrent l'abbaye de Saint-Florent, et, descendant ensuite sur les Mauges, ils occupèrent Chalonnes, incendièrent l'église, tuèrent les prêtres et emmenèrent grand nombre de prisonniers, qui furent mis à rançon (2).

Le nord de la province ne souffrait guère moins des troubles, quoique les troupes régulières s'en fussent éloignées. Des compagnies d'aventuriers, formées sans com-

(1) D'Aubigné, *Hist. univ.*, t. 1, p. 269.
(2) Roger, p. 435.

mission et vivant de brigandages « volloient et pilloient
le peuple et les marchands, qui estoient plus méchants
que barbares, que personne n'osoit aller ni venir en seureté. » Louvet les nomme *Torcheurs de rottes;* ils rap-
pellent les routiers et les grandes compagnies du XIVe
siècle. Puygaillard ajoutait par de cruelles exactions aux
malheurs de la guerre. Il exigeait sans cesse de nouvelles
taxes, sous prétexte de défendre la ville, que les protestants ne menaçaient point, et de poursuivre les malfaiteurs, dont il ne parvenait point à purger le pays. Si
quelque ville de la province osait résister à ses injustes
prétentions, il y envoyait ses compagnies en loge-
ment (1). C'est à Angers surtout que s'exerçaient les con-
cussions de l'avide capitaine Les paroisses se plaignirent
enfin au roi et en obtinrent, suivant Louvet (2), des
lettres patentes « contenant deffense audict sieur de Puygaillard, à M. de Beaumont, maire, et au procureur du
Roy, de non à l'advenir lever aulcuns deniers sur les habitants. »

Au milieu de ces souffrances et de cette anarchie sociale, les mœurs publiques prenaient de jour en jour un
caractère plus violent. Les meurtres se multipliaient. On
ne sortait plus sans armes, et les citoyens les plus paisibles, vaquant à leurs affaires, étaient sans cesse exposés à
jouer leur vie dans ces mille rixes qui éclataient à chaque
instant dans les chemins, dans les rues, sur les places
publiques. La justice elle-même reconnaissait son im-

---

(1) Louvet, t. I, f° 72 r°.

(2) *Id.*, f° 72 v°. On ne les trouve point aux registres de l'hôtel-de-
ville.

puissance devant cet effroyable désordre. « Il n'estoit lors Angers faict aulcun exercice en règle de la juridiction pour rendre la justice, et estoit loisible à ung chascun estant sur les champs d'opprimer et vexer ses voisins et disposer de leurs biens et vye, sans qu'il y eut moien en avoir la justice, à raison du mauvais regne qui estoit lors à raison desdicts huguenots qui n'ont jamais faict que du mal et ne feront au royaulme de France (1). »

La situation s'aggrave encore dans le cours de l'année 1569. Le peuple, dont Louvet est toujours l'interprète, s'en prenait à ses magistrats, « tous gens de bien pour le faict et administration de leurs biens seullement ; mais pour le gouvernement et administration de leurs charges et administration des affaires publiques, ils estoient en mauvaise réputation des habitants et du publicq (2). » Ces reproches étaient injustes ; il n'était pas au pouvoir de l'échevinage ni du présidial d'écarter de la ville les calamités dont souffrait tout le royaume. Une accusation contre Puygaillard eût été plus fondée. L'insatiable partisan trouvait toujours, dans les diverses phases de la guerre, de nouveaux prétextes à des demandes de subsides. Les échevins et les procureurs des paroisses combattaient vainement ses exigences sans cesse renaissantes (3). Puygaillard avait une armée à ses ordres ; il était difficile de lutter avec avantage contre un pareil concussionnaire.

Le roi lui-même commettait des exactions. Les habitants de l'Anjou avaient payé, en 1565, une somme de

---

(1) Louvet, t. i, f° 73 r°.

(2) *Id. ibid.*

(3) Registres, an 1569, f°ˢ 9 r°, 19 r°, 20 r°, 32 v°.

20,000 livres pour « l'amortissement et extinction d'un droit de cinq sols par pippe de vin entrant ès ville de ce pays et duché d'Anjou. » Le roi ayant dépensé l'argent oublia le rachat et rétablit arbitrairement l'impôt. Toute la province s'émut; les assemblées se multiplièrent à l'hôtel-de-ville (17 juin, 27 juin, 4 juillet 1569.) Le 4 juillet, une convocation extraordinaire réunit les députés des paroisses, du clergé, des abbayes et des villes voisines. C'était une véritable assemblée provinciale. Tous protestent contre la violation du contrat et remercient les échevins d'Angers d'avoir pris l'initiative et « commencé à remédier pour la liberté du pays et comme les chefs et zélateurs de la république (1). » Mais les démarches des magistrats, députations à la cour, requêtes au conseil, lettres et supplications adressées au duc d'Anjou (2), tout est inutile. Une ordonnance royale signée le 18 août 1570 déclare rétabli purement et simplement le droit de cinq sols par pippe. Les habitants furent obligés d'offrir « quelques sommes de deniers » pour obtenir de nouveau l'amortissement de cette aide; le roi finit par s'accommoder de 15,000 livres (16 novembre 1570) (3).

Aux levées d'argent régulières ou extraordinaires se joignirent les réquisitions en nature. Angers, situé dans le voisinage du théâtre de la guerre, était devenu une place d'armes et d'approvisionnements. Les échevins avaient ordre d'entretenir les magasins de vin, de blé, de munitions; toutes les ressources du pays devaient être à

----

(1) Reg., an 1572, f° 44. Lettres présentées par les députés de Beaufort.
(2) *Ibid.*, f° 51.
(3) *Ibid.*, an 1570, f° 197 r°.

la disposition de l'armée du Poitou, commandée par Monsieur. La cour promettait de payer; mais elle n'inspirait que peu de confiance aux fournisseurs (1).

C'est là toute l'histoire de la commune d'Angers pendant plusieurs mois. Elle n'est plus qu'un vaste entrepôt de vivres et d'armes pour l'armée catholique. Les demandes de blé, de vin, de poudre, d'habits, se succèdent dans les registres des conclusions.

Cette situation onéreuse rendait la population attentive aux péripéties du drame sanglant qui se jouait dans le Poitou. La mort de Condé à Jarnac, la première apparition de Henri de Béarn, la gloire naissante du duc d'Anjou, l'inébranlable constance de Coligny, l'arrivée et la destruction des bandes allemandes, tous les bruits de cette lutte·acharnée, éveillaient les échos de la province et passionnaient diversement les esprits. D'ailleurs un grand nombre d'Angevins y prenaient part : le gouverneur avait conduit au camp sa compagnie, et l'on savait que la noblesse presque tout entière, répartie dans les deux armées, y payait bravement de sa personne. L'Anjou pleura surtout un jeune héros issu de la plus illustre famille du pays, ce Timoléon de Brissac, qui, par sa beauté et sa bravoure, rappelait les héros des épopées antiques (2). Mais les deuils de famille se perdent bientôt

(1) Reg., an 1569, 22 juin, fo 40 vo. Lettre du roi Charles IX à Puygaillard... « Je vous prie que vous faictes venir par devers vous aulcuns des meilleurs marchands, et leur remonstrerez le moyen qu'il y a pour eulx de faire un bon proffict en faisant mener une bonne quantité de vin à Châtellerault, où ils le vendront bien raisonnablement. »

(2) Brantôme, *Des Couronnels de nos bandes du Piémont*, p. 663. Il était fort cruel « jusques-là qu'avec sa dague, il se plaisoit de s'achar-

dans les joies publiques que fait éclater la victoire. Au mois d'octobre, on célébra par de grandes réjouissances la journée de Montcontour (3 octobre 1569). L'hôtel-de-ville reçut, le 9, deux lettres que l'on peut regarder comme les bulletins angevins de la victoire catholique. La première est écrite par un soldat et respire l'ivresse du triomphe. « Messieurs, écrit Puygaillard, je n'ai eu le moien de vous faire entendre plus tost comme la bataille fust donnée lundy dernier dont je me asseure que en êtes jà advertys. Bien vous peux-je dire que c'est la plus belle journée que gens de guerre sçauroient faire, car il en est demeuré environ de douze mil hommes sur le champ de ceulx des ennemys et sans y avoir perdu cent des nostres et le reste de leur armée blessé et mis en déroutte, toute leur artillerie et bagaige a esté prins. De quoi vous ferez bien de vous mettre tous en dévotion et de remercier Dieu de l'heur qu'il luy a plu nous donner. J'ai demandé à Monseigneur l'artillerie des ennemys pour la mettre dans Angers, laquelle il m'a accordée et ay charge de l'amener... (1). »

La seconde lettre est d'un honnête bourgeois qui ne professe que peu d'enthousiasme pour la gloire militaire obtenue par son parti. La vie des camps, les périls et la fatigue l'excèdent, et il confesse naïvement sa lassitude. C'était un angevin nommé Garrod, qui suivait le prince-dauphin en qualité de secrétaire, et qui devint plus tard

ner sur une personne à luy en donner des coups, jusques-là que le sang lui en rejaillissoit sur le visage. Cas estrange pourtant que ce brave Brissac se monstroit doux par son visaige, beau, délicat et féminin et estoit dans le cœur si cruel et altéré de sang. »

(1) Registres, an 1659, fo 109 ro (7 octobre).

conseiller du roi. Afin de se créer un appui auprès du duc, le corps de ville avait offert à Garrod une charge d'échevin. On le rattachait ainsi par des liens étroits à la patrie, dont la fortune l'éloignait et qu'il pouvait servir de son influence. Le nouvel échevin envoie du camp sa lettre de remercîment. « Messieurs, j'ai reçu vostre lettre par ce porteur, ensemble la provision contenant l'élection que vous avez faicte en vostre maison de ville de moy pour estre du nombre des eschevins d'icelle. En quoy je vous remercye et de la souvenance que vous en avez eue; car en cela et toutes autres choses qui seroient en ma puissance je ne vous vouldrois reffuser de l'accepter. Et pryant Dieu que je vous y puisse aultant servir en effect comme vous en avez l'espérance, qui ne tiendra point à faulte.de bonne vollonté. Quant au surplus de ce que vostre porteur a eu à faire, ce temps est si mal à propos que nous n'avons eu moyen de le faire oyr à Monsieur (1), ayant aujourd'hui les affaires qu'il a en teste. Ce sera à cest hiver que nous serons de repos, si Dieu plaist, et que nous aurons mis fin à la guerre, ce que chascun désire et moy sur tous autres, vous advisant que le métier commence fort à m'en fâcher. Vous entendrez la victoire que Monseigneur a obtenue le 3 de ce mois contre les traistres et rebelles de ce royaulme, dont il en est mort sur le champ de dix ou douze mil pour le moins, et sommes après pour parachever le reste... (2). »

On peut croire que les échevins d'Anjou s'associaient vivement aux vœux que formait pour la fin de la guerre

----

(1) Il est question sans doute de l'affaire des cinq sols par pippe de vin.
(2) Registres, an 1659, 6 octobre, f° 109 r°.

leur pacifique collègue. Du moins ils se prêtaient de fort mauvaise grâce à fournir au duc les moyens de la continuer. De temps en temps de sévères réprimandes venaient réveiller leur zèle. Le 21 octobre, ils reçurent du commissaire général des vivres du camp et armée du roi une lettre missive dont le ton dur et impérieux dut singulièrement froisser le sentiment communal. « Messieurs, par les lettres que m'ont escript deux de mes commis qui sont par dela, et par ce aussy que m'en a dict le sieur Peau, présent porteur, j'ay seu le peu de cas que vous avez tenu et tenez d'exécuter les commandements qui vous ont esté faicts par le Roy et Monseigneur le duc d'Anjou son frère, ce que je trouve merveilleusement estrange, vous qui sçavez assez de quelle importance est pour leur service et bien public de ce royaulme l'amas de vivres qu'ils vous ont commandé faire en vostre ville et recepvoir ceulx qui vous seront apportés du dehors, et m'esbahis que vous n'aiez craincte en cela de tomber en leur disgrâce, et par ce moien en estre chastiés comme leur désobéissant, ce que je n'ai voullu faillir vous faire entendre. Et en vertu du pouvoir à moy donné par sa Majesté, très expressément vous ordonne que vous ayez en toutte extrème diligence à faire mouldre et convertir en farine la quantité de cent muids de bled... car il fault bien que vous sçachiez que le Roy et Monseigneur son frère ont faict estat de tous vos bleds et farines comme de choses pour la nourriture de leur armée, et à tout ce que dessus vous garderez bien de faire faulte (1). »

Il ne paraît pas que la lettre du commissaire des vivres,

(1) Registres, an 1569, fº 109 rº.

bien qu'il le prît de plus haut que le roi et le duc, pro-
duisît l'effet qu'il en attendait. Il fut obligé de réitérer
ses menaçantes sommations (1).

Grâce à la victoire de Montcontour, les bourgeois passèrent l'hiver dans une sorte de trève (2). Mais la paix
véritable reculait dans une perspective obscure. Le parti
protestant, loin d'être détruit par ses sanglantes défaites,
semblait, comme le géant de la fable, se relever après
chaque chute, plus fort et plus redoutable que jamais.
D'un autre côté, le roi, fatigué d'entendre retentir autour
de lui le nom du vainqueur de Jarnac et de Montcontour,
était poussé par une secrète jalousie vers le théâtre des
périls et de la gloire. Il avait rejoint son frère au camp
dans les derniers mois de 1569. Pour ne point s'en éloigner et être prêt à rentrer en campagne à l'ouverture de
la belle saison, il vint s'établir à Angers (3).

Charles IX passa deux mois en Anjou, occupant ses
loisirs à courir la bague dans les jardins de l'abbaye Saint-
Aulbin, menant ses grandes chasses dans les belles forêts
du pays, recevant des fêtes à l'hôtel-de-ville, et, en vrai
roi très chrétien, allant toucher les écrouelles sur le parvis
Saint-Maurice (4). Le séjour du roi fut signalé par le ma-

(1) Registres, an 1569, fo 111 vo.

(2) *Ibid.*, 28 novembre, fo 113 ro. Le maire et les procureurs des
paroisses sont députés « par devers M. le gouverneur pour luy remonstrer les longues fatigues des habitants d'avoir faict la garde de nuict et
de jour par deux ans et demi continuels, et aussi que le péril n'est si
grand qu'il a esté par le passé; que son plaisir soit modérer et réduire
la garde de nuict à huit corps de garde. » D'Aubigné, lieutenant de
Puygaillard, fait droit à cette demande.

(3) *Ibid.*, 7 janvier 1570, fo 118 ro. Louvet, t. i, fo 77 ro.

(4) Louvet, t. i, fo 77 vo.

riage de Mlle de Guise avec le duc de Montpensier. Elle était alors « bien tendrette d'âge et son mary eust esté son ayeul (1). » C'est cette duchesse de Montpensier qui se rendit plus tard si fameuse par sa haine pour Henri III et pour le Béarnais. Les Angevins goûtèrent peu le faste élégant de la cour des Valois. C'est apparemment qu'ils étaient obligés d'en payer les frais. Dès son arrivée, le roi avait demandé une somme de 76,000 livres « par prest pour estre baillée et fournie pour la solde des Suisses. » Les habitants, convoqués par Puygaillard le 13 janvier, décident « qu'il sera faict offre aux Majestés de la somme de trente mille livres tournois, qui seront prises sur les deux cents plus aysés habitants laïcz, sous forme d'emprunt garanti par tout le corps de ville et les manans et habitants, avecque humble remonstrance que c'est tout ce que lesdicts manants et habitants peuvent faire et supplication de se contenter. » Des commissaires, choisis par l'assemblée, désigneront les souscripteurs forcés de cet emprunt « et sera auxdits aysés taxés faict commandement de payer incontinent et sans délai, et le jour passé seront contraincts par toutes voies deues et raisonnables (2). » La nécessité poussait l'échevinage à ces mesures arbitraires et exceptionnelles. Il n'eût trouvé à aucun prix des prêteurs de bonne volonté, et la misère publique ne permettait pas de songer à un *égail* sur les paroisses. Le lendemain, 14 janvier, les députés, chargés de présenter l'offre des habitants, viennent annoncer qu'ils ont vu le duc d'Anjou, que la somme de 30,000 livres

(1) Brantôme, t. II. *De plusieurs illustres sœurs*, p. 358.
(2) Registres, f° 123 v°.

n'a pas été acceptée, et que le roi a définitivement fixé le chiffre du prêt à 40,000 livres. Il n'y avait plus à délibérer que sur la manière d'exécuter cet ordre. On s'en tient au mode adopté la veille ; « ladilte somme sera levée en diligence et départie sur les habitants laïcz aysés (1). » Quoique réduit de près de moitié, l'emprunt ne s'effectua pas sans de nombreuses difficultés. Les *aysés* témoignaient peu d'empressement, et s'ingéniaient, sous divers prétextes, à échapper à l'obligation que leur imposaient les magistrats (2).

On imagine sans peine que si les catholiques avaient à se plaindre des exactions de la cour, les protestants ne devaient point être épargnés. Leurs biens, déjà confisqués en vertu des édits, furent saisis par ordre du roi, et deux conseillers du présidial furent commis pour faire abattre les bois de haute futaie et en opérer la vente (3). »

Malgré ses désirs de gloire et ses velléités belliqueuses, Charles IX accueillit bien les députés huguenots, qui vinrent, le 22 juillet, proposer la paix. On rédigea quelques articles qu'ils emportèrent pour en conférer avec leurs coreligionnaires. Les négociations se prolongèrent pendant plusieurs mois. Elles n'avaient pas encore abouti lorsque, le 8 mars, la cour quitta Angers « au grand désir et contentement des habitants, pour raison des grands incommoditez qu'ils recepvoient de tous les courtisans (4). »

(1) Registres, f° 125 r°.
(2) *Ibid.*, f° 130 r°.
(3) Louvet, t. i, f° 78 r°.
(4) *Id. ibid.*

Les hostilités recommencèrent au printemps (1). Elles furent courtes. Coligny, qui ne montrait les talents d'un capitaine qu'après ses défaites, avait, durant l'hiver, rétabli son armée dans le Languedoc et le Dauphiné, et lui avait communiqué son indomptable courage. Par une marche audacieuse, il s'avança dans la Bourgogne, culbuta l'armée royale à Arnay-le-Duc, et menaça Paris. La reine-mère l'arrêta sur le Loing par de nouvelles négociations. Lasse de cette guerre interminable, manquant d'argent pour soudoyer les mercenaires, désespérant d'ailleurs de venir à bout d'une faction qui paraissait indestructible, elle rentrait avec sa mobilité italienne dans la voie de la modération. Les conditions inattendues qu'elle offrait furent acceptées. L'édit de Saint-Germain

(1) Nous voyons les protestants retomber aussitôt, à Angers, sous le coup des ordonnances rigoureuses qui les mettaient, comme suspects, hors la loi commune. De nouvelles dispositions, édictées le 1er juillet, complètent le système des mesures préventives et répressives adoptées au commencement de la guerre.... « Quant à ceulx de laditte nouvelle oppinion qui ont boutique, qui ne pourront ouvrir icelle que sept heures du matin ne soient sonnées, et les refermeront à six heures du soir, et ne pourront ouvrir ne travailler de leurs mestiers en icelles ou en chambres particulières et aultres lieux que ce soit, aux jours et festes de commandement de l'église catholique, apostolique et romaine..... qu'il soit pareillement deffendu à tous manants et habitants artisans et aultres de non se servir d'aucuns serviteurs qui soient de la prétendue oppinion, et enjoinct de bailler les noms et surnoms de leurs serviteurs et lieu de leur nativité, et les faire apparoistre devant les capitaines des quartiers pour sçavoir s'ils sont de la religion catholique..... Il est deffendu aux propriétaires de maisons de non louer leurs maisons à deux mesnaiges de la prétendue religion pour assemblée et entreprinse qu'ils y pourroient faire. » Registres, an 1570, fo 170 vo.

accorda aux vaincus de Jarnac et de Moncontour une amnistie entière, l'exercice du culte dans deux villes par province, quatre places de sûreté pour deux ans, l'admission des sectaires à tous les emplois (13 août 1570). Ces avantages dépassaient ce que les calvinistes auraient pu attendre d'une victoire; non seulement ils étaient admis sur le pied de l'égalité avec les catholiques, mais la royauté leur livrait des gages de sa bonne foi, et en laissant à la faction ses armes, ses places fortes, ses troupes régulières, lui reconnaissait le droit de former un État dans l'État.

CHAPITRE V.

La Saint-Barthélemy en Anjou. — Quatrième guerre de religion. —
Le duc d'Anjou élu roi de Pologne. — Mort de Charles IX.

Les protestants soupçonnaient un piége dans les concessions inespérées de la paix de Saint-Germain. Le roi
de Navarre, Condé, Coligny, résistant aux pressants appels
de Charles IX, n'osaient sortir de La Rochelle, et affectaient
à l'égard de la cour une réserve froide et offensante. Le
parti, témoin des hésitations de ses chefs, étonné des instances du roi, redoutant la fourbe de Catherine, continuait à s'agiter dans une sombre méfiance. Cependant
tout annonçait que le gouvernement, se plaçant désormais au dessus des factions, voulait s'appliquer franchement à les réconcilier. Tous les articles du traité étaient
observés. Des commissaires parcouraient les provinces,

portant des paroles de paix, et inaugurant, en quelque
sorte, l'ère nouvelle de la tolérance. Le choix des personnages chargés de cette mission délicate, semblait attes-
ter la bonne foi de la cour et son désir sincère d'opérer
le rapprochement définitif des esprits. Au mois de mars
1571, le maréchal de Cossé vint à Angers pour veiller à
« l'entretènement de l'édit de paciffication et recepvoir
les plainctes des catholiques et des huguenots (1). » Le
maréchal était un des gentilshommes les plus justement
honorés de l'Anjou. Sa modération, la franchise de son
caractère, l'illustration de sa maison et la haute dignité
dont il était revêtu, lui assuraient une grande et légitime influence. Trois membres du parlement l'accompa-
gnaient ; le plus connu est Philippe Gourreau, sieur de la
Proustière, maître des requêtes. Il appartenait à l'Anjou
par sa naissance et par les débuts de sa jeunesse. Son
frère remplissait à Angers la charge de prévôt des maré-
chaux. Philippe Gourreau, distingué jeune encore par
Michel l'Hôpital, avait vécu dans la familiarité et la con-
fidence de ce grand homme, et avait puisé à son école des
maximes de tolérance et des idées libérales, qu'il pratiqua
invariablement pendant sa longue carrière de magistrat (2). A peine arrivé en Anjou, il écouta les réclamations des calvinistes qui se plaignaient des entraves mises
par leurs ennemis à l'exercice de leur culte, et leur
permit de faire leur prêche à Miré et à Châteauneuf. Mais

(1) Louvet, t. I, fº 79 vº.

(2) Voir une étude intéressante sur *Messire Philippe Gourreau*, publiée dans la *Revue d'Anjou* par M. le comte de Quatrebarbes. Livraison de septembre-octobre 1854

il s'éleva une « telle clameur » parmi la population catholique, que le maréchal fut obligé de défendre aux religionnaires de se prévaloir de cette autorisation. Les prédicateurs blâmèrent publiquement dans leurs sermons la condescendance du maître des requêtes, et le signalèrent ainsi aux soupçons populaires. Gourreau passa désormais pour un calviniste déguisé : « il était, dit Louvet, qui se fait l'écho fidèle des rancunes de son parti, grandement huguenot en l'âme, bien qu'en apparence il allât à la messe (1). »

Après un assez long séjour, dont aucun document ne nous a révélé le résultat, le maréchal et Philippe Gourreau quittèrent Angers, et se rendirent à la Rochelle, pour essayer de gagner les chefs de la religion. Charles IX s'avança lui-même jusque vers la Loire et tenta auprès de ces boudeurs menaçants une démarche décisive. Il les reçut à Bourgueil en Anjou, les séduisit par ses gracieuses attentions, et les entraîna tout-à-fait en adoptant leur projet favori d'une expédition sur les Pays-Bas (2). La glace était rompue, les soupçons s'évanouirent. Les chefs calvinistes, charmés par les caresses et les flatteries du jeune roi, affluèrent à la cour. Bientôt même, oubliant leurs longs désastres, ils se crurent à la veille d'accomplir les rêves ambitieux de Condé. Coligny, tendrement aimé de Charles IX, l'arrachait au joug de sa mère, le détachait des catholiques, et le gagnait à la politique protestante, en offrant à son esprit aventureux la brillante perspective des conquêtes et de la gloire.

(1) Louvet, t. i, f⁰ 80 r⁰.
(2) *Id.*, f⁰ 82. Roger, p. 436.

En province, on entrait dans un large système de concessions. Le 8 avril 1572, des lettres patentes, enregistrées au présidial, autorisaient des prêches à Cantenay, à une lieue d'Angers. Le procureur du roi Cochelin, qui fut plus tard un fougueux ligueur, s'était, il est vrai, opposé à l'enregistrement ; mais Louvet ne dit pas qu'il se fût produit à ce sujet aucune manifestation publique (1). Les populations catholiques semblaient se prêter aux expériences de la cour. Les registres des conclusions attestent que si le calme ne régnait pas encore dans tous les cœurs, l'ordre matériel du moins se rétablissait dans les rues et dans les champs. Les magistrats ne s'occupaient plus que de questions purement administratives. Dans les derniers jours d'août 1572, le conseil de ville votait paisiblement des règlements d'édilité. Tout-à-coup éclate « comme un coup de tonnerre dans un ciel serein, » le funèbre tocsin de la Saint-Barthélemy (2).

Les limites que je me suis tracées m'interdisent d'aborder les redoutables problèmes que soulève ce grand attentat. Mais, avant d'exposer les circonstances particulières à l'histoire de l'Anjou, je dois faire remarquer que le caractère fortuit et instantané des résolutions de la cour ressort de tous les documents que j'ai sous les yeux. Les pièces authentiques, conservées dans les registres de la mairie d'Angers, ne permettent pas d'admettre la préméditation attribuée à Catherine. Il n'y eut pas de complot

____

(1) Louvet, t. i, f° 83 v°.

(2) Louvet, t. i, f° 85, ne dit qu'un mot des massacres de Paris ; il suffit pour révéler sa profonde satisfaction : « fust tué grant nombre de huguenots, tellement que les huguenots n'eurent du bon à la nopce et fut appelée ceste journée la grande journée de la Saint-Barthélemy. »

tramé de longue main : rien ne faisait pressentir à la province cette sanglante tragédie ; aucun mot d'ordre envoyé de Paris n'y avait préparé les catholiques (1).

La responsabilité des massacres doit peser tout entière sur le duc d'Anjou. Le frère du roi, un des principaux instigateurs des *Matines de Paris* (2), voulut étendre l'extermination à la province qui formait son apanage. Puygaillard, qui était alors à Paris, fut son agent empressé. Le 26 août, il écrivait au comte de Montsoreau, gouverneur de Saumur, la lettre suivante :

« Monsieur mon compaignon, je n'ai voullu faillir vous faire entendre comme dimanche matin le Roy a faict faire une bien grande exécution à l'encontre des huguenots, si bien que l'admiral et tous les huguenots qui estoient en ceste ville ont esté tués et la volunté de sa Majesté est que l'on en face de mesme partout où l'on en trouvera. Et pour ce, si vous désirez faire jamais service qui soit agréable au Roi et à Monsieur, il fault que vous en alliez à Saulmur avec le plus de vos amis et tout ce que vous y trouverez desdicts huguenots des principaux les faire mourir. J'ai escript à M. de Moullins pour vous aller trouver. Ayant faict cette exécution audict Saumur, je vous prie vous en aller à Angiers pour vous ayder avec le capitaine du chasteau pour en faire de même. Il ne fault pas attendre d'en avoir d'autre commandement du Roy ne de Monseigneur, car ils ne vous en feront point, d'aultant

<hr>

(1) M. P. Marchegay a prouvé, pièces en main, dans le Congrès scientifique d'Angers, en 1843, que la lettre attribuée à Thomasseau de Cursay est apocryphe.

(2) *Discours de Henri III à un personnage d'honneur...* Dans le Panthéon littéraire, à la suite de Palma Cayet, t. II, p. 309.

qu'ils s'en reposent à ce que je vous en escripts. Il fault user en ceste affaire de diligence et ne perdre de temps que le moins que l'on pourra. Je suis bien mary que je ne puis estre par delà pour vous ayder à exécuter cela. Qui sera l'endroit que me vays recommander à vos bonnes grâces, priant Dieu, M. mon compaignon, vous donner santé très longue et heureuse vie. Paris, 26 août 1572. Vostre bien affectionné compaignon, Puigaillard (1). »

A cet ordre formel et précis était jointe une lettre de créance signée du duc d'Anjou. Les termes en sont vagues et généraux : faut-il croire qu'ils étaient calculés, et que le prince, n'ayant point le courage de son crime, se réservait le moyen de le désavouer? « Monsieur de Montsoreau, j'ai donné charge au sieur de Puygaillard de vous escripre pour chose qui concerne le service du Roy monseigneur et frère et le mien. A ceste cause vous ne fauldrez de croire et faire tout ce qu'il vous escrira tout ainsy que moi-mesme, priant Dieu, etc. (1). »

Le courrier fit une telle diligence que Montsoreau avait reçu la dépêche le 28 au matin. Puygaillard connaissait son *compaignon* de longue date. Il savait que ce farouche soldat, inaccessible à tout sentiment de pitié, ne reculerait pas devant le rôle de bourreau qui lui était offert. Montsoreau, que le courrier avait sans doute rencontré en sa célèbre maison de la Coustancière, court aussitôt à Saumur. Il ameute le peuple catholique, et donne le signal du massacre en poignardant de sa main le lieutenant-général. Les protestants, surpris à l'improviste, ne

(1) Registres, an 1572, fº 102 rº.
(2) *Ibid.*, fº 101 vº.

font aucune résistance; on les égorge en foule dans leurs maisons ou dans les rues. Le gouverneur laisse la populace de Saumur occupée à cette œuvre sanglante, et se dirige à la hâte vers Angers pour achever son mandat (1).

Il arriva dans la nuit ou vers le matin. Aucun bruit venu de Paris ni de Saumur ne troublait le repos des protestants angevins. Seul le sieur de la Touche, qui commandait au château, était instruit du fatal secret. Il avait aussi reçu une lettre de Puygaillard :

« Monsieur de la Tousche, depuis ma première lettre escripte, je me suys advisé d'envoyer par delà Briassé que vous cognoissez pour vous assurer de l'exécution que le Roy a faict faire dimanche matin qui est que l'on a tué l'admiral et tous les aultres huguenots que l'on a pu trouver en ceste ville, et l'intention de sa Majesté est que tous ceux qui se vouldront advouer de ses fidèles serviteurs en facent de mesme ès-lieux où ils seront et par ce, si vous avez jamais volunté de faire service agreable à sa Magesté et à Monseigneur, c'est de donner ordre promptement de faire mourir tout ce que vous trouverez de huguenots dedans la ville d'Angiers des principaulx et partout ailleurs où vous en pourrez trouver. Par ainsy il est requis de user de promptitude en ceste affaire comme on a faict en ceste ville. Ledict ordre est de n'en prendre pas un seul prisonnier ny à rançon. J'ai escript à M. de Montsoreau d'en faire de mesme à Saulmur. Au reste ledict Villetaves vous dira quelque chose de ma part qui me gardera vous faire ceste plus longue, priant Dieu, etc. De Paris, 26 aoûst. Votre bien affectionné et plus seur ami à

---

(1) D'Aubigné, *Hist. univ.*, t. II, p. 25. Rangeard, p. 85.

jamais, Puygaillard. » En marge de la lettre était écrit :
« Je vous prie de conserver la maison, la femme et biens
de Jean Grimaudet, d'aultant que je suis prié de la part
de Monseigneur (1). »

On ne sait point quelles étaient les dispositions person-
nelles de la Touche. On peut remarquer seulement qu'il
avait dû recevoir la lettre de Puygaillard dans la journée
du 28, et qu'il n'avait encore pris aucune mesure, ni donné
aucun ordre pour exécuter le massacre. Montsoreau, déjà
échauffé par les meurtres de la veille, déploya plus de zèle ;
il ne tint pas à lui qu'Angers ne fût noyé dans le sang
d'une partie de ses citoyens.

Dès la pointe du jour (29 août), il ordonne de fermer
les portes de la ville, afin qu'aucun huguenot n'échappe
à la sentence portée par le roi et le duc. Puis il se rend
au *logis du Chaperon rouge*, dans le voisinage du château.
Il espérait y trouver un des gentilshommes les plus considérables de la religion, ce La Barbée qui avait été gouverneur pendant l'occupation protestante, en 1562. Mais
le calviniste avait été prévenu et s'était évadé ; il laissait
au logis son frère malade et alité, le croyant exempt du
péril, comme un soldat blessé que l'ennemi respecte
même dans la fureur d'un assaut. Montsoreau qui ne

(1) Registres, an 1572, f° 102 v°. Cette lettre et celle qui est adressée à
Montsoreau ont été publiées en partie par Bodin. M. de Falloux, *Histoire
de saint Pie V*, Angers 1844, a donné la lettre de créance du duc d'Anjou,
la lettre de Puygaillard à Montsoreau, la lettre de Puygaillard au
maire et aux échevins, la proclamation de la mairie aux capitaines et
la lettre du duc d'Anjou au président, au maire et aux échevins. Je
reproduis ces pièces nécessaires à l'exactitude du tableau ; les autres
extraits des registres sont inédits.

venait pas pour combattre, mais pour égorger, assassine le malade dans son lit. Il court ensuite dans la maison d'un ministre, nommé la Rivière. Ils étaient depuis longtemps en relation d'amitié. En entrant, le comte salue affectueusement la femme du ministre, et, sur son indication, il rejoint son mari dans le jardin. Il l'aborde, l'embrasse avec effusion, puis lui dit brusquement : « J'ai ordre du roi de vous tuer sur-le-champ. » Le malheureux demande quelques instants pour recueillir devant Dieu ses dernières pensées; Montsoreau y consent et le fait ensuite tomber à ses pieds. Il va de là tuer deux autres ministres, De Coulaine et Delauney (1).

Cependant le bruit de ces exécutions se répand rapidement dans la ville. Les catholiques prennent les armes, et descendent sur les places et dans les rues « se marquant de la croix blanche à leurs chappeaulx. » Montsoreau, déjà couvert de sang, anime la populace. Les cadavres sont traînés à la rivière; on poursuit les huguenots de maison en maison; le tocsin sonne dans les tours des églises (2).

Le massacre continua durant toute la matinée; mais nous ne savons pas quel fut le nombre des victimes. L'abbé Rangeard, qui, deux siècles après, flétrissait en termes généreux le crime des Valois et des Guise, s'écrie avec vivacité, en protestant contre le récit du père Daniel : « j'aime à dire pour la gloire de ma patrie qu'elle se montra l'une des moins ardentes à se souiller du sang de ses citoyens attachés à la nouvelle doc-

(1) Rangeard, p. 85. D'Aubigné, *Hist. univ.*, t. II, p. 25.
(2) Louvet, t. I, f⁰ 85 v⁰.

trine (1)! » Les faits ne nous permettent pas d'adopter ce patriotique sentiment. Louvet, il est vrai, ne nomme que sept protestants égorgés ou jetés dans la Maine. Mais il assure qu'à « cette prinse d'armes il fust tué grant nombre de huguenots(2).» Roger est plus explicite encore : « Cette fête, dit-il, fut aussi chomée à Angers avec une grande cruauté. Jean de Chambes, comte de Montsoreau, y étant venu avec une commission et ordre du roi pour exterminer les rebelles huguenots, il en fit pendre et noyer quantité : de sorte qu'on les jetait à pochées dans la rivière, le souvenir des méchancetés qu'ils avaient commises à Angers, dix ans auparavant, excitant la vengeance des catholiques (3). »

Les classes éclairées ne prirent aucune part à ces affreuses tueries, œuvre d'une populace égarée par le fanatisme et par les odieuses provocations de Montsoreau. Le clergé ne s'y associa ni par ses excitations ni par sa présence. Les magistrats de l'hôtel-de-ville et du présidial firent mieux encore : au premier bruit de l'émeute, ils accoururent et s'interposèrent courageusement entre les protestants et les assassins (4). Sur leurs instances, Montsoreau et les massacreurs consentirent à suspendre le carnage, et convinrent d'épargner ceux des sectaires qui abjureraient leurs erreurs.

Aussitôt on publia à son de trompe, dans tous les carrefours, une ordonnance signée par Montsoreau, la Touche, le président Lesrat, le maire Deschamps, le lieutenant-

(1) Mémoires, p. 89.
(2) Journal, t. i, f° 85 r°.
(3) *Hist. d'Anjou,* p. 437.
(4) Rangeard, p. 85.

général C. Louet, l'avocat du roi, François Grimaudet (1), l'échevin Toussaint Bault. « De par le Roy nostre sire, commandement à tous huguenots de la religion prétendue réformée se trouver, sur peine de la vie, au palays royal de ceste ville dedans deux heures après midy et sans armes, pour y recepvoir les commandemens du Roy et de Monseigneur ; et ce faisant et obéissant par eux dans ledict temps sont fait deffences à tous manans et habitants de ceste ville et tous aultres de quelque qualité et condition qu'ils soient de non offencer lesdicts huguenots en leurs personnes et biens. Et si est enjoinct à tous manans et habitants de ceste ville, qui auroient retiré ou recélé aulcun desdits huguenots en leurs maisons, iceulx dénoncer et représenter dans ledict temps de deux heures sur peine de la vie (2). »

La foule remplit le Palais-Royal à l'heure indiquée. Nous n'avons pas le procès-verbal de la séance. Il paraît que la plupart des religionnaires, placés si brusquement entre la mort et l'abjuration, firent comme Henri de Navarre au Louvre, et crurent devoir se réserver pour la cause. Quelques-uns persistèrent courageusement dans la profession de leur foi. Le capitaine la Touche les fit conduire au château. La prison seule pouvait les soustraire au fer des assassins et c'était les sauver que de gagner du temps (3).

A l'issue de cette séance mémorable, le conseil de ville se réunit. La Touche et Montsoreau présentent les lettres

---

(1) Rangeard, Mémoires, p. 87, assure que l'illustre jurisconsulte eût péri sans l'intervention des magistrats, qui l'arrachèrent à la foule.

(2) Registres, an 1572, 29 août, fᵒ 103 vᵒ.

(3) Rangeard, p. 86.

qu'ils ont reçues de Puygaillard. Les échevins ne les discutent point, mais se contentent d'arrêter une série de mesures nécessaires pour maintenir l'ordre.

« Les gardes anciennes et accoustumées ès troubles précédents tant par les laycz que par les ecclésiastiques seront reprises, faictes et continuées par les manans et habitants laycz et ecclésiastiques, sous la charge et commandement du maire et des capitaines des paroisses et clergé à ce commandés, ordonnés et députés en ladicte assemblée; et est enjoinct commencer lesdictes gardes dès les sept heures du soir de ce jour, laquelle heure de sept heures passée est deffendu à toutes personnes de quelque qualité qu'elles soient, de n'aller et marcher par ceste ville, en armes, et en plus grand compaignée que de deux ou trois au plus, sur peine de la vie. Et oultre est enjoinct et commandé à tous lesdicts manans et habitants d'avoir à tenir chandelles ou aultres lumières ardentes à leurs fenêtres, depuis ladite heure de sept heures jusqu'à quatre et environ cinq heures du matin, à la peine de 50 solz d'amende. Ordonné que doresnavant et par manière de prévision, et jusques aultrement en soit ordonné, il sera le jour faict ouverture de deux portes seullement, l'une de çà l'aultre de là les ponts, et qu'elles s'ouvriront alternativement, ainsy que par ledict maire sera ordonné. Aussi est enjoinct à tous bateliers et aultres aiant batteaulx, les retirer et tenir en ville, et deffendu de nous passer et repasser aulcuns, sous peine de 50 livres d'amende et de conflscation des batteaulx (1). »

Les magistrats municipaux avaient été surpris par la

(1) Registres, an 1572, 29 août, f° 100 r°.

soudaine explosion de l'émeute ; ils eurent du moins la gloire d'arrêter l'effusion du sang au bout de quelques heures. La sagesse de la charte qui confiait le pouvoir à la bourgeoisie reçut ainsi une éclatante consécration. Sous cette influence modératrice, le peuple rentra dans ses quartiers sans avoir assouvi ses colères. Le lendemain, 30 août, il y eut encore quelques meurtres : trois huguenots furent jetés à la rivière ; mais l'orage se calma peu à peu dans les jours qui suivirent, et bientôt il n'en resta qu'un douloureux souvenir.

Montsoreau lui-même sembla oublier ses ordres sanguinaires. Il adhérait aux sages ordonnances de l'Hôtel-de-Ville, et les sanctionnait de sa signature. Quelques compagnies, venues à sa suite, furent logées dans les maisons des protestants. Il fit publier à cette occasion une espèce d'ordre du jour.

« De par le Roy, Monseigneur duc d'Anjou et Monsieur de Montsoreau,

« Il est faict deffence à tous soldatz de prendre plus d'ung logis, et d'en prendre ailleurs que ès maisons des huguenots ; èsquelles maisons d'y faire aulcunes forces ny viollences, d'y prendre ny transporter aulcuns biens meubles de quelque sorte que ce soit, ny rensonner aulcuns huguenots ny leurs femmes, sur peine de la vie (1). »

Les Angevins s'étonnèrent de voir Montsoreau protéger, sinon les personnes, du moins les biens des protestants ; on eut bientôt l'explication de cette modération imprévue.

Le maire enjoignit aussi aux capitaines de la milice de veiller sur les biens des protestants.

____

(1) Registres, 30 août, fo 105 vo.

« De par le Roy et Monseigneur,

« Il est permis à tous cappitaines des paroisses de ceste ville, leurs lieutenants, enseignes et aultres chefs et dizainiers de leurs compaignés de prendre garde si ceulx qui sont logés ès maisons des huguenots se comportent modestement sans piller ni ranczonner leurs hostes, oster, transporter et enlever les meubles, et deffence auxdits huguenots de les destorner, transporter ny desgarnir leurs maisons, et à tous catholiques de les recepvoir et recéler sur peine de la vie (1). »

Les violences avaient cessé, mais l'agitation se prolongea pendant plusieurs mois. Ce n'est pas en vain qu'une ville entière est réveillée en sursaut par des cris de mort, que des soldats violent brutalement les demeures des citoyens, et qu'on remue ces dernières couches de la société où dorment, comme une lie impure, toutes les passions mauvaises. Angers offrit longtemps le spectacle étrange, qui se reproduit toujours au lendemain des grandes émotions populaires. Les affaires étaient suspendues ; le présidial avait fermé ses portes aux plaideurs (2) ; tous les bourgeois étaient sous les armes ; les portes restaient closes, et les clefs passant, soir et matin, des mains du maire dans celles du connétable, traversaient la ville au milieu d'un cortège formidable (3) ; les magistrats, les échevins, les avocats, les marchands et jusqu'aux ecclésiastiques, portaient l'arquebuse soit aux portes, soit dans les corps de garde improvisés dans les divers quartiers (4).

(1) Registres, an 1572, f° 105 v°.
(2) *Ibid.*, f° 107 v°.
(3) *Ibid.*, f° 104 v°.
(4) *Ibid.*, f° 115 v°.

Les masses catholiques murmuraient, irritées de trouver dans les membres du corps de ville et du présidial les protecteurs inattendus des hérétiques. Des listes de suspects couraient dans la ville, et l'opinion publique semblait exiger des proscriptions pour le rachat du parti qu'on épargnait à regret (1) Rien ne fit dévier les honnêtes magistrats de la ligne de conduite qu'ils avaient adoptée ; ils résistèrent énergiquement aux passions soulevées, et imposèrent à tous la modération qui les inspirait euxmêmes.

Le duc d'Anjou ne put triompher de leur généreuse résistance. Le 3 septembre, un échevin, Bault de Beaumont, arrivant de Paris, déclara « la volonté de Monseigneur estre que l'on tue tous les huguenots sans les emprisonner (2). » Il présenta en outre une lettre dont Puygaillard l'avait chargé, et qui renfermait implicitement le sens de l'ordre verbal. Elle était à l'adresse du maire et des échevins :

« Messieurs, encore que je m'asseure que vous pouvez estre maintenant advertys de l'exécution que le Roy a faict faire en ceste ville des huguenots, si est ce que je n'ay voulu laisser pour cela de accompagner M. de Beaumont de la présente, pour vous dire que ledict sieur de Beaumont vous fera le discours au long de ladicte exécution, et quelle est l'intention du Roy touchant ses aultres

(1) Louvet, t. I, fo 85, donne une liste de sept avocats « grandement suspects et dissimulez huguenots ; » une autre de trois conseillers « suspectz tenuz en réputation par les habitants catholiques d'estre libertins et traistres ; » et une troisième de « treize marchands huguenots et séditieux. »

(2) Registres, an 1572, fo 108 ro.

villes, dont je vous prie le vouloir croire... Paris, 27 août (1). »

Le gouverneur n'osait pas sans doute, dans une lettre adressée aux magistrats municipaux, s'exprimer aussi crûment qu'il l'avait fait dans ses instructions à Montsoreau et au capitaine La Touche. Cependant son langage, interprété par de Beaumont, n'en était pas moins clair, ni ses ordres moins formels. Mais le corps de ville passa outre, s'honorant pour la seconde fois par une patriotique et admirable désobéissance.

Ce Bault de Beaumont avait aussi apporté de nouveaux ordres à Montsoreau. Il s'en expliqua dans une lettre écrite au maire et aux échevins, et qui fut lue dans l'assemblée du 5 septembre. On connut alors les motifs de la réserve qu'il avait affectée à l'égard des biens des huguenots : « Messieurs, M. de Beaumont m'a dict comme M. de Puygaillard m'a pryé faire mettre par inventaire les meubles des huguenots de vostre ville, et les faire mettre en la maison de ville et autres lieux que aviserez, jusqu'à ce que aultrement Monseigneur en ait ordonné. Lediet sieur de Beaumont m'a dict que si ceulx que ordonnerez pour en prendre la charge ne le voulloient, lui baillant par inventaire qu'il le fera et en respondra. Il y en a beaucoup qui veullent jouer au plus fin, ce que feront si vous n'y faites prendre bonne garde. Et là où il a été caché et retiré des biens desdicts huguenots, faictes en faire la recherche, car Monseigneur en pourra bien faire plus de cent mil francs. Je vous prie y prendre garde, s'il n'y est faict diligence, ils osteront tout de leurs mai-

____

(1) Registres, an 1572, f° 108 v°.

sons, comme ils ont déjà bien commencé. Ce sera double peine de le retirer de là où ils l'auront mis... A Touarcé, 4 septembre 1572. Signé Montsoreau (1). »

Ainsi rien ne manque à l'odieux de la Saint-Barthélemy. Le duc d'Anjou, un fils de France, héritier présomptif de la plus noble couronne du monde, calculait les produits du massacre, et comptait « faire plus de cent mille francs » en vendant, comme un juif du moyen âge, les dépouilles sanglantes des victimes !

Le prince n'eut pas cependant l'impudeur de traiter directement de cette affaire avec les échevins. Il resta caché derrière ses agents, et les mit seuls en mouvement pour satisfaire son odieuse cupidité. Il n'osa pas non plus blâmer la sage conduite des magistrats et l'inexécution de ses ordres. Le 5 septembre, instruit de ce qui s'était passé, il en témoignait hypocritement sa satisfaction. « Nos amez et féaulx, nous avons reçeu vos lettres du dernier jour du mois passé (2), et entendu par icelles l'ordre qui a esté par vous mis pour la seureté de nostre ville d'Angiers. A quoy vous avez très bien faict pourvoir, et continuez cest ordre jusqu'à ce qu'il vous soit aultrement ordonné. Au regard des prisonniers que vous tenez, et qui sont dans le chasteau, vous les ferez garder jusques à ce que l'on sache quels ils sont et s'ils savent quelque chose de la conspiration (3), pour selon cela en

____

(1) Registres, an 1572, fº 111 rº.

(2) Ces lettres n'ont pas été transcrites aux registres.

(3) On connaît le trouble de Charles IX après la Saint-Barthélemy et les variations de son langage ; après avoir essayé de rejeter l'odieux du massacre sur les Guise, il se résigna, sur les conseils de sa mère, à en prendre la responsabilité, et déclara dans un lit de justice, le 28

estre faict la justice. Et avez très bien faict d'avoir faict mettre leurs biens soubz la main du Roy nostre seigneur et frère. L'on vous fera sçavoir ce que vous en aurez affaire par le sieur de Puygaillard, que nous envoirons bientost par delà, et lequel vous fera aussy entendre plus particulièrement ce qu'il luy sera commandé pour le service de nostre seigneur et le vostre, que vous croirez comme nous mesme. Priant Dieu, etc. Paris, 5 septembre 1572. Signé Henry (1). »

Puygaillard adopte le même langage : « J'ai veu, écrivait-il le 6 septembre, par vos lettres ce qui s'est passé en vostre ville, et l'ay faict entendre au Roy et à Monseigneur, qui en ont esté très contents, et m'ont commandé m'en aller faire ung tour par delà, pour vous faire entendre particulièrement leur intention, ce que je eusse faict, n'eust esté que ma femme se trouve bien mal... Cependant je vous prie de vous tenir bien sur vos gardes, et renforcer les gardes des portes de la ville, car je me asseure que ceulx de la religion tascheront, par tous les moyens qu'ils se pourront adviser, de se saysir de quelque ville, pour faire cesser le cry de toutes ces exécutions, etc. (2). »

Si les magistrats qui avaient sauvé la ville étaient complimentés, Montsoreau, qui avait inondé Saumur de sang et poussé les habitants d'Angers à s'entr'égorger, recevait des félicitations assurément plus sincères. Le duc d'Anjou lui envoya, le jour même où il écrivait aux échevins, de nouvelles instructions : « Monsieur de Montsoreau,

août, que tout s'était fait par ses ordres pour prévenir la conspiration de Coligny et des siens, qui voulaient exterminer la famille royale.

(1) Registres, an 1572, f° 112 v°.
(2) *Ibid.*, f° 113 r°.

j'ai receu vostre lettre du dernier jour d'aougst dernier, par laquelle j'ai entendu le debvoir que vous avez faict de là, dont je suys très content, comme je suys de ce que les habitants de ma ville d'Angiers ont donné ordre à la seureté des portes. Et quant à ce que aulcuns de la religion vous ont mandé de se vouloir retirer, auxquels vous n'avez faict response, vous leur ferez entendre le vouloir et intention du Roy, qui a esté envoyé par tout le royaulme, ayant donné charge de vous en estre envoyé un double imprimé, suyvant lequel lesdicts gentils-hommes se pourront conduyre et gouverner; s'ils le font, le Roy mondict seigneur et frère ne veult et entend qu'il leur soit meffaict ne mesdict en aulcune manière que ce soyt. Mais s'ils font le contraire et qu'ils s'arment et facent les rebelles, ledict seigneur veut qu'on leur courre sus et qu'on les taille en pièces. Et sur ce, etc. 5 septembre 1572. Vostre bon amy, Henry (1). »

Ainsi on renonçait à l'idée d'un massacre universel. Ce grand crime resta inachevé et n'obtint pas le résultat qui l'aurait justifié aux yeux des disciples de Machiavel. Il fallait se préparer à combattre encore l'ennemi qu'on n'avait pu assassiner. Les documents se taisent sur la spéculation du frère du roi; il y a lieu de penser qu'elle fut menée à bonne fin. Je vois pourtant, dans le procès-verbal de la séance du corps de ville du 10 septembre, que le procureur du roi et de Monseigneur se plaignait du peu de zèle que les magistrats avaient mis à saisir les biens des huguenots « bien qu'il eût ci-devant requis plusieurs fois. » Il requiert encore « qu'il y soit pourveu

(1) Registres, an 1572, fo 113 vo.

et que les biens meubles des morts et des prisonniers soient saysis, inventoriés et mis en sûre garde, à la conservation des droits qu'il appartiendra (1). »

Puygaillard vint enfin mettre la main aux affaires de son maître. Le 26 septembre, il fit enregistrer à l'hôtel-de-ville la lettre suivante qui l'investissait de pleins pouvoirs. « Très chers et bien amez, s'en allant le sieur de Puygaillard par delà, pour donner ordre à tous affaires, nous avons bien voulu vous escrire la présente, pour vous advertir comme le Roy nostre très honoré seigneur et frère a faict entendre audict sieur de Puygaillard son vouloir et intention, qu'il vous fera entendre, que vous croirez; suivez et obéissez à tout ce que ledit sieur de Puygaillard vous commandera pour le service dudict seigneur et le nostre, dont ne vous ferons plus longue lettre, priant Dieu, etc. Paris, le 10 septembre 1572. Signé Henry (2). »

Puygaillard exerça donc pour la seconde fois la dictature; il n'en abusa pas aussi cruellement qu'en l'année 1563. Il avait trouvé les prisons du château encombrées de prisonniers; il les fit remettre en liberté (3). Si le gouverneur se montra moins barbare qu'on ne l'avait craint, il ne fut pas moins avide. Les exactions recommencèrent et on en imagina même d'un nouveau genre (4). La

(1) Registres, an 1572, f° 115 r°.

(2) *Ibid.*, f° 119 r°.

(3) Louvet, t. I, f° 86 r°. Il se donna toutefois la satisfaction d'en jeter cinq dans la Maine.

(4) *Id. ibid.* « Au moys d'octobre, les advocats d'Angers furent contraints par le roy de prendre des lettres d'offices de procureurs qui leur

plus lourde fut déguisée sous le nom de don gratuit offert au duc d'Anjou (1).

Le temps était pourtant peu favorable pour demander à l'Anjou de nouveaux sacrifices. Les *torcheurs de rottes* avaient reparu après la Saint-Barthélemy, infestaient les champs et entravaient le commerce. Les bandes indisciplinées de l'armée catholique, au lieu de se rendre promptement au camp de La Rochelle où les appelait le duc d'Anjou, s'arrêtaient aussi dans ces riches campagnes que dix années de malheurs n'avaient pas complétement ruinées (2). La Touche, le maire de la ville et le capitaine de la milice montaient à cheval, et dirigeaient les compagnies bourgeoises à la poursuite des malfaiteurs. Mais leur activité s'épuisait en vains efforts : la misère publique fournissait tous les jours aux bandes de pillards de nombreuses recrues. Ce fut une des crises les plus douloureuses de l'histoire d'Angers. La population, retenue par la crainte derrière les murailles, soumise aux vexations de l'état de siége, était accablée par tous les maux à la fois, la guerre, la peste et la famine. Louvet voit dans ces calamités le châtiment mérité de son siècle : « Le peuple, dit-il, estoit méchant et endurcy à mal, et celuy qui estoit le plus méchant on l'estimoit le plus, et estoit honoré et respecté et le plus prisé, et estoient le

coustèrent à chascun vingt-cinq livres et cent soixante-six advocats qui en prindrent. »

(1) Registres, an 1572, 16 décembre, f° 133. Une assemblée générale vote une somme de 50,000 livres, sur laquelle le clergé offre 10,000 livres.

(2) Louvet, t. 1, f° 87.

plus souvent les plus méchants pourveus des estats de judicature et les gens de bien méprisez, comme aussy il y avoit un grand nombre de gens d'église despravez. » Cependant l'indocile sergent-royal ne se courbe pas avec résignation sous la main qui le frappe. La dépravation des hommes, la colère du ciel, la stérilité accidentelle de la terre ne lui suffisent pas pour expliquer la disette. Il s'en prend aux accapareurs : ce mot s'échappe toujours le premier de la bouche du peuple qui souffre. « Il y avoit de gros richards, masgoz et marcouz qui cachoient tous leurs bleds, qui estoient bien ayses de veoir la cherté, et qui eussent bien voullu que le bled eut vallu cinquante livres ou plus chascun septier; les noms desquels méchants riches s'ensuivent... » Louvet en nomme quatre (1).

La guerre était évidemment la cause principale de la misère. Vers la fin de juin, on apprit que la paix était pour la quatrième fois imposée aux catholiques par l'héroïsme indomptable des sectaires calvinistes. On ne se trompa point sur le motif qui portait la cour à lever le siége de La Rochelle. On savait que le duc d'Anjou était depuis un mois le roi élu de Pologne; une pompeuse ambassade, conduite par l'habile négociateur Montluc, s'approchait de France. Les catholiques de la classe de Louvet ne pardonnèrent point au duc d'avoir accepté une sorte de défaite, afin d'aller plus vite mettre sur sa tête une couronne royale. On peut dire, si le *Journal* exprime fidèlement le sentiment des masses, que l'impopularité de Henri III date de la paix de La Rochelle. Louvet laisse éclater son indignation et sa douleur. « Ils estoient près

(1) Louvet, t. i, f° 89 v°.

d'entrer dedans de tant que les traistres huguenots n'en pouvoient plus ; mais l'avarice d'une couronne et d'ung royaulme de Poulogne fut cause par l'artifice tant des huguenots que des traistres, dissimulez et faulx catholiques qui estoient devant pour le Roy, que ledict siége fust levé... dont les catholiques du royaulme de France estoient grandement irritez, que pour raison de grands subsides et emprunts qu'il levoit sur son peuple, lesquels au lieu de bénir Dieu pour luy, donnoient au Roy de Poulogne des mallédictions, et disoient que le Roy de Poulogne finiroit malheureusement, d'avoir préféré une couronne et ung royaulme du monde à ung royaulme éternel et infiny (1). »

La bourgeoisie angevine, moins sensible au point d'honneur de parti, ne sut pas mauvais gré au duc d'Anjou d'avoir mis un terme à ces luttes désastreuses. Peut-être aussi était-elle secrètement flattée de voir ce prince renouveler les glorieuses traditions du pays, en ajoutant à sa couronne de duc d'Anjou un diadème de roi. Lorsque Puygaillard annonça à l'hôtel-de-ville (13 juillet) que le roi de Pologne, revenant du camp, passerait par la capitale de son apanage, on décida, séance tenante, que, par dérogation aux usages, messieurs de la justice, le maire, les échevins et les plus notables habitants iraient jusqu'aux Ponts-de-Cé, « à cheval et de robe courte pour grattifier Monseigneur (2). » Le lendemain, 14 juillet, la cavalcade bourgeoise recevait, sur les bords de la Loire, le roi de Pologne, le roi de Navarre, le duc d'Alençon et

(1) Louvet, t. 1, fº 90 rº.
(2) Registres, an 1573, fº 205 rº.

le duc de Guise, et après les avoir harangués, les rame-
nait à Angers (1).

Malheureusement les princes ne venaient point seuls.
Leurs soldats remontaient à leur suite vers le nord et en
passant « pilloient et gaschoient tout le païs, emme-
noient tous les bestiaux et rançonnoient le pauvre comme
s'ils eussent esté en la Turquie ou en ung païs de conqueste. » Pour les éloigner des environs d'Angers, il fallut
leur distribuer une somme de 4,000 livres tournois (2).
La paix ne soulagea donc pas les souffrances du peuple;
un hiver rigoureux les porta bientôt à leur comble. Le
blé manqua tout-à-fait « et les pauvres estoient contraints
de manger l'herbe et des racines par les champs, qui
mouroient de faim (3). »

Dans cette affreuse situation, les magistrats municipaux sollicitent l'intervention du roi. Un des gentilshommes les plus considérés du pays, J. du Bellay, de
cette grande famille angevine qui donna à la France du
XVIe siècle des hommes d'Etat, des poètes, des historiens,
des administrateurs, est chargé de porter à la cour les
doléances et les vœux de l'Anjou. Charles IX parut touché
des malheurs de la province qui avait si bien accueilli sa
brillante adolescence. J. du Bellay rendit compte aux échevins de l'audience qu'il avait reçue. « Messieurs, il a pleu
au Roy me vouloir oyr... et après luy avoir faict entendre
de vifve voix, en la présence de la Royne-mère et de Messieurs de son conseil privé, la bonne vollonté de ses subjects

(1) Registres, an 1573, f° 205 v°.
(2) Louvet, t. 1, f° 90 v°.
(3) Id. ibid.

dudict païs qu'ils ont de luy rendre l'obéissance telle que Dieu le commande, et aussi particullièrement et par plusieurs fois lui avoir dict les pertes, les exactions et les gendarmeries et générallement de touttes choses de quoy le païs est foullé et oppressé, il m'a commandé de vous faire entendre que son intention et voulloir a toujours esté de vous estre aussi bon roy que tous ses prédécesseurs, mays qu'il a esté contrainct pour ces malheureux troubles faire beaucoup de choses oultre sa volonté, mays qu'à l'advenir il y donnera tel ordre que tout son peuple cognoistra l'affection qu'il y porte. Et de faict, Messieurs, je vous puys asseurer pour l'avoir veu par l'espace de quinze jours que j'ai esté à la court, la plus grande partye du jour il est attentif à ouyr et entendre les doléances de son peuple, de faczon que j'espère avecques l'ordre de Dieu, que bien tost vous en cognoistrez par effect. De vous en mander par le particullier, je ne puys encore, pour ce qu'il délibère de faire un édict général en la présence de tous les princes et seigneurs de son conseil. Il m'a dict qu'il m'envoyra le tout pour le vous faire entendre, où je ne feray faulte d'en solliciter la despesche en mon pouvoir, etc. Paris, 16 janvier 1574 (1). »

Il me semble que la lettre du gentilhomme angevin jette quelque intérêt sur la physionomie si triste de ce malheureux prince, qu'une mort trop prompte empêcha d'effacer par des actes utiles le souvenir de la part qu'il avait prise aux forfaits de sa mère. Le jeune souverain, dont l'excellent naturel avait fait naître tant d'espérances, songeait-il enfin aux devoirs sérieux de la royauté? Cher-

(1) Registres, an 1574, f° 238.

chait-il à échapper aux remords par le travail, ou n'obéis-
sait-il, en étudiant les affaires, qu'à un de ces accès d'activité fiévreuse dans lesquels il se trompait lui-même en
espérant vainement tromper la mort? Quoiqu'il en soit,
Charles IX n'eut pas le loisir de donner suite aux louables
intentions qu'il avait manifestées. Les complots des protestants, du duc d'Alençon, des Montmorency et enfin
les commencements d'une cinquième guerre civile trou-
blèrent les derniers mois de sa vie. Il succomba, le 20 mai
1574, aux atteintes de cette cruelle maladie dans laquelle
son âme épouvantée reconnaissait les représailles mysté-
rieuses de la Saint-Barthélemy (1).

(1) Louvet, dont l'esprit est encore imbu des plus grossières erreurs
du moyen-âge, attribue la mort de Charles IX à un *envoûtement*.
« Environ la feste de Pasques, audict an, la conjuration des huguenots
contre le roy fust découverte, dont y en eust de grands qui en furent
en peine, et comme méchants bourreaults et traistres charmèrent le
roy, et fisrent une statue de cire qui estoit faicte de sa grandeur et
ressemblance, qu'ils picquoient en tels endroicts que bon sembloit aux
méchants huguenots enchanteurs, et charmèrent tellement que l'endroict qu'ils picquoient laditte statue, sy c'estoit en la teste, il avoit
doulleur en la teste, et ainsy aux aultres endroicts du corps, et ainsy
fisrent martire le bon roy Charles neufviesme, auquel Dieu fasse pardon et miséricorde; et que soit son bon plaisir d'extirper l'hérésye et
huguenots de France, comme estant persécuteurs et ennemys du roy
de France. » Journal, t. i, fo 92 ro.

CHAPITRE VI.

———

Mœurs de la bourgeoisie. — Les chaperons. — Commencements d'Henri III. — Les malcontents. — Traité de Monsieur. — Le frère du roi reçoit l'Anjou en apanage. — Il nomme Bussy d'Amboise gouverneur. — Exactions. — Lutte de l'échevinage contre Bussy et ses lieutenants. — Impopularité d'Henri III. — Agitations des protestants à la suite de l'édit de Bergerac. — Mort de Bussy.

Erreurs ou vérités, les principes traditionnels maintiennent la discipline sociale : ce n'est pas sans danger qu'on les remet en question. On peut remarquer dans notre histoire que l'avènement des idées nouvelles, soit en politique, soit en religion, a toujours été accompagné de graves perturbations dans les mœurs publiques. Au milieu de l'immense ébranlement produit par la Renaissance et la Réforme, le sens moral parut s'affaiblir dans les hautes classes. Saisies d'une sorte de vertige, elles se jetèrent dans tous les écarts où les poussait une imagination désormais sans règle et sans frein. Les désordres élégants de la cour de François Ier s'aggravèrent sous le gouvernement corrupteur de Catherine, et aboutirent aux infâmes déportements qui ont rendu tristement fameux le règne d'Henri III et des mignons. C'en était fait de la nation, si l'effrayant cynisme qui s'étalait dans les sphères élevées fût descendu jusqu'à la classe moyenne. Heureusement la bourgeoisie resta pure.

C'est, en effet, l'honneur de la bourgeoisie, et surtout de la bourgeoisie de province, de n'avoir point dévié de la loi morale, et de s'être conservée *sans macules,* suivant l'expression de François Grimaudet, étrangère à toutes les ignominies de l'immonde cour des Valois. Elle dut ce privilége à son respect de la tradition, à ses habitudes d'ordre, à la modestie de ses goûts, mais avant tout à cette vie laborieuse qui la retenait dans la ville natale, auprès du foyer de famille ; car c'est là que s'entretiennent et se perpétuent les maximes qui forment les honnêtes générations.

Ce n'est pas à dire que la bourgeoisie s'isolât du mouvement général des esprits. Elle contribua pour sa part à propager les lumières de la renaissance. Les poètes, les penseurs, les artistes sortirent en grand nombre de ses rangs. Ses instincts conservateurs ne répugnaient à aucun progrès. On voit même les bourgeois rechercher les élégances de la vie ; les arts s'introduisent dans leurs demeures, et le luxe y est admis avec une sage mesure.

Cette marche ascensionnelle de la classe moyenne ébranlait la hiérarchie sociale. Quelques bourgeois, enrichis par l'industrie et le commerce, se glissaient à la vérité dans les rangs de l'aristocratie, et en prolongaient l'existence et l'éclat; mais le plus grand nombre, restant forcément dans la roture, cherchaient du moins à renverser les barrières injurieuses qui les séparaient de l'ordre privilégié. On ne s'étonnera pas si dans cette lutte les femmes combattaient au premier rang. Louvet réprimande aigrement les bourgeoises qui, au mépris des édits somptuaires, osèrent se parer du chaperon de velours, jusqu'alors réservé aux dames nobles (1). Le clergé s'émut aussi de cette audacieuse usurpation : le curé Benoît l'attaqua vivement du haut de la chaire et dans ses livres (2). Mais la révolution féminine surmonta tous les obstacles; elle acheva son triomphe un peu plus tard par l'adoption de la robe de soie. Ces détails, frivoles en apparence, me semblent utiles à signaler, non seulement comme un fait intéressant de notre histoire économique, mais aussi comme un symptôme caractéristique des tendances de la bourgeoisie.

Sans être tenté de s'associer aux acrimonieuses critiques du sergent-royal, on est cependant forcé de re-

_____

(1) T. I, fᵒ 78 rᵒ. « Tellement que ceste année, 1569, a esté grandemement fertile en damoyselles. » Il y revient en 1573 et livre les noms de huit « pseudo-damoyselles » à l'indignation de la postérité, fᵒ 87 vᵒ. Enfin, en 1575, il dénonce avec un redoublement d'acrimonie « les femmes des juges, advocats et aultres officiers de la ville d'Angers qui furent bien dissolues tant en leurs habits que coiffures qu'elles portoient, qu'on appeloit faulces perrucques, faictes sur du fil de fer, enveloppé de cheveulx qui n'estoient à elles et lesquelles damoyselles l'on appeloit les Ratte-penades. » fᵒ 97 vᵒ.

(2) *Id.*, t. I, fᵒ 97 vᵒ.

connaître que les *pseudo-damoyselles* choisissaient mal leur temps pour entrer en campagne contre les dames nobles. Les conquêtes de la vanité bourgeoise formaient un contraste choquant avec la misère croissante du pays. Les *torcheurs de rottes*, répandus autour de la ville, exerçaient d'affreux brigandages. Les magistrats ne pouvaient rien contre ce fléau; et le concours actif des milices ne parvenait pas à rétablir la sécurité des routes. Pierre Ayrault faisait en vain de terribles exemples; les capitaines de bandits, dont les têtes tombaient sur la place du Pilori, étaient bientôt remplacés (1).

Le nouveau roi, après s'être enfui de Varsovie comme un déserteur, s'attardait sur la route, oubliant dans les fêtes les ennuis de sa première couronne et les devoirs que l'autre lui imposait. En l'attendant, Catherine exerçait la régence au milieu des horreurs de la guerre civile (2). L'arrivée d'Henri III ne changea rien à la situation. Le vainqueur de Jarnac et de Montcontour, se complaisant dans les souvenirs de sa jeunesse, resta chef de parti, au lieu d'élever la royauté au-dessus des factions. Avant de se faire sacrer, il alla guerroyer contre les pro-

---

(1) Louvet, t. I, f° 95 r°. Curieux détails sur le supplice de Treslan.

(2) Les protestants menacèrent Angers. Puygaillard fit enregistrer, le 14 juin, l'ordonnance suivante : « A esté délibéré et ordonné ce qui suit : il est enjoinct et très expressément commandé à tous gentilshommes de ce païs et duché d'Anjou, suyvant et exécutant les lettres et mandemens du Roy, se trouver en diligence et promptement près nostre personne la part où nous serons, montez, équipez et armez, pour repoulser les trouppes des ennemys qui s'approchent de jour à aultre à la rivière de Loire, et les empescher de s'emparer, comme il est à craindre qu'ils veuillent faire, quelque passaige en ladite rivière. » Registres, an 1574, f° 34 r°.

testants du Dauphiné, et perdit, dans de honteux échecs, la brillante auréole dont ses premières armes l'avaient entouré. Un incident hâta le dénouement de la guerre. Le 18 août 1575, la nouvelle arrivait à Angers que le duc d'Alençon s'était échappé de la cour, et allait se joindre aux protestants (1).

Il s'était formé depuis peu une faction qu'on désignait sous le nom des *malcontents* ou des *politiques*. On ne doit pas confondre ces derniers venus dans les troubles religieux avec le parti modéré dont Michel L'Hôpital avait été la haute personnification. Ils n'étaient poussés à intervenir entre les catholiques et les huguenots, ni par un sentiment de tolérance, ni par le désir de rétablir la paix dans l'Etat. La plupart, hommes sans principes, élevés à l'école de Médicis, dévorés d'une ambition maladive, ne poursuivaient dans le désordre social que la fortune et le pouvoir. Ils se groupaient autour des Montmorency, qui, dédaignant de combattre au second rang, sous les Bourbons ou sous les Guise, aspiraient au rôle d'auxiliaires indépendants, et voulaient se servir tour-à-tour des uns et des autres pour se créer dans les provinces une existence souveraine. Mais dans le conflit des passions populaires, le nom de Montmorency, quelque grand qu'il fût, ne suffisait pas pour rallier sous un drapeau de couleur incertaine les éléments ordinaires d'un parti ; ils jetèrent les yeux sur le duc d'Alençon, à qui sa qualité de fils de France et d'héritier présomptif assurait un prestige plus puissant, et ils en firent le chef nominal des malcontents.

(1) Louvet, t. I, fo 98 ro.

Ce jeune prince, le dernier des fils de Henri II, convenait, plus par ses vices que par ses talents, au personnage qui lui était dévolu. Henri IV qui l'avait vu de près, l'appelait *cœur double, esprit malin et tourné comme son corps mal bâti*(1); Marguerite, qui aima pourtant beaucoup son frère, *disait que si l'infidélité était bannie de la terre, il la pourrait repeupler.* Je répète à dessein, en introduisant le duc d'Alençon dans cette étude historique, les graves accusations qui chargent sa mémoire. Il n'a pas été calomnié, et je ne songe point à entreprendre sa réhabilitation. Cependant il me semble qu'on a été bien sévère à son égard. On aurait pu tenir compte, en traçant le portrait du fils de Catherine, de quelques faits qui atténuent ou compensent les justes reproches qu'on lui adresse. Ce prince, élevé dans la cour la plus dissolue qui fut jamais, accoutumé à voir sa mère et son entourage se jouer de tous les principes, aurait eu besoin d'une nature singulièrement élevée et énergique, pour échapper à la contagion qui le pressait de toutes parts. On peut le plaindre d'avoir respiré dès le berceau cette atmosphère impure; et la réprobation qui l'a frappé doit retomber sur ceux qui corrompirent son esprit et son cœur par leurs leçons et leurs exemples. Pour moi, je lui sais gré « d'avoir été François de nom et d'effet et ennemi de l'Espagnol (2). » Je ne puis oublier que ses mains restèrent pures du sang de la Saint-Barthélemy, et qu'il désapprouva hautement ces massacres. Nous aurons occasion de reconnaître que,

(1) Le Béarnais est suspect dans ses jugements sur un rival.

(2) L'Estoile, *Journal de Henri III;* collection Petitot, t. ɪ, p. 275.

comme duc d'Anjou, il sut gagner l'affection de ses sujets par sa bonté et sa justice.

L'attitude prise par Henri III au début de son règne, fit incliner naturellement le duc d'Alençon et les siens vers les huguenots. Les calvinistes hésitèrent un instant avant d'accepter une alliance qui, aux yeux des puritains de la secte, ressemblait à un compromis sacrilége. Philippe de Mornay surtout refusait de déconsidérer la *cause* en la faisant descendre au rang des factions politiques (1). Mais les nécessités de la lutte l'emportèrent sur d'honorables scrupules. Mornay céda comme tous les autres, et entra même dans la maison du duc avec le titre de chambellan (2).

Cependant la reine-mère, inquiète des projets de son fils fugitif, s'était mise à sa poursuite. Le maréchal de Cossé l'accompagnait. Elle rejoignit le duc sur la Loire et ouvrit des préliminaires de paix. Le 11 octobre, elle écrivit de Blois aux échevins d'Angers : « Il a esté advisé entre nous et M. le duc d'Allenczon mon filz, que ceste ville de Bloys seroit baillée pour la retraite de luy et de son armée, affin de pouvoir devant quinze jours ou ung moys convenir et traister d'une bonne paciffication entre les subjects de nostre seigneur et filz... et pour ce faire, il est besoin de faire amas de vivres de tous les lieux circonvoisins. » En conséquence, elle ordonnait « d'assem-

---

(1) *Histoire de la vie de messire Philippe de Mornay*, par son secrétaire David de Licques, p. 25 : il disait que « par ce meslinge la piété et les bonnes mœurs seroyent contaminées... que la cause de ceux de la religion du tout divine perdroit beaucoup de son poids si on la mesloit avec l'intérest des hommes

(2) *Ibid.*, p. 35.

bler blés, chair, foin, avoines, etc. » et de les transporter à Blois (1). Les négociations n'aboutirent pas aussi promptement que l'avait annoncé Catherine.

Au commencement de l'année suivante (janvier 1576), le roi de Navarre échappa à son tour, par une fuite hardie, à la surveillance d'Henri III et de sa mère. Il rencontra le duc d'Alençon à Beaufort en Anjou. Les deux princes n'avaient l'un pour l'autre ni estime ni affection ; mais ils s'unirent par intérêt, et combinèrent un plan de campagne contre la cour. Dès-lors les malcontents pouvaient dicter des lois.

Le redoutable voisinage des chefs des deux factions alliées répandit l'alarme à Angers. On double les gardes, on ferme le palais, toutes les compagnies vont, enseignes déployées, travailler aux fortifications (2). La ville avait alors pour gouverneur J. du Bellay, le même qui s'était entremis en faveur de la commune auprès de Charles IX (3). Puygaillard, qui conservait la dignité supérieure de gouverneur de l'Anjou, résidait aux Ponts-de-Cé (4). Au-dehors, se reproduisent les scènes que nous avons déjà rencontrées si souvent dans nos documents ; la campagne est en proie aux coureurs malcontents et huguenots ; les habitants des Ponts-de-Cé, les religieux de la Baumette, de Saint-Nicolas et de Saint-Serge, se réfugient dans la ville.

- (1) Registres, an 1575, f° 259 v°.

(2) Louvet, t. I, f° 99 v°.

(3) Sa nomination remontait au mois d'avril 1574. Louvet, t. I, f° 174.

(4) La rivalité des deux officiers mit en péril le service du roi ; l'évêque Guillaume Brezé fut obligé de s'interposer entre le capitaine gascon et le gentilhomme angevin. Louvet, t. I, f° 100 r°.

On vit avec plaisir que du Bellay n'abusa pas des dangers que la situation faisait naître, pour introduire à Angers des compagnies régulières. Tout bourgeois se sentit flatté de la confiance que le gentilhomme témoignait à la milice. Pour rendre les compagnies plus propres au service qu'il en attendait, du Bellay en modifia l'organisation. Jusqu'alors chaque paroisse, quelle que fût sa population, en avait formé une : il en résultait des disparates choquantes dans le nombre des soldats et la composition même des corps. Le gouverneur établit seize compagnies fortes chacune de cent hommes et soumises à un régime uniforme. Les milices, grâce à ce remaniement, étaient plus faciles à discipliner et se prêtaient mieux aux évolutions militaires. Le service devint sérieux ; les bourgeois s'aguerrirent, en allant, dans les campagnes voisines ou sur les bords de la Loire, échanger des coups de feu avec les soldats de Lavardin ou du roi de Navarre (1).

Une lettre du roi, lue à l'hôtel-de-ville le 28 mai, mit fin aux exploits de la milice ; la paix de *Monsieur* venait de terminer la cinquième. guerre de religion (2). L'édit de pacification, comme tous les précédents, « apporta beaucoup de fascherie aux bons catholiques, de tant que

(1) Louvet, t. 1, f° 101 r°.

(2) « Chers et amez féaulx, la compassion que nous avons eue des misères et calamités que nos bons subjects ont souffert, au moien des troubles qui de si longtemps les ont affligez, nous a tellement touché au cœur, avecq le danger de plus grand mal que nous prévoyons se préparer, que pour y obvier et les restablir en tranquillité et repos, postposant toutes considérations de nostre particullier, nous avons conclud le réglement que vous entendrez par mon édict de paciffication. » Registres, an 1576, f° 27 r°.

le Roy avoit donné toutte liberté aulx huguenots de faire l'exercice de leur faulce doctrine ; tellement qu'à raison de ce, les catholiques murmuroient grandement contre le Roy de France Henry IIIme, et aussy Roy de Pologne, et disoient que Dieu en feroient pugnition. » Louvet ajoute un peu plus loin : « Les catholiques n'en tenurent compte (1). » C'est déjà l'esprit de la Ligue. On sait que cette formidable machine de guerre, dont les Guise allaient se servir bientôt pour ébranler le trône des Valois, se forma à la suite de la paix de Monsieur. Toutefois les provinces se déclarèrent lentement. Louvet ne prononce même pas le nom de la Ligue, et ne fournit aucun fait qui permette d'avancer que l'Anjou s'y soit engagé dès cette époque, sinon peut-être pour une partie de sa noblesse et de son clergé. D'ailleurs un article du traité accordé aux chefs de la coalition politico-protestante devait détourner pour un temps la province de cette voie : le duc d'Alençon s'était réservé le duché d'Anjou dans les dépouilles de la royauté vaincue.

Le 18 juin 1576, le comte de Richelieu, commissaire du roi, mit le nouveau duc en possession de son apanage (2). De Tilly et Saint-Ceval, envoyés par Monsieur,

____

(1) Louvet, t. i, f° 103.

(2) Registres, an 1576, f° 40 v°. *Lettres du Roy adressantes au maire, aux échevins, aux officiers de justice, aux manants et habitants du pays.* « Très chers et bien amez, avons accordé et octroié à nostre très cher et très amé frère, duc d'Alençon, en augmentation de son apanaige, le duché d'Anjou, Touraine et Berry, à ce qu'il puisse plus commodément et honnorablement entretenir son estat, selon le sang dont il est. Nous avons commis et députté le sieur de Richelieu, chevalier de nostre ordre, présent porteur, pour luy aller faire la déli-

présentèrent dans la même séance les lettres qui investissaient Bussy d'Amboise du gouvernement de l'Anjou (1). Tilly remplaça du Bellay (2), comme gouverneur de la ville; Saint-Ceval fut nommé commandant du château.

Louvet, qui raconte en quelques mots la cérémonie de l'investiture, ne nous dit pas si la province fut satisfaite de recouvrer en partie son existence indépendante. Tout en conservant avec amour le souvenir de leurs princes nationaux et surtout celui du ·bon René, les Angevins avaient accepté sans répugnance leur réunion à

vrance, et bailler la possession tant de nostre ville d'Angiers que de toutes aultres villes, chasteaulx, forteresses, places, maisons et lieux dudict duché d'Anjou, pour en jouir avec toutes les circonstances et deppendances, en la forme et manière portée par mes lettres... Paris, 25 mai 1576. Signé Henry. »

(1) Registres, an 1576, f° 41 r°. « Messieurs, ayant pleu au Roy Monseigneur, en composant et pacifiant les troubles et guerres de ce royaulme, me délaisser le païs et duché d'Anjou, j'en ai donné la charge et gouvernement au sieur de Bussy, et faict mon lieutenant en son absence le sieur de Tilly, lequel j'envoie par delà pour en prendre possession, aiant bien voullu vous·en faire la présente, pour vous pryer de l'ayder et assister en ce que verrez qu'il aura besoing de vous pour mon service, vous pouvant asseurer que, en toutes choses, vous serez si bien et favorablement traictés, que vous congnoistrez assez en quelle recommandation j'ai vostre bien et soullaigement, lequel je pourveoiray toujours d'aussi bonne volonté que je say que vous m'en donnerez occasion pour l'obéissance libéralle que je me suys promise de vous, conformément à l'intention du Roy Monseigneur. Joigny, 15 mai 1576. Signé Françoys. »

(2) Les Angevins regrettèrent beaucoup ce gouverneur, qui n'avait jamais « levé, exigé ni prins aulcun argent sur lesdicts habitants ny aultres et avoit esté en la ville durant son gouvernement à ses propres couts et despans, mesme pour le louaige de la maison où il estoit logé, et n'estoit nullement avaritieux. » Louvet, t. I, f° 104 r°.

la couronne. Le duc d'Alençon leur était peu connu, et sa récente alliance avec le parti protestant, n'était pas faite pour lui concilier les sympathies de la population. D'un autre côté, en devenant les sujets immédiats d'un prince apanagiste, ils ne cessaient pas entièrement leurs relations avec la royauté : le roi conservait la haute main sur les impôts, le service militaire, la justice. Il n'y avait donc pas de motif pour se réjouir prématurément du nouvel état de choses : au lieu d'un maître, l'Anjou en avait désormais deux à satisfaire.

Dans ce grand événement, ce qui préoccupa le plus la bourgeoisie, ce fut le maintien de la charte municipale. Le jour de l'investiture, un échevin, Lasnier sieur de Leffretière, exposa dans l'assemblée de ville, devant le commissaire du roi, les inquiétudes et les vœux de la population (1). En outre, une députation présidée par le maire s'était déjà rendue auprès du nouveau duc, et, en lui présentant les félicitations de la cité, avait mis sous ses yeux les priviléges concédés par Louis XI et confirmés par ses successeurs. Le duc s'était hâté d'envoyer aux échevins une lettre très rassurante (2). Le 3 juillet, le maire lui-même, de retour de son ambassade, donna lecture de lettres plus explicites encore. « Je ne désire seullement, écrivait le duc, conserver vos privilléges, mais les accroistre et augmenter en tant que je pourray et que m'en donnerez occasion... n'entendant pas aussi que vous soyez chargés de garnison plus grande que celle qu'il plaist au Roy entretenir pour la garde de mon

(1) Registres, an 1576, fo 42 vo.
(2) *Ibid.*, fo 42 ro.

chasteau (1). » Le gouverneur, de Bussy, témoignait les mêmes dispositions (2). Cependant les habitants restèrent encore en défiance. Les agents du souverain semblaient des démentis vivants à son langage.« On estoit, dit Louvet, grandement fasché d'avoir pour gouverneur le sieur de Tilly, qui est borgne, et le sieur de Saint-Ceval, pour gouverneur du chasteau, lequel estoit estropié d'un bras; dont lesdicts habitants eurent un mauvais augure (3). »

Les protestants avaient lieu, ce semble, de compter sur la bienveillance de Monsieur, leur allié de la veille, qui devait à leur concours l'agrandissement de son apanage. Avant de s'adresser directement à lui, ils se présentèrent à Tilly, qu'ils supposaient pourvu d'instructions à leur égard; ils lui demandèrent « un lieu et place pour y tenir leurs assemblées. » Le gouverneur intérimaire répondit qu'il transmettrait leur requête au prince, mais qu'en attendant « ils ne fussent si hardiz ny osez de faire le presche ni aulcune cédition (4). » La dureté de ce langage était un indice inquiétant des intentions du prince. Bientôt, en effet, on s'aperçut dans la religion, qu'il n'y avait plus à compter sur lui (5). Le chef des malcontents, satisfait dans son ambition, avait déjà oublié ses amis

(1) Registres, an 1576, fᵒ 46 rᵒ.

(2) *Ibid.*, fᵒ 46 vᵒ.

(3) Louvet, t. I, fᵒ 105 rᵒ. Saint-Ceval avait déjà commandé au château, mais comme lieutenant du comte de Brissac. « Il estoit de bas lieu et n'estoit de la quallité à garder une telle place, de si grande importance, et eussent bien désiré d'avoir un seigneur du païs d'Anjou. »

(4) *Id.*, fᵒ 106 rᵒ.

(5) David de Licques, p. 37. Duplessis-Mornay le quitta « luy ayant dit franchement, qu'il luy voyoit prendre un chemin auquel il ne le pouvoit suivre. »

d'un jour, et se montrait peu disposé à renouveler à leur profit de dangereuses querelles avec le roi son frère.

L'agitation des protestants détermina sans doute Bussy d'Amboise à venir prendre possession de son gouvernement. Il fit son entrée solennelle le 10 novembre. Les honneurs d'usage lui furent prodigués ; on s'empressait autour du tout-puissant favori (1).

Je ne sais si Bussy avait été précédé à Angers par sa réputation. Il avait alors vingt-six ou vingt-sept ans. « Haut à la main, fier et audacieux, aussi vaillant que son épée, » sa beauté, le grand air de sa personne, son esprit et son courage, en faisaient le plus brillant représentant des races aristocratiques. On le croyait « capable, malgré sa jeunesse, de commander une armée aussi bien que capitaine qui fût en France.» Il avait de lui-même une opinion plus haute encore, et il disait souvent que « quoique simple gentilhomme, il portoit dans l'estomac un cœur d'empereur (2). » Il ne se contentait pas d'être le premier parmi les plus braves : il aimait les lettres et lisait les poètes et les historiens ; son orgueil sans mesure le portait surtout au commerce de Plutarque, dont les héros lui semblaient de sa taille. Peut-être que, s'il n'eût point péri avant trente ans, ou si sa destinée l'eût fait naître en des temps meilleurs, il se fût élevé au rang des grands hommes. Mais Bussy, jeté, dès son enfance, au milieu de la cour des Valois, ne fut, malgré ses hautaines visées, rien de plus qu'un mignon, moins efféminé et moins infâme que ceux du roi, qu'il poursuivait de ses sarcasmes et qu'il

(1) Registres, an 1576, fo 114 ro. — Louvet, t. i, fo 106 vo.
(2) L'Estoile, *Journal de Henri III*, p. 191.

attaquait de son épée, mais comme eux débauché, querelleur, avide, privé du sens moral, gaspillant son génie, son courage et son honneur, dans de misérables aventures. Sa supériorité fascina longtemps le duc d'Anjou, sur l'esprit duquel il exerça un empire absolu jusqu'au jour où le prince, fatigué de son insolente domination, se prit à le haïr autant qu'il l'avait aimé, et le perdit par une lâche indiscrétion (1).

Les honnêtes bourgeois d'Angers, peu familiarisés avec le monde étrange qui formait la cour des Valois, ignoraient peut-être les vices de leur nouveau gouverneur. Bussy ne tarda pas à se faire connaître. Dès le 14 novembre, il demanda à l'hôtel de ville une sorte de don de joyeux avénement ; c'était s'annoncer en concussionnaire. Le procès-verbal ne dit pas si la proposition fut discutée ; il nous apprend seulement qu'il fut conclu

---

(1) L'Estoile, *Journal de Henri III*, p. 191. — Bussy est le héros de Brantôme ; il en parle avec admiration, *Des Couronnels*, p. 681 · « duquel estendre ses louanges plus avant qu'elles sont, il me seroit impossible. » Il cite les épitaphes qu'on fit pour sa tombe :

> Passant tourne le monde et va chercher Bussy,
> Son cœur plus grand qu'un monde a mis son corps icy.
> . . . .
> Il fut craint du soleil, bien aimé de la lune,
> Délaissé seulement de l'ingrate fortune,
> Son âme brave encor le plus brave du ciel.

D'Aubigné, *Hist. univ.*, t. ii, p. 423, dit de lui : « Bussi, homme sans âme, aiant un grand esprit, tant aux choses qu'aux langues, un courage sans mesure, mais qu'il emploioit plus à mordre les chiens de la meute que sur les loups ; tellement qu'un bon capitaine l'eust désiré chez ses ennemis. »

qu'on ferait présent à M. de Bussy de la somme de dix mille pistolets, et à M. de Tilly, son lieutenant, d'une somme de deux cents pistolets (1). Cet argent était destiné à entretenir le train princier du favori et à solder « grand nombre d'estaffiers, coupe-jarrets qu'il avoit à sa suitte, qui faisoient de grandes volleryes et insollences aulx habitants de la ville; lesquelles trouppes, tant de cheval que de pié, qu'il tenoit tant en ville qu'aulx champs, c'estoit à raison qu'il estoit hahy et avoit de grandes querelles, et avoit autant de train comme M. le duc d'Anjou (2). » Les bourgeois réclamèrent, invoquant à la fois les priviléges de la commune et les promesses du duc d'Anjou. Le gouverneur se montra fort irrité de leurs plaintes. Il n'y eut aucun égard, et réussit même à se faire donner par le roi l'ordre de tenir ses compagnies en garnison dans les villes du pays et aux frais des habitants (3). Il vint présenter lui-même sa commission à l'hôtel-de-ville (14 décembre), puis il sortit d'Angers, et alla s'établir aux Ponts-de-Cé. Son langage avait paru si menaçant que le conseil

(1) Registres, an 1576, f° 117 r°.

(2) Louvet, t. I, f° 106 v°.

(3) Registres, an 1576, f° 129 r°. « M. de Bussy,... à cause que la maulvaise volonté d'aulcun ne pourroit à l'avanture estre si bien retenue et empeschée qu'il est nécessaire, sans craincte et chastiment, je vous pry assembler vostre compaignie de gens d'armes, et la tenir pour quelque temps en garnison en tels lieux de vostre gouvernement que adviserez, pour vous en ayder et servir à réprimer la témérité de ceulx qui légèrement se vouldroient eslever et désobéir à mes commandements, et affin qu'elle se puisse entretenir, attendant que j'aye pourveu du payement d'icelle, vous luy ferez fournir le moïen par estappes, le plus au soulaigement du peuple que faire ce pourra .... Bloys, 7 décembre 1576. Signé Henry. »

jugea nécessaire de lui envoyer une députation pour l'apaiser (1).

Bussy ne démentit point dans la suite ces fâcheux débuts. Il se conduisit toujours comme un véritable proconsul, traitant l'Anjou en pays conquis, extorquant des tributs par la terreur, et foulant aux pieds les libertés municipales.

Comme Puygaillard, il trouva des prétextes à ses violences dans les nécessités de la guerre civile. La paix de Monsieur avait soulevé des cris de réprobation dans les masses catholiques ; aussi ne dura-t-elle pas longtemps. Les états généraux de Blois, ouverts le 6 décembre 1576, s'inspirant des passions de la Ligue naissante, demandèrent le rappel de tous les édits favorables aux hérétiques. Au premier bruit des dispositions de l'assemblée, les calvinistes prirent les armes dans les provinces du midi, et commencèrent leur sixième guerre. Le roi, qui avait signé l'*union* pour déjouer les plans des Guise, et déféré aux vœux intolérants des états pour recouvrer sa popularité, garda cependant des ménagements à l'égard des sectaires. Il interdisait le culte public, mais entendait respecter la liberté des croyances, et, par une combinaison ingénieuse mais peu praticable, il voulait former une sorte d'association mixte, dans laquelle les protestants

(1) Registres, an 1576, f° 131 r°. — Louvet, t. I, f° 107 r°, parle aussi de cette députation. Bussy avait reproché aux bourgeois « d'avoir envoyé au Roy faire plaincte qu'il pilloit les habitants et qu'il faisoit de grandes despences. » Les députés « lui remonstrèrent qu'il n'y avoit aulcun habitant de la ville, de quallité, qui eust voullu porter telle parole au Roy et qu'il n'estoit pas de plus grande extraction que les monarques, empereurs, roys et princes qui ne pouvoient empescher que l'on ne mal parlast d'eulx. »

paisibles vivraient sous le patronage des catholiques. Il
envoya des instructions dans ce sens à Bussy, le 26 décembre 1576, le 1er janvier et le 6 février 1577 (1).

Bussy essaya-t-il du systême recommandé par Henri III?
Il est certain que les calvinistes de l'Anjou restèrent en
repos pendant la sixième guerre civile, et qu'ils conser-
vèrent même des relations amicales avec le gouverneur,
tandis que le duc, qui avait juré l'union catholique, allait guerroyer contre ses anciens amis sur les bords de la
haute Loire. Toutefois Bussy, sous prétexte de protéger
la province ou d'envoyer des renforts à son maître, assembla de nouvelles troupes. « Il bailla des commissions
à plusieurs jeunes volleurs pour amasser des troupes,
sous ombre d'aller à la guerre pour le service du Roy, et
amassa une infinité de capitaines qui occupèrent tout le
païs, et pillèrent tant aulx champs et villaiges, et contrai-
gnirent le peuple quitter et abandonner tout, tellement
que c'estoit une pitié et désollation bien grande de voir
la mallice des hommes (2). » Tilly s'entoura aussi de

(1) Registres, an 1577, fos 134 ro, 137 ro, 147 ro. Le roi ordonne,
dans sa dernière lettre, « faire appeler les nobles et aultres personnes
les plus signallées de ceste ville et païs d'Anjou, tant catholiques que
de la nouvelle religion, pour les faire prendre en sauvegarde les ungs
aux aultres, leur faire entendre le voulloir et intention de Sa Majesté,
qui est que tous les subjects vivent en paix, et qu'il n'y ait qu'une religion en son royaulme, sçavoir la catholique apostolique et romayne,
et que tous ceulx de la nouvelle oppinion et leurs associez qui vouldront se contenir ne seront recherchez en leurs consciences, et seront
maintenuz avecque leurs familles et biens, et contre ceulx, qui se vouldront eslever et entreprindre contre le service du Roy, sera procédé
suivant le contenu des mémoires. »

(2) Louvet, t. i, fo 107 vo.

troupes ; le conseil de ville lui accorda 200 livres « par chascun moys, pour la solde de tel nombre de soldats qu'il plaira audict sieur prendre et tenir près de luy (1).»

Au commencement de mars, Bussy vint à Angers, dont il ne paraissait pas aimer le séjour. Il se logea au château, au lieu de descendre, suivant l'usage des gouverneurs, dans une maison de la Cité. L'effroi se répandit aussitôt dans la population ; on crut qu'il allait « faire piller la ville par une infinité de volleurs qu'il avoit amenés. » Les notables se hâtèrent, non sans quelque naïveté, de faire part à Bussy de la rumeur publique. L'arrogant favori reçut les bourgeois avec sa hauteur ordinaire. Il riait sans doute de leurs alarmes ; mais il feignit d'en être blessé, et répondit « qu'il s'estonnoit fort de la défiance qu'on avoit de luy. » Deux ou trois jours après cette entrevue, Bussy partit pour Beaufort ; il se porta ensuite vers les marches de Bretagne, traînant partout à sa suite ses « coupe-jarrets, » recrutés en partie, sans doute, parmi les *torcheurs de rottes* (2). Angers n'en fut pas quitte encore. Le jour de Pâques fleuries, le corps de ville reçut un message. Bussy avertissait le maire et les échevins que la nécessité de vivre allait le contraindre de loger ses compagnies dans la ville et dans les faubourgs, « si mieux n'aimoient leur dresser étappes, lesquelles nouvelles estonnèrent d'abondant lesdicts habitants (3). » Aussitôt l'assemblée des états est convoquée. Elle décide que cinq notables se rendront au camp du gouverneur et le supplieront « de descharger

(1) Registres, an 1577, f° 147 v°.
(2) Louvet, t. i, f° 108 r°.
(3) *Id. ibid.*

le païs, ceste ville et faubourgs des garnisons qu'il pourroit encore délibérer y mettre et establir (1). » Le lendemain, les députés sont de retour, et, rendant compte de leur mission, rapportent que « ledict seigneur vouloit et entendoit qu'il fust fourni et baillé dedans demain matin l'advancement d'un quart de moys de l'entretènement et solde de douze compaignées. » Ces *douze compaignées* étaient un argument sans réplique : toute discussion eût été dérisoire ; l'assemblée s'exécute de bonne grâce. « A esté conclud, sans le tirer en conséquence pour l'advenir, que, pour faire cognoistre audict seigneur la volonté et affection singulière que tous les habitants de ceste ville ont d'obéir et satisfaire à ses commandements, ladite advance sera faicte tant par les gens d'église que habitants laicz et que la part des laicz sera prise sous forme de prest (2). » Voilà dans quelle anarchie étaient tombées les provinces : Angers était rançonné par le mandataire régulier du souverain, comme il l'eût été au XIVe siècle par un capitaine de routiers. Louvet évalue à vingt-cinq mille livres la composition payée à Bussy. Il s'éloigna après avoir reçu l'argent ; mais les compagnies ne quittèrent point la province ; Bussy les promenait d'une ville à l'autre, les laissant vivre à discrétion et commettre impunément les plus odieux brigandages (3).

(1) Registres, an 1577, f⁰ 166.

(2) *Ibid.*, f⁰ 171 r⁰. Suit une liste de quarante-sept notables qui ont chacun souscrit pour cent livres ; un capitaine en a offert cinq cents.

(3) « Ceux qui suivoient le sieur de Bussy s'appeloient Malcontents et portoient de petits chapeaux sans cordon, et faisoient feincte d'estre avec les huguenots ; ils prenoient des catholicques, lesquels ils bandoient et cachoient la veue, et faisoient feincte les mener à La Ro-

Les lieutenants de Bussy s'évertuaient à imiter l'insolence du maître. Saint-Ceval surtout, qui commandait au château, affichait un brutal dédain pour les bourgeois. Sa garnison se conduisait à Angers avec la licence de soldats indisciplinés dans une ville conquise. Quant à lui, invisible et muet derrière ses murailles, il répondait par de grossières menaces aux réclamations qui lui étaient faites, ou par un silence insultant aux hommages que les compagnies croyaient devoir rendre à sa charge (1).

Cependant Henri III avait été informé de la conduite des officiers de son frère. Il intervint, mais sans autorité : Bussy et les siens, couverts par le duc d'Anjou, bravaient insolemment les ordres venus de la cour. Le 1er mai, le maire reçoit l'avis que, pour mettre un terme aux maux dont souffrait l'Anjou, le roi avait envoyé commandement au gouverneur d'aller rejoindre le duc avec toutes ses compagnies (2). L'ordre était précis : les échevins et les habitants se livrent à l'espoir d'une délivrance prochaine ; mais le 3 mai, ils sont désagréablement surpris par la visite de Bussy. Au lieu de partir, le mignon du duc d'Anjou venait s'établir au château d'Angers. Si l'on en

chelle, et les faisoient cheminer autour d'eulx. Ils les prenoient feignant les mener bien loin, et leur faisoient escripre des lettres à leurs parents et amys, à ce qu'ilz eussent à aporter la ranczon à quoy ils estoient taxés, leur faisant escripre qu'ils estoient entre les mains des huguenots. » Louvet, t. I, fo 108 vo.

(1) Louvet, t. I, fo 110 ro. La milice avait planté un *mai* devant la porte du château. Saint-Ceval ne se présenta point et n'envoya même « aulcun de sa part sur les murs ny à la porte du chasteau pour remercyer les capitaines, ce dont les habitants se scandalisèrent. »

(2) Registres, an 1577, fo 190 ro.

juge par les récits de Louvet, l'insolent capitaine avait pris, dans l'imagination populaire, la proportion de ces monstres fantastiques, dont le nom seul éveille la terreur. A la vue de sa cornette, les habitants couraient aux armes, doublaient les gardes, préparaient tout pour la défense. On ne doutait pas que, dans un accès de colère ou au milieu d'une orgie, il ne livrât la ville en pillage à ses soldats (1).

Pour accroître la terreur des habitants, Bussy promena à grand bruit autour des murailles ses compagnies indisciplinées, faisant chaque jour « la monstre » dans la plaine d'Ecouflant et jusqu'aux portes de la ville. Toute la campagne était à la merci d'une soldatesque effrénée, qui savait ne point déplaire à son chef en multipliant ses excès. De plus en plus inquiet, le conseil de ville se résigna à payer encore, et décida « qu'il seroit prins et levé par prest la somme de 17,000 livres tournois, tant sur les ecclésiastiques que laicz, pour estre ladicte somme promptement fournie à M. de Bussy, à ce que les compaignées dudict sieur gouverneur n'entrent en ville et qu'elles se retirent des forbourgs (2). » C'était le résultat habituel de tout déploiement de forces militaires autour d'Angers : le soldat brutal et le bourgeois timide étaient, entre les mains de l'avide favori, les deux personnages d'une comédie dont il variait en riant les scènes tragi-comiques, et dont le dénouement inévitable était toujours une exaction.

(1) Louvet, t. i, f° 110 r°. La terreur était si grande que plusieurs bourgeois « riches et moiennés » s'enfuirent à Nantes, et entre autres le président du Présidial Lesrat et l'archidiacre Eveillard.

(2) Registres, an 1577, 9 mai, f° 198 r°.

Les troupes s'étaient retirées, le danger d'un pillage semblait écarté. Mais Bussy ne partait point, et son séjour prolongé était pour les catholiques l'objet de vives inquiétudes. A quelle entreprise réservait-il cette armée d'aventuriers qui se grossissait chaque jour, et qu'il s'attachait par l'attrait de la licence? Pourquoi, au lieu d'aller rejoindre son maître qui faisait une guerre d'extermination aux réformés, accueillait-il avec distinction, au château d'Angers, les gentilshommes huguenots de l'Anjou, et les bourgeois les plus remuants du même parti? Des rumeurs étranges se propageaient : Bussy, disait-on, avait de secrets engagements avec les religionnaires; ils avaient promis de lui fournir six cents hommes, et des capitaines choisis parmi eux avaient reçu des commissions pour lever des troupes; il fortifiait le château et n'attendait qu'une occasion pour s'emparer de la ville (1). N'étaient-ce là que des bruits mensongers, semés par la peur ou la haine? Doit-on croire plutôt que l'aventureux capitaine, à l'imitation des grands seigneurs qui essayèrent de reconstruire la féodalité, songeât à se servir du parti calviniste, pour se faire en Anjou une position indépendante? Cette conjecture ne paraîtra point téméraire, si l'on veut considérer que, dans un temps où l'anarchie semblait ouvrir des horizons sans bornes à l'audace d'un chef d'armée, on pouvait s'attendre à tout d'un homme dont l'orgueil et l'ambition étaient immenses, et qui se plaignait souvent de n'être qu'un « simple gentilhomme, » bien qu'il eût un « cœur d'empereur. »

(1) Louvet, t. I, f° 111 r°. Le maire craignait certainement une attaque; il envoyait chaque jour une garde extraordinaire de cent hommes à chaque porte.

Les bourgeois, poussés à bout, déjouèrent les projets équivoques du lieutenant de Monsieur; ils se mirent en guerre ouverte avec lui, et une députation, présidée par le maire, à laquelle se joignit le trésorier de l'évêque, alla dénoncer à la cour ses violences et ses secrètes machinations. Le roi envoya sur-le-champ à Angers son chancelier, le sieur de Villeroy et l'évêque de Mende, pour faire une enquête (1). Bussy ne dissimula point son dépit; il feignit d'être malade, autant pour justifier ses longs retards, que pour se dispenser de toute démarche polie. Mais les commissaires entrèrent au château, et remarquèrent avec surprise que le gouverneur faisait construire des moulins à farine, armait toutes les murailles de canons, et amassait des munitions comme s'il se fût disposé à soutenir un siége.

Déconcerté par cette visite inattendue, le favori de Monsieur n'osa pas résister en face aux représentants du roi : ses préparatifs n'étaient point terminés. Il se décida à quitter Angers et se dirigea vers le camp d'Issoire où l'attendait son maître. Avec lui s'éloignèrent les « coupe-jarrets » et les « volleurs » qui avaient tant fait de mal au pays. Les traînards de ces compagnies d'aventuriers disparurent bientôt, grâce aux ordonnances de Tilly (2)

---

(1) Registres, an 1577, 15 mai, f° 206 r°. Louvet, t. I, f° 111 r°.

(2) Registres, an 1577, f° 220 r° : « Il est enjoinct à tous soldats et aultres estrangiers, de quelque quallité qu'ils soient, vuider et sortir de ceste ville incontinent et sans délai, sur peine de pugnition corporelle; deffenses faictes aux manans et habitants estant en garde de laisser entrer hommes quels qu'ils soient, sans qu'ils ayent passe-port de Mgr de Bussy ou de nous, et aux hostes de les recevoir sans faire déclaration aux capitaines de leur quartier, sous peine de la vie; deffenses

et aux actives poursuites des magistrats de l'hôtel-de-ville et du présidial. L'Anjou goûta enfin quelques jours de repos (1).

Au mois de septembre, le roi termina par l'édit de Bergerac une guerre qu'il n'avait entreprise qu'à contre-cœur. On craignit un instant que la paix ne ramenât Bussy à Angers. Mais on apprit bientôt que le favori avait suivi son maître à Paris. Le duc d'Anjou avait besoin de tous ses conseillers : il commençait à s'occuper sérieusement des affaires des Pays-Bas. Il passa plusieurs mois à la cour, s'efforçant d'arracher au roi la promesse d'un concours actif. Henri se refusa, autant par politique que par haine pour son frère, à compliquer les embarras intérieurs de son règne par une guerre étrangère. Les deux

sur pareille peine à tous marchands de vendre armes ou aultres munitions de guerre à aultre que aux habitants congnuz et domiciliez ; deffenses de laisser passer aux portes armes, pouldres, balles, et, à ceste fin, seront visitez tous ceulx qui passeront. »

(1) Au mois d'août suivant, le roi ayant ordonné de lever des troupes dans la province « pour protéger la paix » les procureurs des paroisses et les échevins refusent ces dangereux protecteurs. « Le Roy sera supplié de ne lever aulcuns gens de pied ou de cheval ; que l'occasion de ladite levée pour le regard des volleurs cesse, lesquels volleurs ont laissé ledict païs, et ceulx qui ont peu estre apréhendez ont esté exécutez par justice, tant en ceste ville d'Angiers que aultres villes voisines, et ce, par le bon moien et ordre qui y a esté mis tant par Messieurs de la noblesse et justice que cappitaines et gens de ville, qui ont faict sorties et saillies pour icculx volleurs chasser, prendre et apréhender ; lesquels volleurs estoient seullement ramassis sans adveu, qui n'avoient aulcun pied soustenu, ne chef, de faczon que, à présent, le païs est en seurcté et tranquillité ; et peuvent les manans et habitants, en toute liberté, recueillir le peu de fruitz que Dieu leur a donnez. » Registres, an 1577, f° 250 r°.

frères furent bientôt au plus mal. Le duc devint même l'objet d'une surveillance injurieuse qui équivalait à une captivité. Un jour, il se laissa couler le long d'une corde dans les fossés de Saint-Germain ; un cheval l'attendait, il s'échappa au galop. Tous ses mignons, Bussy le premier, accompagnèrent son évasion. Le 19 février 1578, ils entraient dans le château d'Angers. De là, le prince adressa au parlement un long factum, rempli de récriminations contre les désordres du gouvernement et contre les concessions que le roi faisait aux hérétiques. La cour s'alarma : on voyait déjà le frère du roi, par une évolution familière aux *politiques,* s'allier aux Guise, se mettre à la tête de la Ligue, et arracher, par un second traité de Monsieur, de nouveaux lambeaux de la royauté. L'infatigable Catherine accourut à Angers, négocia, fit des promesses, calma les ressentiments et obtint une demi-réconciliation (1).

C'était la première fois que le duc d'Anjou visitait son apanage. La première impression ne lui fut point favorable. Entré en fugitif, il ne se montrait dans la ville qu'entouré de ses favoris Bussy, Cymier, Champvallon, La Chastre, du Hallot, cortége bruyant et licencieux dont le langage et les manières choquaient étrangement les habitudes honnêtes et réservées de la bourgeoisie angevine (2). Le prince était plus que jamais infatué de Bussy. Il imposa silence aux inimitiés soulevées par le gouver-

______

(1) L'Estoile, *Journal de Henri III*, p. 165, a écrit, au sujet du voyage de la reine, une page qui semble dérobée à Louvet.

(2) Ils insultèrent grossièrement l'évêque d'Angers, Guillaume Ruzé, dans un dîner que le prélat avait offert au prince. Louvet, t. i, f⁰ 116 r⁰.

154

neur de l'Anjou, en déclarant « qu'il voulloit qu'on luy portast grand honneur, aultrement l'on n'eust pas esté le bienvenu (1). » Toutefois, il est certain, d'après le journal même de Louvet, que la population distingua le duc de son entourage. On pouvait lui reprocher la complicité de la faiblesse et du silence, mais aucun acte personnel. D'ailleurs on lui aurait tout pardonné peut-être, en faveur des fêtes publiques dont son séjour devint l'occasion. Deux mois après son arrivée, il eut la fantaisie de célébrer une *entrée* solennelle.

C'est un des traits caractéristiques de cette époque : les fêtes succèdent aux deuils publics, on joue des pastorales entre deux guerres civiles, et l'on passe sans transition des réalités sanglantes à des fictions mythologiques. Les Valois avaient le goût de la représentation ; ils aimaient à entourer le pouvoir de pompes théâtrales. Le duc d'Anjou n'aurait pu rencontrer de sujets mieux accommodés à ses inclinations que les Angevins, population légère, amoureuse de spectacles, oubliant facilement, pour courir au plaisir, ses plus graves préoccupations. Tous les curieux de la province affluèrent à Angers, au premier bruit de l'*entrée* : « lesquels s'en allèrent tous fort contents, avec un grant applaudissement et joie d'avoir vu un si beau triomphe (2). »

Le duc sortit d'Angers huit jours après. Il était décidé, malgré le mauvais vouloir de son frère, à s'engager dans

(1) Louvet, t. 1, fᵒ 116 rᵒ.
(2) Louvet, t. 1, fᵒˢ 117 à 122. Il ne se sent pas de joie, il emploie tour à tour dans sa description la prose et les vers. Les fêtes coûtèrent 12,000 écus à la ville, sans compter une naumachie donnée sur la Maine et dont les capitaines firent les frais.

celle entreprise des Pays-Bas, qui avait été le rêve de Coligny, et que les hommes d'état considéraient comme un dérivatif aux discordes civiles. Il renoua avec les huguenots, qui ne lui tinrent point rancune, et en fit entrer un grand nombre dans l'armée de volontaires, qu'il levait sur les terres de son apanage. La noblesse, dit Roger, « accourait auprès du duc pour l'accompagner en ce voyage, comme si c'eût été pour aller à la conquête de la Toison-d'Or. » Et il ajoute aussitôt : « Tout cet armement s'en alla en fumée, et notre noblesse et soldatesque d'Anjou et du Maine, qui y alla en grand nombre, n'en rapporta que de la confusion pour ses mauvais déportements et pour la mauvaise discipline et le désordre de toute l'armée de Monsieur(1). » Je ne dirai rien de plus, et ne sortirai point de mon cadre pour suivre le duc d'Anjou dans ce curieux épisode de l'histoire du XVIe siècle.

Les aventures du souverain ne paraissent pas avoir intéressé bien vivement les bourgeois d'Angers ; nous verrons cependant qu'elles eurent une influence considérable sur le régime de la commune. On se préoccupait bien davantage de la conduite du roi. Dévoré par les vices de ses mignons, Henri III renouvelait, à chaque instant et sous toutes les formes, des demandes de subsides. Rien n'irrite plus que ces taxes arbitraires qui, troublant par leur irrégularité toutes les prévisions domestiques, portent l'alarme dans les familles et atteignent chaque citoyen dans son bien-être. Aussi voit-on croître, dans le langage de jour en jour plus vif des députés des paroisses, l'impopularité méritée du fils de Catherine. L'hôtel-de-ville

(1) *Hist. d'Anjou,* p. 440.

s'enhardit de plus en plus à repousser ses exactions (1). Toutefois le mécontentement des bourgeois, contenu par l'habitude du respect et le sentiment inné de la règle, reste à demi enveloppé sous les formes officielles des remontrances. Mais Louvet ne garde pas de pareils ménagements. Il répète hardiment dans son journal ce que le peuple disait sans doute tout haut autour de lui. « Le Roy, écrit-il, ayant jouy quelques années de repos, il se remet aux nopces, danses et aultres esbattements, en conséquence desquelz il faict de grandes dépenses ; il charge son peuple de grands dasces qui le rend grandement odieux (2). » On ne s'en prenait pas seulement au roi, mais aussi à son entourage, « et estoit le bruict commun entre le peuple que le chancelier et grande partye du conseil estoient maltoustiers, sans aulcune craincte ny congnoissance de Dieu ny de ses jugements, et qu'ils n'adorent que l'or et l'argent ; qu'ils ont tant de biens qu'ils n'en savent le nombre, et que tant plus ils en ont et plus en désirent avoir (3). »

Ces récriminations, malheureusement trop fondées, étaient alors universelles dans le royaume ; des plaintes et des cris menaçants s'élevaient de tout côté (4). Le roi craignit un soulèvement des provinces, et, suivant l'usage, envoya des commissaires, pour recueillir les doléances et calmer l'agitation des esprits. Le maréchal de Cossé, qui avait déjà rempli une mission de ce genre en 1572, arriva

(1) Registres, an 1578, fᵒˢ 17 à 22, 47, 70 à 75.

(2) Louvet, t. ɪ, fᵒ 115 rᵒ.

(3) *Id.*, fᵒ 123 vᵒ.

(4) Henri Martin, *Hist. de France*, t. x, p. 582.

en Anjou le 28 novembre 1578. Il était accompagné de deux conseillers du roi. Le conseil leur fit une réception honorable et leur offrit les présents d'usage(1). Mais tandis que l'échevinage se montrait fidèle aux traditions de l'hospitalité municipale, le peuple refusait toute confiance aux représentants d'un pouvoir prévaricateur et méprisé. « L'on envoyoit, dit Louvet, des commissaires que pour endormir le peuple soubz le prétexte et voille d'une réformation ; ce n'est que pour gaigner le temps, pour puis après vendre et débitter la substance du peuple aux méchants qui les achètent, et que durant ledict temps la collère du peuple se modéra et passa (2). » Aussi lorsque les commissaires voulurent faire une enquête sur les levées de deniers opérées sans commission du roi, le peuple refusa de croire à leur sincérité. On disait que « ce n'estoit que pour bailler coulleur et servir de prétexte, ce que le peuple recongnaissant ne s'en esmurent et ne fisrent que peu de plainctes, comme sachant bien qu'on ne leur en feroit aulcune raison ny aulcune pugnition et que les grands larrons ne pugnissent les petits (3). » Au langage de l'annaliste angevin on peut juger dans quel discrédit, après quatre ans de règne, était tombé le héros populaire de Jarnac et de Moncontour! Flétri par l'opinion, n'inspirant aux partis que de la défiance ou de la haine, objet de dégoût pour les honnêtes gens, il succombait sous le mépris public.

Quelque irritante que fût la question des taxes arbitraires, elle ne parvenait pas à détourner complètement

(1) Registres, an 1578, fo 68 vo.
(2) Journal, t. i, fo 123 vo.
(3) *Ibid.*

les esprits de la question religieuse. Les premiers mois
de l'année 1579 furent troublés par une querelle déjà
vieille, que les protestants reprenaient opiniâtrement à
chaque nouvel édit. Ils avaient profité des conférences
de Nérac (1), où Catherine réglait avec le roi de Navarre l'exécution de quelques points de l'édit de Bergerac, pour obtenir de faire le prêche public dans le
village de Cantenay. La décision de la reine-mère souleva
de véritables clameurs dans la population catholique. Les
échevins refusèrent de laisser allumer, aux portes mêmes
d'Angers, un foyer de troubles et de guerre civile. L'assemblée des paroisses alla plus loin encore, et demanda
que l'exercice public du culte calvaniste fût interdit dans
toute la province, attendu que les sectaires étaient peu
nombreux, et que les châteaux des nobles, ouverts à tout
venant, les jours de prêche, suffisaient à leurs besoins (2).
Les protestants soutinrent énergiquement leurs droits (3).
Cette guerre de requêtes, de conclusions et d'ordonnances,
se continua avec une grande vivacité jusqu'au mois de
juillet (4). Les bourgeois se rapprochèrent à cette occasion du gouverneur. Bussy affecta d'oublier ses anciens
démêlés avec eux, et s'employa activement en leur faveur auprès de Henri III. Cette puissante intervention
assura le triomphe des catholiques ; Baugé resta définitivement le seul lieu affecté au culte réformé (5).

(1) Lettre du roi à M. de Bussy. Reg., an 1579, 29 janvier, f° 98 r°.

(2) *Ibid.*, f° 112 r°. La requête des protestants n'avait été signée
que de « cinq ou six petits huguenots, gens mécaniques et de néant. »

(3) *Ibid.*, f° 113 v°.

(4) *Ibid.*, f°s 114 à 116, 132 à 137.

(5) *Ibid.*, f° 148 r°.

Cette lutte rendit un éclat momentané à l'église an-gevine; sa décadence n'en était pas moins certaine. Décimée par la guerre, par les massacres, par les abjurations, odieuse aux masses, peu sympathique à la bourgeoisie, elle ne faisait plus de prosélytes, et se mourait d'épuisement, tout en s'agitant beaucoup pour faire croire encore à sa vie.

Les derniers actes de Bussy avaient racheté en partie son avidité et son arrogance. Le 23 août, l'échevinage apprit, non sans quelque émotion, la sanglante catastrophe qui termina si tragiquement la carrière à demi-romanesque de cet homme remarquable. Il fut décidé aussitôt que la commune s'associerait aux honneurs funèbres rendus aux dépouilles du gouverneur; et quelques jours après, le père de Bussy étant venu à Angers, les magistrats allèrent le saluer et lui offrir des présents (1). Mais Louvet est justement implacable, et poursuit, au-delà de la tombe, l'oppresseur de son pays : « la mort duquel fust grandement agréable au peuple, de tant qu'il n'avoit gouverné comme doibt faire un saige gouverneur mais comme un tyran, lequel avoit faict ruisner toutte la province d'Anjou (2). »

C'est à Londres, où il négociait son mariage avec Élisabeth, que Monsieur reçut la nouvelle de la mort de son favori. Il en fut peu touché. Il s'était lassé de Bussy, et, suivant l'Estoile, il aurait même préparé par une trahison le drame de la Coustancière (3). De retour à Paris, et

(1) Registres, an 1579, 29 janvier, f°s 157 et 159.

(2) Louvet, t. I, f° 125 r°.

(3) L'Estoile. *Journal de Henri III*, p. 191.

avant de désigner un nouveau gouverneur, il dépêcha en Anjou le sieur de Puygaillard, pour s'enquérir de l'état des choses (1). Cet officier ne fit, du reste, que traverser la province; il n'appartenait pas au duc, qui n'aurait voulu, à aucun prix, mettre un homme du roi dans ses terres. Au mois d'octobre, on apprit que le successeur définitif de M. de Bussy était le sieur de Cymiers (2).

(1) Registres, an 1577. Lettre du duc d'Anjou, f° 169 v°.
(2) *Ibid.*, f° 177.

CHAPITRE VII.

Les cinq années, qui s'écoulèrent entre la mort de Bussy et celle de Monsieur, furent une sorte de temps d'arrêt dans les luttes des grands partis religieux et politiques. Ils semblaient avoir ajourné, d'un commun accord, les batailles décisives à l'époque où les événements poseraient, en quelque sorte, d'eux-mêmes la question de la succession au trône.

Cette trève prolongée, à peine interrompue par la courte

guerre des amoureux, fut pour Angers l'époque du plus complet développement de la constitution municipale. Comme terre apanagée, l'Anjou avait deux souverains, et en réalité n'était gouverné par aucun d'eux. Le roi n'intervenait que pour l'impôt et pour les faits de haute administration. Le duc, absorbé par ses projets de conquête ou par les négociations de son mariage, ne s'occupait que de loin en loin de ses possessions de France. Dans ses rares visites à Angers et dans sa correspondance, il s'appliquait, en prévision de ses besoins, à se concilier les cœurs : il honorait l'échevinage, ménageait ses susceptibilités, s'ouvrait à lui de ses desseins, prenait ses conseils et semblait considérer les bourgeois, non comme des sujets, mais comme des alliés. La commune, placée ainsi entre deux souverains, dont l'un avait les mains liées et dont l'autre cachait volontairement le sceptre, s'éleva promptement au plus haut degré de l'indépendance.

Le duc vint lui-même, le 15 janvier 1580, installer le nouveau gouverneur. Il fut reçu par Jean Ayrault, qui occupait alors la première magistrature municipale. C'était un des hommes les plus distingués qu'ait produits l'échevinage d'Angers. Étroitement uni à son frère, l'illustre lieutenant-criminel (1), il partageait les principes élevés, les habitudes laborieuses, les goûts littéraires de ce dernier. Ses talents d'administrateur, son dévouement actif aux intérêts de la cité, sa science des affaires, son courage civil, en firent le véritable chef de la haute bourgeoisie. Réélu quatre années de suite (1578-1581), il garda le premier rôle, et exerça une influence toute puissante

____

(1) Ménage, *Vita Petri Œrodii,* p. 35.

jusqu'au jour où la chute de la constitution livra la commune aux ligueurs.

Jean Ayrault profita de la présence du souverain pour délivrer la ville de Tilly·et de Saint-Ceval. L'esprit de Bussy s'était perpétué dans ses deux lieutenants. Leurs soldats, mis au-dessus des lois par une odieuse connivence, commettaient impunément les plus révoltants excès. Les plaintes de la population étaient jusqu'alors restées impuissantes. Le 5 février, les procureurs des paroisses s'étant réunis pour discuter deux nouveaux impôts établis par le roi (1), le maire, l'ordre du jour épuisé, improvise une enquête sur les oppresseurs de la commune. Les députés du clergé, étonnés de cette proposition inattendue, s'abstiennent prudemment, déclarant qu'ils n'ont reçu aucun .mandat à cet égard. Les représentants des paroisses, moins circonspects, déposent tour à tour contre les gouverneurs de la ville et du château : ils ont, nonobstant appel, emprisonné des bourgeois au château ; ils ont insulté le président, les officiers de justice, l'évêque ; on a fait au château de la fausse monnaie ; les soldats ont tué six habitants de la ville ; ils ont volé dans les maisons ; ils ont fait violence à d'honnêtes femmes, etc. Le greffier ayant inséré au procès-verbal les griefs de toutes les paroisses, le maire déclare qu'il portera lui-même au duc les résultats de l'enquête, et que, pour assurer plus d'autorité à ses plaintes, il se fera accompagner du président, des échevins, de messieurs de la justice et d'un certain nombre de notables (2). Trois jours après, 8 février, l'imposante députation était reçue par le prince. Le président

(1) Registres, an 1580, f° 206 r°.
(2) *Ibid.*, f°ˢ 206 à 210.

Lesrat prit la parole et exposa la longue série des « volleryes et insollences des sieurs Saint-Ceval et de Tilly. »
Monsieur accueillit les notables avec sa grâce ordinaire ;
il promit de faire justice. Saint-Ceval fut en effet privé de
son commandement et remplacé par du Hallot. Le duc,
qui n'épargnait rien pour se rendre populaire, mit le
comble à la satisfaction des habitants en leur permettant
de visiter la redoutable bastille, dans laquelle s'était si
longtemps cachée la tyrannie du gouverneur. Toute la
population s'y porta et « pénétroit, dit Louvet, sans qu'il
n'y eust aulcuns gardes à la porte, qui donna une grande
joye aux habitants (1). » Quant à de Tilly, il avait apparemment plus de crédit ; il fut maintenu à son poste.
Mais il restait en sous-ordre, dans l'étroite dépendance de
Cymiers, et avec des instructions qui le forcèrent de mo-
difier sa conduite (2). Il ne s'éleva désormais aucune
plainte contre lui.

Monsieur séjourna à Angers jusqu'au 20 avril suivant ;
il avait réparé en partie les maux faits par ses premiers
agents ; les nouveaux entretinrent une entente vraiment
cordiale avec le conseil de ville. Les bourgeois reconnais-
sants paraissent avoir sincèrement aimé le duc ; ils pro-
testaient dans toutes leurs lettres de leur dévouement et
de leur affection (3). Il est vrai pourtant qu'ils s'en tenaient volontiers à de chaleureuses assurances.

(1) Louvet, t. I, fo 127 ro.
(2) Registres, an 1580, fo 223 vo. « Sur les plainctes qui cy-devant
luy avoient esté faictes des garnisons, foulles et oppressions que ce
païs avoit souffert, Monseigneur a donné tel ordre qu'il n'y aura à l'advenir aulcune occasion de plaincte. »
(3) *Ibid.*, fo 226 ro. « Nous vous remercions très humblement de

Le mauvais succès de la première campagne du frère du roi, loin de le décourager, n'avait fait qu'irriter ses désirs. Au mois d'août, une ambassade vint lui offrir, au nom de *Messieurs des États des Pays-Bas,* la couronne de duc de Brabant (1). Ses agents se répandirent aussitôt en Anjou et dans les provinces voisines, pour y faire des enrôlements (2). On eut moins de peine à trouver des hommes que de l'argent. Les bourgeois d'Angers se montrèrent peu disposés à prouver la sincérité de leurs protestations. Le maire présenta à l'assemblée des états, le 19 septembre, une lettre du duc, adressée à Messieurs de la justice et du corps de ville et aux manants et habitants « pour estre secouru par prest de quelque notable somme de deniers pour luy subvenir ès-affaires urgentes de Flandres (3). » Jean Ayrault, qui était, à ce qu'il semble, fort attaché au duc d'Anjou, appuya la demande avec beaucoup de chaleur. Il fit valoir « les commoditez que

l'assurance que vous plaist avoir de nostre fidellité envers vous, laquelle nous vous garderons de tout nostre pouvoir, jusques au dernier soupir de nos vies. »

(1) Il eut la pensée de promener les ambassadeurs dans les terres de son apanage. « Vous pouvez asseurer, écrivait-il aux échevins, à la date du 12 août, que ne sçauriez jamais vous amploier en chose qui nous aportast plus de plaisir et contentement, qu'en leur faisant tout l'honneur qu'il vous sera possible, les respectant et faisant tel et si bon accueil que si nous-mesme nous y estions en personne, comme nous vous en prions... » Registres, an 1580, f⁰ 253 r⁰. Les ambassadeurs ne vinrent pas à Angers.

(2) Registres, an 1580, f⁰ 257 r⁰. Le duc écrit lui-même aux échevins qu'il a donné des ordres pour que les capitaines évitent, en se dirigeant vers le nord, les routes de l'Anjou.

(3) *Ibid.*, f⁰ 259 r⁰.

ce païs d'Anjou en tirera, et mesme l'exemption présente
de la levée et passaige des gens de guerre par le moien de
Monseigneur, qui faict toutte démonstrance d'aymer,
chérir et favoriser ce païs d'Anjou plus que nul autre province de son apanaige. » Il invita la compagnie « à entrer
volontiers en ce secours pour le bien propre et utilité qui
en pourra venir ; que faisant au contraire, il pourroit en-
courir l'indignation de Monsieur, qui seroit beaucoup
plus préjudiciable que le prest qu'il demande, dont il
offre bailler bonne asseurance de le rendre au terme
qu'il sera advisé, en quoy n'y a incommodité aulcune,
puisque mesme il y veult porter intérest (1). » Le maire
espérait sans doute, en présentant l'emprunt sous des
couleurs si favorables, le faire voter par acclamation.
Mais les députés des paroisses contenaient facilement leur
enthousiasme, lorsqu'il s'agissait de leurs deniers. Ils se
bornèrent à répondre « qu'ils n'avoient point charge de
rien décider là-dessus. » Jean Ayrault ne se découragea
pas, et, précisant plus nettement la question, proposa
un chiffre que les procureurs devaient soumettre aux
paroisses : « 5,000 escuz qui seront empruntés et pris à
intérêt des plus volontaires de ceste ville. » Puis, donnant l'exemple, afin d'entraîner les souscripteurs, il s'in-
scrivit pour une somme de 500 écus ; deux échevins s'engagèrent aussi pour une somme égale.

Malgré le zèle du premier magistrat, l'emprunt échoua
complétement dans les paroisses. On se défiait sans doute
de la sincérité du prince, et les financiers angevins craignaient d'aventurer leur argent, en le mettant dans les

____

(1) Registres, an 1580, fᵒ 259 rᵒ.

mains d'un débiteur si haut placé. Jean Ayrault multiplia en vain les convocations ; les assemblées des 23 et 26 septembre et des 3 et 10 octobre ne produisirent aucun résultat : elles n'étaient pas en nombre (1).

Mais le maire était homme de décision ; il voulait en venir à ses fins. Le 11 octobre, il prit, en conseil de ville, la conclusion suivante : « Après qu'il ne s'est trouvé aulcun moien apparent de pouvoir recouvrer à intérest les 5,000 escuz, qui ont esté accordez estre prestez à Monseigneur duc d'Anjou par les habitants de ceste ville, a esté advisé qu'il sera faict un rolle des plus aysés et plus volontaires habitants, qui seront particulièrement invitez à comparoir au logis de M. de Tilly, et leur seront faictes remonstrances pour les inviter à faire prest, chascun selon leurs volontés, pour ensemblement faire ladite somme de 5,000 escuz, et auxquels seront baillées les asseurances, comme est porté par les conclusions précédentes (2). »

Au moment où l'appel, fait par le duc d'Anjou à l'affection et à la confiance des bourgeois d'Angers, aboutissait ainsi à une sorte d'emprunt forcé, le roi intervint tout à coup d'une manière inattendue. Il permettait, par lettres patentes du 5 novembre, aux villes de l'apanage, de faire un don gratuit à son frère, et autorisait celui-ci à l'accepter (3).

Les paroisses, chose singulière, ne parurent point répugner à la discussion de cet impôt qui se présentait sans déguisement. Le maire était parvenu à recueillir pour le

____

(1) Registres, an 1580, fos 261, 262, 263 vo.
(2) *Ibid.*, fo 265 ro.
(3) *Ibid.*, fo 296 ro.

prêt une somme de 4,000 écus. L'assemblée générale du 26 décembre décida, sans aucune opposition, que ces 4,000 écus « passeroient en don gratuit » et seraient immédiatement *égaillés* pour que les prêteurs fussent remboursés (1). Mais le duc s'était ravisé. Un sieur de Mora, chargé de ses instructions, assistait à la séance. Il exposa que « Monsieur étant en grande nécessité d'argent, et son armée, campée sous Cambrai, se débandant faute de vivres et de solde » la somme qu'on venait de voter ne pouvait suffire aux besoins de la campagne. En conséquence, il était d'avis d'envoyer au prince les 4,000 écus prêtés, sans préjudice du don gratuit. L'assemblée céda, et une *conclusion* maintint simultanément le prêt et le don (2).

Le maire avait enlevé le vote ; mais il ne le fit pas exécuter sans peine. Non seulement les habitants mettaient une grande lenteur à s'acquitter, mais ils essayaient de revenir sur la décision, qui leur avait été surprise. Vers la fin de l'année 1581, le don gratuit n'était pas encore entièrement recueilli. Les paroisses tenaient isolément des conciliabules très agités. Le conseil des échevins se sentit un instant menacé dans son existence, comme un parlement dont les actes sont discutés par des clubs. Jean Ayrault, élu maire pour la quatrième fois, sauva, par son énergie, l'autorité de l'échevinage. Une ordonnance dispersa les assemblées partielles et imposa silence aux agitateurs (3). La conclusion relative au don gratuit eut son effet.

(1) Registres, an 1580, f° 292 r°.
(2) *Ibid.*, f° 294 v°.
(3) Registres, an 1581, f° 383 r°.

Ce fut la seule fois que la contrainte fut mise en usage dans l'intérêt du prince, et encore fut-elle exercée par le maire. La province n'eut pas d'autre exaction à reprocher au duc. Pendant les quatre années qu'il poursuivit, avec divers succès, son entreprise sur les Pays-Bas, il n'eut recours qu'en deux circonstances, et pour de pressantes nécessités, à la libéralité de ses sujets d'Angers. Il ne leva pas sur eux, pour aller conquérir un royaume à la France, autant d'argent que Bussy en avait extorqué, pour nourrir quelques compagnies inoccupées. Les bourgeois, inspirés par les considérations un peu étroites du patriotisme local, et, regardant l'affaire des Pays-Bas comme une folle aventure dont ils ne voulaient point payer les frais, repoussaient systématiquement les plus modestes réquisitions (1). Le duc n'en montrait aucun ressentiment, et ne semblait pas trouver mauvais que ses bourgeois fussent jaloux de leurs franchises jusqu'à le désobliger. Il restait en termes affectueux avec les échevins, et ne laissait échapper aucune occasion de mettre ses actes d'accord avec son langage. La commune en eut la preuve dans deux faits assez importants.

Malgré les compromis successifs, les haines des partis restaient si vives, qu'il suffisait d'une étincelle pour rallumer la guerre. Quelques propos inconvenants de Henri III sur sa sœur, Marguerite de Navarre, avaient provoqué la guerre dite des amoureux (15 avril au 26 novembre 1581). Le duc d'Anjou, dont les discordes civiles contrariaient

____

(1) On lui refuse, par exemple, quelques chevaux et des charrettes dont il avait besoin « pour mener son attirail en l'armée qu'il fait dresser. » Registres, an 1581, fᵒˢ 341, 344.

les projets personnels, s'était hâté d'intervenir, et la paix
de Fleix avait été son ouvrage (1). Bien que la religion
n'eût pas été sérieusement en cause dans cette lutte, les
protestants reçurent cependant de nouveaux avantages.
Ceux de l'Anjou s'autorisèrent de l'édit pour reproduire
la requête qui avait échoué l'année précédente (2). Le
duc, soit qu'il voulût ménager les gentilshommes calvinistes, dont il avait besoin, soit que, tout entier à ses
plans de campagne, il traitât légèrement cette affaire,
oublia les décisions précédentes, et autorisa l'ouverture
d'un temple à Cantenay (18 juillet 1581). Le roi agit avec
la même étourderie ou la même indifférence, et confirma cette concession par lettres patentes du 6 juillet (3). A cette nouvelle, les échevins, les procureurs des
paroisses, Messieurs de la justice, le clergé, s'assemblent en tumulte, protestent contre l'ordonnance surprise
par les religionnaires, et envoient des députés au roi et à
son frère. Le duc était alors en Flandre. Il reçut dans son
camp les représentants de la commune, accueillit leurs

(1) Ce succès le flattait beaucoup; il le rappelle avec complaisance
dans ses lettres. « La continuation des désordres nous menaceroit plus
que jamais, s'il n'eust pleu à Dieu par sa grâce et bonté nous regarder
en pitié, et me mettre le moïen ès-mains avec lequel, par sa saincte assistance, il m'a donné de réconcilier et réunir les cœurs des ungs et
des aultres; à quoy je me suys avec tant de soing et de diligence employé qu'enfin la paix s'en est ensuivie qui, par sept batailles sanglantes, tant d'édicts et aultres expédients, n'avoit sceu prendre pente dedans nos cœurs. » Lettre aux échevins, datée d'Anvers, 19 février 1582,
dans les registres, an 1582, f° 435.

(2) Registres, an 1581, f° 253 r°. Cette fois, la requête était signée
par des gentilshommes.

(3) *Ibid.*, f° 356 r°.

remontrances, et n'hésita pas à revenir sur sa décision.
Il ordonna à Tilly de faire une enquête, et, sur son rapport, pria le roi de retirer ses lettres patentes (1), ce qui
eut lieu le 15 janvier 1582.

Le 4 décembre 1581, Tilly mourut à la suite d'une
chute de cheval. Jean Ayrault et les échevins profitèrent
de cette circonstance pour se délivrer du surveillant in-
commode que le prince laissait auprès d'eux sous le titre
de gouverneur de la ville. En transmettant la nouvelle
de l'accident, ils eurent soin de rappeler au duc que la
charte réservait aux magistrats municipaux la garde de
la cité. D'ailleurs, la paix ayant été rétablie par ses soins,
il n'y avait plus aucun péril à craindre ni à conjurer.
« Nous vous prions, ajoutaient-ils, de ne nous donner
aultre maître que vous, Monseigneur, à qui sur nos vies
nous garderons toutte obéissance et fidellité. Nous ne
vous demandons rien que ce qu'il vous a plu cy-davant
nous promettre ; joinct que vous avez par decza avec nous
M. du Hallot auquel, quand il vous plaira ordonner quelques commandements pour nous faire sçavoir de vostre
part, nous obéirons très volontiers, et les exécuterons
aussi diligemment que s'il y avoit en ce gouvernement
un lieutenant exprès pour cest effect. Encore que ce nous
soit honneur d'avoir parmy nous quelque seigneur notable
de vostre part, en qualité de lieutenant, vous nous per-
mettrez, s'il vous plaist, de dire qu'il est bien difficille que
soit sans charge sur ce païs, qui sera toujours plus grande
de deux que d'un seul (2). » Le duc répondit de Londres,
et, avant même d'étudier la question assez délicate qui lui

(1) Registres, an 1581, fos 351, 358, 360.
(2) Registres, an 1581, 8 décembre, fo 391 ro.

était soumise, il se hâta d'acquiescer avec sa déférence
habituelle aux désirs des bourgeois. « Messieurs, aiant
entendu le decez du sieur de Tilly, auquel j'ay beaucoup
de regret, pour l'avoir toujours congneu fort fidelle et affectionné à mon service, je vous ay bien voulu faire responce sur la prière et requeste que vous me faictes de ne
point pourveoir à la place de gouverneur, tant au préjudice de la promesse que vous dites que je vous ay faicte,
que pour en donner la charge au sieur du Hallot. Sur
quoy, je vous diray que, estant icy pour affaires qui me
sont de telle importance que chascun sçait, ma délibération est de ne toucher à aulcune résolution des aultres
qui touchent à mon particulier en France et principalle-
ment de mes affaires. Et partant, en attendant que j'ay
fini, je mande audict sieur du Hallot qu'il commande ce
qu'il cognoistra nécessaire et estre de mon service dedans
la ville comme il faict au chasteau, me fiant en vous de
la garde d'icelle, et s'il advenoit quelque remuement, ce
que je ne pense, vous recevriez son commandement
comme le mien, continuant la bonne amitié et intelligence que je voys estre entre vous et lui, dont j'ay receu
un extrême et grant contentement. C'est ce que je vous
ordonneray pour le présent, et croyez que tiendray en singulière recommandation vostre soullaigement et conservation de vos intérêts... Londres, 20 décembre 1581 (1). »
Le duc ne retira plus cette concession provisoire ; il la
confirma même définitivement par un brevet que du
Hallot présenta aux échevins le 23 août 1582 (2).

(1) Registres, an 1582, f° 403.

(2) A partir du mois de juin 1582, les registres n'ont plus de pagination ; je ne donnerai plus d'autre indication que la date.

Je ne voudrais pas qu'on se méprît sur ma pensée : si j'insiste sur ces faits, ce n'est pas que le fils de Catherine soit à mes yeux un nouveau René, et je ne prétends point trouver dans ses sentiments de bonté naturelle l'unique explication de sa conduite. Ses prévenances à l'égard des bourgeois étaient sans doute très intéressées. C'est même pour cela qu'il m'a paru utile de les constater : on ne pourrait fournir une meilleure preuve de l'importance acquise, au milieu des troubles, par la classe moyenne. Déjà nombreuse, ayant dans ses mains l'industrie et le commerce, les universités et les parlements, la bourgeoisie, également étrangère aux passions aveugles de la foule et à la turbulente ambition de la noblesse, aurait pu, dès le XVIᵉ siècle, être un large point d'appui pour un gouvernement intelligent et libéral. Le duc d'Anjou pressentait-il confusément le rôle destiné dans l'avenir au tiers-état? Il est du moins curieux de le voir, en toute occasion, rendre implicitement hommage à cette puissance nouvelle. Il se préoccupe de l'opinion des échevins d'Angers; il les presse de repousser les accusations semées contre lui par les ennemis de la France; il leur expose ses actes, ses vues, ses plans; il les prie de croire qu'il ne songe, dans ses entreprises, qu'aux intérêts et à la *splendeur* de la patrie; on dirait presque d'un prince constitutionnel, développant devant un parlement son programme politique (1).

(1) Le 15 février 1582, au retour de Londres, où, pendant trois mois, la fantasque Élisabeth, partagée entre l'amour et la politique, lui avait fait jouer un rôle ridicule, le duc, se sentant devenu la fable de l'Europe, écrit d'Anvers une longue lettre justificative aux échevins. Registres, an 1582, fᵒ 435 et suiv. Je regrette que l'étendue de cette pièce

Il est douteux que les échevins fussent bien familiers avec les questions générales dont les entretenait le prince. Ils ne portaient guère leurs regards si haut et si loin. Toutefois, par suite même des malheurs publics, le gouvernement d'une commune était devenue une école politique, où se pouvaient former des hommes d'état. Concilier par de sages tempéraments deux partis également passionnés et toujours en présence, trouver des ressources pour la guerre, lutter pendant la paix contre les exacteurs, répartir équitablement les charges croissantes de l'impôt,

curieuse ne me permette pas de l'insérer tout entière. J'en citerai un passage. Le prince, après avoir établi que le guerre des Pays-Bas est le seul moyen de mettre un terme aux guerres civiles, développe ses idées sur l'équilibre européen et sur l'alliance anglaise : « Aussi ne me suis-je exposé à tant de dangers avec infiniz travaulx, sans avoir esgard à la qualité de ma personne, que pour le désir et affection qui est en moy de vous asseurer la paix, bien et repos que je vous ay procuré : ce qui ne peut estre que par les moiens que je tiens maintenant, en m'opposant à la grandeur de celluy qui, par son insatiable ambition, s'impatronise illicitement en Roy de Portugal, car il n'eust jamays aucun droict, essayant, jusques à ce que ses usurpations luy soient assurées, de nous entretenir d'une feincte et dissimulée amitié, pour nous rendre par après plus facilement soubz la mesme servitude et tyrannie, où il prétend assubjettir les aultres. Prenons donc l'occasion pendant qu'elle se présente, et considérons le danger qui nous menace, si nous souffrons que la puissance d'un prince voisin, quand bien il seroit ami, croisse si desmesurément qu'il puisse donner la loy à qui bon luy semblera, estant très certain que la seureté des grands estatz ne gist qu'en ung contrepoids esgal de puissance, ne servant l'accroissement et grandeur de l'un que d'affaiblissement et ruisne à l'aultre. Mais j'espère que Dieu me fera la grâce de déjouer ses pernicieulx desseings; dont je me rendray tant plus certain par l'accomplissement de mon mariaige avec la Royne d'Angleterre, par moy si instamment poursuivy que j'en espère une bonne yssue. Ainsy joignant d'amitié par ung si ferme lien c'était là assurément une tâche difficile qu'on ne remplissait point sans acquérir une assez grande expérience des choses et des hommes. Quelques-uns de ces magistrats avaient des talents de premier ordre, et auraient pu briller sur un plus vaste théâtre ; mais ils s'ignoraient eux-mêmes, et ne recherchaient point des honneurs qui effrayaient peut-être la modestie de leurs habitudes, et qu'il eût fallu d'ailleurs payer d'une sorte d'exil. Ils se consacraient tout entiers à des devoirs obscurs, n'ambitionnant, pour prix d'un dévouement sans éclat, que la prospérité de la patrie municipale (1). Il faut voir, dans

ces deulx grands royaulmes, ils·seront non seullement suffisants pour eulx conserver et maintenir, mais de donner la loy aux plus grands Roys de la terre quand bon leur semblera. Prenez donc de bonne part l'advertissement que je vous donne, comme estant le seul remède et guérison de nos maux passez, et ne vous laissez transporter, durant mon absence, aux faulx bruicts et mauvaises parolles, qui seront semées et mises en avant par les ennemys de vostre repos et seureté, pour rendre par leurs artifices mes justes intentions et poursuittes suspectes à ung chacun, vous ressouvenant qu'il y a peu de mon particulier et beaucoup du vostre. Estant certain que de tous les moiens qui peuvent estre praticquez pour asseurer le repos de la France, celuy qui est en mes mains est resté, tous les aultres ayant esté inutilles et sans aulcun effect, comme vous avez veu. C'est le seul but que je prétends, afin d'estre si heureux de recevoir en nous ceste première forme et générosité, qui nous a renduz formidables et redoubtez, jusques à ce que nous mesmes ayons mis la main à nostre ruisne. »

(1) Les échevins, élus à vie, résignaient rarement leur charge ; ils devaient en quelque sorte mourir sur leur chaise curule. Noble homme François Leblanc demande qu'il lui soit permis de se retirer, en raison de son grand âge et de sa maladie : « A esté conclud, attendu les grands et longs services dudict Leblanc, continuellement par luy faicts en ladicte charge d'eschevin par l'espace de quarante-cinq ans, qu'il est dispensé du service qu'il doibt à ladicte ville, et luy est permis de se re-

les registres de la mairie, avec quelle infatigable activité et avec quel esprit de mesure et de prudence, ils s'occupaient des mille détails de l'administration. Ce qui frappe davantage encore, ce sont leurs tendances libérales. Les questions matérielles n'absorbent pas leur attention. Cette bourgeoisie, nourrie des lettres anciennes, pratiquant les poètes, les moralistes, les historiens de la Grèce et de Rome, n'oublie jamais les intérêts moraux. Au plus fort des guerres, dans les moments de détresse financière, elle trouve des ressources inattendues pour conserver l'éclat de son Université (1). Elle honore publiquement les écrivains dont les travaux illustrent la commune. La gloire littéraire a-t-elle reçu souvent une sanction plus élevée que dans la délibération suivante, où je ne sais quel parfum d'antiquité relève l'expression du patriotisme municipal ? « Sur ce que, en assemblée des maire et eschevins de la ville d'Angiers, tenue le 24 novembre 1581, l'on est entré en commémoration de ceulx qui auroient bien mérité de la ville, M. Maistre René Choppin, sieur de Chaston, advocat en la cour du parlement de Paris, y a esté mis des premiers, pour après aultres beaulx et doctes traictés, qu'il a exposés en public, avoir orné et illustré de ses commentaires les coustumes de ce païs d'Anjou.

tirer en ses maisons aux champs ; et néanlmoins, quand il viendra en ceste ville, il a esté et est prié se trouver ès assemblées qui se feront pour les affaires communes d'icelle. » Reg., an 1581, f⁰ 425.

(1) Chaque nation de l'Université avait des *conservateurs* pris dans l'échevinage ou dans le présidial. Pierre Ayrault était appelé par ses contemporains le *père de l'Université;* il y attirait des professeurs célèbres ; il voulut y faire venir son ami Cujas. Ménage, *Vita Petri Œrodii,* p. 21.

Pour quoy, la matière mise en délibération, a esté conclud que ledict sieur Choppin, pour avoir d'ung tel œuvre honoré sa patrie, lui vouant et dédiant partie de son érudition rare et exquise, sera, au nom du public, remercié du digne et beau commencement qu'il en a faict, prié et supplié de continuer, ne se lassant point en si vertueuse et généreuse entreprise, par laquelle il rend son nom et le nom de sa patrie immortel et perdurable à toujours. Lequel, les maire et eschevins d'Angiers tiennent pour l'ung de leurs confrères, citoien et eschevin, et, comme tel, l'ont déjà eslu et eslisent d'un commun advis, luy donnant entrée, séance et délibération en toutes leurs convocations et assemblées; et, où les descendants de luy esliront demeure et habitation en ladicte ville, la mémoire de leur progéniteur et prédécesseur les rendra et du jourd'hui les rend capables de tous les honneurs et prérogatives et prééminences qu'elle a à départir, et distribuer à ses bons et notables citoiens. Fait à l'hostel-de-ville. Signé Jean Ayrault, maire et cappitaine de la ville (1). »

Mais toute prépondérance provoque une opposition; l'échevinage n'avait pu s'élever si haut dans la cité, sans éveiller de vives jalousies. Les petits bourgeois surtout étaient très hostiles au conseil. Déjà livrés à la Ligue, ils combattaient la haute bourgeoisie comme le seul obstacle qui s'opposât au triomphe de leur parti. Ils trouvèrent d'ardents auxiliaires dans le présidial. On a déjà eu lieu de remarquer que le conseil de ville admettait dans son sein les agents des deux souverains dont il relevait : le gouverneur de la ville, qui venait y défendre les intérêts

(1) Registres, an 1581, fo 385 vo.

du prince apanagiste, et les officiers du présidial, qui étaient proprement les hommes du roi. Depuis la mort de Bussy, d'excellents rapports avaient régné entre l'échevinage et les gouverneurs. Du Hallot surtout s'était appliqué à vivre dans la meilleure intelligence avec l'hôtel-de-ville. Tout à la fois ami de Jean Ayrault et confident du prince, il savait, dans sa position de médiateur, ménager habilement les intérêts de son maître et les franchises de la bourgeoisie. Il prenait part à toutes les séances importantes ; mais on lui savait gré de donner son avis sans peser sur les délibérations, et sans entraver jamais le jeu régulier des institutions municipales.

Il n'en fut pas de même des représentants du roi. Ils aspiraient ouvertement à dominer dans les assemblées. La charte leur avait accordé le droit d'assister aux séances générales ou séances des états ; ils s'insinuèrent dans les assemblées particulières des échevins, et un long usage sanctionna leur usurpation. Ils y apportaient l'orgueil de leur robe, et se croyaient autorisés, par leur qualité d'officiers du roi, à diriger les délibérations, à opiner toujours les premiers, et à siéger au-dessus des échevins, qui n'étaient que des avocats ou de simples marchands. L'élément bourgeois, proprement dit, avait été peu à peu singulièrement déprimé par cette invasion du corps judiciaire. Mais lorsque les troubles, agrandissant le rôle des communes, eurent donné un caractère politique aux charges municipales, lorsque les fréquents appels, adressés au dévouement des milices ou à la libéralité des citoyens, eurent révélé aux bourgeois leur véritable importance dans l'État, ils cessèrent de subir modestement la prééminence injurieuse du présidial. Ils s'attachèrent

plus étroitement au texte de leurs priviléges, et cherchèrent à s'affranchir du joug qu'ils avaient porté par
timidité ou par ignorance. La lutte fut inaugurée avec
une grande énergie par le maire Guillaume Deschamps(1).
La victoire fut l'œuvre de Jean Ayrault, qui parvint à dégager complétement l'échevinage de l'influence du présidial, et qui sut placer le maire, gardien de la charte,
au-dessus même des représentants du roi. Non-seule-
ment il s'empara de la présidence dans les assemblées,
mais il fit établir ce principe, que les échevins, tous
égaux sans acception d'origine, voteraient suivant l'ordre
de leur réception (2).

Ce coup d'état au petit pied excita une vive émotion
dans le présidial. Les conseillers, déchus de la préséance,
conspirèrent la chute de Jean Ayrault. On agita le
peuple contre lui; des émissaires propagèrent de vagues accusations de malversations (3). On lui repro-

(1) Le président du présidial voulait, comme lieutenant du sénéchal d'Anjou et le plus haut représentant du roi, présider aux assemblées générales de l'hôtel-de-ville. Guillaume Deschamps lui dispute et
lui enlève, avec le concours des échevins, ce droit usurpé qui « portoit atteinte aux priviléges de la ville, lesquels il a promis et juré conserver et garder pendant la durée de sa charge. » Registres, an 1577,
fᵒˢ 228, 233, 274.

(2) *Ibid.*, an 1581, fᵒ 328. « A esté conclud que, en conseils et
assemblées dudict corps de ville, qui se feront à l'advenir, chascun
desdits eschevins prendront place, et se soieront, chascun selon leur
ordre de réception dudict eschevinage, nonobstant qu'ils soient pourveus d'estats de conseillers audict siége présidial, ou aultre office
royal, et que lesdicts conseillers et aultres officiers royaulx, qui cy-
après seront pourveus audict estat d'eschevin, l'accepteront à ceste
charge et aultrement n'y seront receus. »

(3) Louvet, t. i, fᵒ 128 vᵒ.

cha surtout de se perpétuer au pouvoir, et de ne s'entourer dans le conseil que de ses parents et de ses alliés. Son frère Pierre Ayrault et son beau-frère François Bitault étaient devenus échevins, grâce, disait-on, à une tyrannie déguisée, qui ne laissait plus rien subsister ni de l'esprit ni de la lettre de la charte municipale. L'orage se forma ainsi peu à peu contre Jean Ayrault. Il éclata en pleine assemblée le 1er mai 1582, jour ordinaire de l'élection du maire. Jean Ayrault avait commencé la séance en portant un nouveau coup au présidial. Les deux avocats du roi, Lefebvre et Lejeune, prétendaient, en vertu d'anciens usages, avoir chacun une voix au scrutin. Le maire fit repousser leur demande, et les échevins décidèrent qu'ils n'auraient qu'une seule voix collective. Alors Lejeune, organe de la faction judiciaire, lut une longue récrimination contre Jean Ayrault et sa famille. Ce document qui, sur sa demande, fut inséré au procès-verbal, mérite d'être connu. Il atteste combien la liberté municipale avait été favorable au développement de la classe moyenne. J'en citerai les passages principaux : « Lejeune a dict que de mémoire des assistants, en ceste honorable compaignée, plusieurs personnages notables de ceste ville, estans parvenuz à l'estat de maire en icelle, auroient esté quelquefois continuez par deux, trois et quatre ans, après l'année de leur élection finie : ce qui est contraire à la volunté du Roy portée par les lettres patentes de la création.... que d'ailleurs de droict commun, fondé en grande raison, la continuation des honneurs et charges publiques, mesme des deffenseurs des citez, ne se doibt faire sinon en deux cas, quant il y a faulte de personnes idoines pour estre esleuz, nommés et pourveuz aux honneurs et charges; l'aultre quant tous les citoiens de la cité consentiront ladicte continuation sans que aulcun le contredict.... Que si la continuation des estats en une mesme famille est odieuse et de périlleuse conséquence, à plus forte raison est-elle quand elle est faicte en une mesme personne.... Que par la grâce de Dieu, il n'y a pas faulte en ceste ville de cinq cents hommes et plus, hommes de doctrine, valleur et expérience, tant de robbe longue que de robbe courte, dignes de parvenir non seulement à l'estat de maire, mais à beaucoup plus grands estats, voyre y en a en si grand nombre que nous en voyons tous les jours partir de ceste ville, qui sont appelez aux plus grandes vaccations, et estats des courts de parlement et chambres des comptes de Paris, Bretaigne et aultres lieux.... (1). »

Les Registres ne disent point si Jean Ayrault répondit à cette violente attaque. C'était un homme prudent et avisé; les raisons de son adversaire étant au moins spécieuses, il jugea inutile et peut-être dangereux de les discuter. Il fit mieux encore : pour ne pas compromettre son œuvre, il s'effaça habilement, et renonça, sinon au pouvoir, du moins aux honneurs de la première magistrature. Les échevins bourgeois, dont il défendait si énergiquement la cause, lui étaient dévoués, et obéissaient à son mot d'ordre. Il reporta leurs suffrages sur son beau-frère François Bilault; et, par cette habile manœuvre, il priva ses ennemis de leur meilleur argument, tout en conservant son influence. Le présidial ne put s'y tromper. Le nouveau maire suivit la ligne tracée par son prédécesseur; il continua la lutte, et y apporta même des formes plus agressives. Cette préséance que les conseillers

_____

(1) Registres, an 1582, fᵒˢ 1 à 5.

avaient perdue à l'hôtel-de-ville, François Bitault la leur disputa partout, dans les églises, dans les processions, dans les fêtes de l'Université ; partout, comme maire, comme chef de la société communale, il prétendit à la première place, et usa au besoin de la force pour s'y établir. La victoire du parti bourgeois fut complète. Ce fut en vain que le présidial porta ses griefs au parlement, et qu'un de ses membres dénonça à l'opinion la tyrannie des Ayrault, qui fondaient une sorte de dynastie municipale, en rendant le pouvoir héréditaire dans leur famille. François Bitault triompha de l'opposition, et fut réélu maire le 1er mai 1583 (1). Mais les officiers du roi ne se tinrent pas pour vaincus, et préparèrent tout pour une bataille décisive.

La seconde mairie de François Bitault fut marquée par un fait important, qui fit trève aux querelles intérieures, et ramena à la pensée des échevins les préoccupations, autrement graves, qui agitaient alors tous les esprits, en dehors de la commune d'Angers. Le 8 septembre, on annonça au conseil l'ouverture d'un concile provincial, présidé par l'archevêque de Tours ; Pierre Ayrault fut chargé d'aller à la tête d'une députation complimenter les prélats réunis (2).

Ce concile avait tenu ses premières séances à Tours, métropole de la province ecclésiastique dont Angers faisait partie. La contagion, qui sévissait sur les bords de la Loire, avait forcé les Pères à se retirer dans la capitale de l'Anjou (3). Rangeard fait observer avec raison que l'es-

(1) Registres, an 1583, séance du 1er mai.
(2) Ibid., 8 septembre.
(3) Rangeard, p. 130. — J. Grandet.

prit de la Ligue n'animait point encore le clergé séculier. Le concile professa les plus pures doctrines monarchiques, et, après avoir formulé ses vœux pour la conservation du roi, il frappa d'excommunication « 1° ceux qui, par une coupable curiosité, prétendent s'instruire de la destinée des rois, et qui, de leur vivant, s'entretiennent de celui qui doit leur succéder; 2° ceux qui en parlent sans respect ou les calomnient; 3° les auteurs des complots formés contre leurs jours; 4° les rebelles à leurs lois et à leur autorité. » Les divers décrets de ce concile, le dernier qu'ait tenu la province de Tours, furent approuvés par le pape Grégoire XIII. L'évêque d'Angers, Guillaume Ruzé, dressa, d'après les principes de cette assemblée, un formulaire que les diocésains durent souscrire, sous peine de n'être point reçus aux sacrements (1).

La peste, qui envahit aussi Angers, avait hâté la clôture du concile. Pendant quelques mois, les registres sont remplis de mesures prescrites par la vigilance des magistrats municipaux. Le tiers de la population fut enlevé, s'il faut en croire Louvet, qui ne parle du fléau qu'en passant. Le palais fut fermé, les affaires cessèrent, la vie de la cité fut en quelque sorte suspendue. (Août, septembre, octobre 1583.)

Dans les derniers mois de la même année, les échevins reçurent de tristes nouvelles du duc d'Anjou. La *folie d'Anvers*, misérable échauffourée qui coûta la vie au brave Saint-Aignan, gouverneur de l'Anjou (2), l'avait perdu sans retour dans l'opinion des Flandres. Il avait été

(1) Rangeard, p. 130. — J. Grandet.
(2) L'Estoile, *Journal de Henri III*, p. 157.

obligé d'abandonner cette couronne, objet de poursuites si opiniâtres, et il était venu cacher sa honte et ses chagrins dans la petite ville de Château-Thierry (juin 1583). Bien que déjà près de succomber aux atteintes de la cruelle destinée qui frappa successivement, à la fleur de l'âge, les quatre fils de Henri II, le jeune prince se nourrissait d'illusions, et essayait de lutter contre sa mauvaise fortune, en formant de nouveaux projets de guerre. Le 30 novembre, il écrivit aux maires et aux échevins d'Angers, pour obtenir un prêt d'argent : « Messieurs, chascun a pu voir et congnoistre en quel debvoir je me suys mis, depuys quatre ans, d'apaiser et assoupir les divisions et guerres intestines, qui ont regné dedans le royaulme de France, par ung si long temps, que les vestiges et marques ruisneuses qu'elles ont aportées se voient et se sentent encore en plusieurs endroicts. » C'est pour cela qu'il a fait la guerre à l'étranger ; mais il ne peut la continuer sans argent ; il compte sur le dévouement des Angevins. Cette lettre, dictée à un secrétaire, était suivie de quelques mots, écrits de la propre main du prince : « Je vous prie croire que, sans un extresme besoing, je ne vous eusse requis de ce secours, duquel je me promets n'estre escondit, estant la condition telle que personne n'y peult rien perdre. Croiez que je le recongnoistrai en général et particullièrement, comme l'ung des plus signalés services qui me peust estre faict. Vostre bien bon amy Francoys (1). » La demande du prince fut mise à l'ordre du jour, le 17 janvier suivant. Du Hallot vint l'appuyer, et déclara que l'intention de son maître était que

(1) Registres, an 1583, 19 décembre.

l'emprunt « ne fust pas à foulle à ses pauvres subjects ; » il désirait être secouru par les « aysés (1). » Mais la discussion ne s'ouvrit même pas. Une autre communication du maire mit le trouble dans l'assemblée, et enleva aux échevins la liberté d'esprit dont ils auraient eu besoin pour s'occuper des affaires de leur seigneur.

Les gens du roi, constamment vaincus dans le conseil, avaient changé de tactique et porté le théâtre des hostilités hors de l'enceinte communale. Cachés derrière les agitateurs des paroisses, ils avaient repris une ancienne instance, pendante devant le parlement de Paris depuis le 17 février 1562 (2), et tendante à obtenir la réforme radicale de l'échevinage, sous prétexte que quelques familles de robe en avaient fait une sorte d'oligarchie (3). Le conseil comprit la gravité du danger : le procès, dirigé en apparence contre la famille Ayrault, mettait en cause la haute bourgeoisie tout entière. Une commission fut aussitôt chargée de soutenir l'opposition faite, au nom des échevins, à la requête *des mqnants et habitants*. Pierre

(1) Registres, an 1583, 17 janvier.

(2) *Ibid.*, an 1562, f⁰ 33 v⁰.

(3) Louvet, t. I, f⁰ 133 r⁰. — Registres, an 1583, 17 janvier. « Plus, le maire a faict entendre à la compaignée qu'il est deument adverty que vendredy dernier, treizième de ce mois, aulcuns particuliers ont conspiré contre l'estat ancien de ceste maison et corps de ville, sans permission ny assemblée légitime, et constitué procuration à maistres Marin Boylesve et Jehan Beguier, pour demander par devant le parlement qu'un vieil procès, commencé du temps des premières céditions et guerres civiles par quelques faxieux, soit jugé. Au moien de quoy, par ce que s'est remué l'estat ancien du gouvernement de la ville, a prié la compaignée en délibérer, pour en advertir le Roy et son A. S., à ce qu'il n'en arrive inconveniant. »

Ayrault alla lui-même défendre cette sage constitution qui avait été, durant les mauvais jours, la sauvegarde de l'ordre et de la paix. Pendant trois mois, l'attention de la ville fut absorbée par ce procès.

Le 21 avril, le parlement donna son arrêt. La dynastie Ayrault fut renversée, et avec elle succomba ce parti modéré et intelligent qui avait sauvé la ville à la Saint-Barthélemy. Le gouvernement était livré aux procureurs des paroisses, c'est-à-dire aux caprices d'une multitude ignorante et passionnée. La cour statuait qu'il y aurait à l'avenir un maire, quatre échevins et douze conseillers, élus les uns et les autres pour deux ans. L'élection serait faite par les magistrats sortants, auxquels s'adjoindraient deux notables par chaque paroisse. Les vingt-quatre échevins, en charge au 21 avril, garderaient le titre de conseillers, jusqu'à ce que leur nombre fût réduit à douze par les extinctions successives (1). Ainsi disparut ce conseil de l'échevinage, véritable sénat-conservateur de la commune, dans lequel se perpétuaient l'intelligence des affaires et les traditions d'une liberté éclairée. Ce fut une révolution complète, faite au profit de l'élément démocratique, qui prévalut désormais, sans contre-poids, dans toutes les assemblées, et dont les trente députés furent naturellement les maîtres de toutes les élections. Le présidial n'eut pas lieu de se réjouir beaucoup de son triomphe sur la bourgeoisie ; il fut entraîné dans la chute de ses rivaux. Les meneurs de cette affaire savaient-ils qu'ils avaient travaillé pour la Ligue ? On doit le croire, plutôt

____

(1) Registres, an 1584, extrait inséré avant le procès-verbal du 1er mai. — *Recueil des priviléges de la ville d'Angers,* in-4°, p. 76.

que d'admettre un aveuglement, que la passion la plus vive elle-même ne pourrait expliquer. Nous verrons bientôt que les quatre échevins, poussés en avant par les masses du parti catholique, jouèrent à Angers le même rôle que les *seize* à Paris.

On put mesurer toute la portée de la révolution municipale dès le 1er mai 1584. L'élection du maire fut précédée de scènes violentes, présages de futures tempêtes. Les députés des paroisses s'élevèrent avec force contre le reste d'influence qu'on laissait aux vingt-quatre échevins : ils refusaient d'ajourner leur domination au terme que l'arrêt du parlement avait prescrit. Le parti Ayrault obtint cependant un dernier avantage, et, malgré les paroisses, fit élire à la mairie un homme modéré, pris dans l'ancien conseil, René Morin. Il est vrai qu'il n'était point de robe, mais marchand de laine. Les députés n'en protestèrent pas moins avec une véhémence extrême, et poursuivirent devant le parlement l'annulation de ce choix (1). Le bruit de ces discordes intestines alla troubler le duc dans sa retraite de Château-Thierry, où il attendait en vain que les bourgeois s'occupassent de son emprunt. Le 16 avril, dans une des dernières lettres qu'il ait écrites, il leur adressa des conseils affectueux pour les rappeler à la concorde : « Messieurs, j'ay esté très ayse d'avoir entendu, par le sieur du Hallot, la continuation de vos bons comportemens en ce qui touche mon service et son particulier, à quoy je vous prie continuer avec aultant d'affection que je veulx de ma part le recongnois-

_____

(1) Registres, an 1584, 1er mai.

tre, par l'appuy de ma faveur, et si vous estes disposez, comme je le veulx croire et que ledict sieur du Hallot m'a tesmoigné, à me faire prest de douze mil escuz, dont je vous ay long temps requis, je serois très ayse que vous missiez a effect ceste bonne volonté, sans vous arrester aux disputtes qui peuvent estre entre vous aultres, que je désire estre composées et vous veoir tous d'ung bon accord ; à quoy, ledict sieur du Hallot vous exhortera de ma part, comme à la chose de ce monde plus nécessaire et recommandable entre concytoiens qui ayment leur bien, repos et conservation (1). »

Du Hallot s'était peut-être avancé trop loin en annonçant que les bourgeois se montraient disposés à offrir une somme de douze mille écus. Quoi qu'il en soit, il ne fut pas nécessaire de donner suite à cette proposition. Une lettre du roi, communiquée le 16 juin, au conseil de ville, apprit aux habitants de l'Anjou que leur duc n'était plus (2). A la suite de dernières folies, pendant le carnaval de 1584, le plus jeune des fils de Catherine était venu mourir à Château-Thierry, le 10 juin 1584. Sa mort fut un grand événement, mais n'attrista personne. Louvet note le fait, en passant, sans aucune réflexion ; les registres le mentionnent froidement dans un procès-verbal. Il semble que la longue absence du duc l'eût rendu étranger à l'Anjou. Il est cependant permis de croire que les bourgeois ne reçurent pas, sans tristesse, la nouvelle de la fin prématurée d'un prince, qui avait toujours

____

(1) Registres, an 1584, séance du 25 mai.

(2) *Ibid.*, séance du 16 juin.

été si bienveillant à leur égard, et dont les actes, non moins que le langage, avaient fait naître, dans la province, de flatteuses espérances (1).

(1) Documents inédits, *relation de l'ambassadeur vénitien J. Lippomano*, t. II, p. 627. Le duc « a toujours montré le désir de réformer le royaume, de régler les finances et la magistrature; d'ôter les offices publics des mains des étrangers, de diminuer les impôts, de consolider les anciens priviléges et les anciennes institutions; car il disait que c'était à lui d'y songer, comme étant le plus prêt du trône. Mais d'autres pensent que ce ne sont que des prétextes pour voiler son amour des dissensions et des troubles. »

CHAPITRE VIII.

L'Anjou rentre au domaine. — Progrès de la Ligue : le comte de
Brissac. — Entreprise de du Hallot sur le château d'Angers : connivence du roi. — Campagne désastreuse de Condé en Anjou. —
Élections aux états de Blois. — Charles Miron nommé évêque
d'Angers, repoussé par le clergé. — Assassinat du duc de Guise.
— Angers soulevé par les ligueurs. — Reprise de la ville par le
maréchal d'Aumont. — Rétablissement de la constitution municipale : la bourgeoisie recouvre le pouvoir. — Répression des ligueurs. — Saumur cédé aux protestants par Henri III. — Mort de
Henri III.

Je n'ai pas besoin d'insister sur l'importance que la situation donnait à la mort du duc d'Anjou; c'est un lieu
commun de l'histoire générale. Il me suffit de rappeler
que, Henri III manquant d'héritier, et ayant perdu tout
espoir d'en voir naître un de son mariage, le chef du

parti protestant, Henri de Bourbon, se trouvait désormais placé sur la première marche du trône. La simple déclaration de ce fait renfermait d'épouvantables tempêtes. Les catholiques, même les plus modérés, ne pouvaient envisager l'avenir sans horreur et sans désespoir. Ils savaient, par l'exemple de l'Angleterre, avec quelle facilité les classes officielles sacrifient leurs principes et leurs croyances. Déjà ils croyaient entendre le roi huguenot, entouré de tous les renégats, proclamant du haut du trône la proscription du catholicisme. Ces craintes, assurément fondées à un certain degré, contribuèrent puissamment aux progrès de la Ligue. Jusques-là, la grande conjuration des Guise « quoique ayant jeté les premiers bouillons de sa furie (1) » n'avait rallié qu'un petit nombre de partisans·dans les provinces. A la mort du duc d'Anjou, le peuple catholique y entra tout entier avec sa fougue, ses colères, ses terreurs, ses passions. Elle eut alors, pendant un instant, un caractère vraiment national. Les masses étaient sans doute excitées et dirigées par des meneurs qui se proposaient un autre but que le triomphe de la religion romaine; mais la merveilleuse puissance de séduction du Balafré n'eût pas suffi à les entraîner, si elles n'avaient été portées d'elles-mêmes au combat par une passion ardente et une foi profonde.

L'Anjou était rentré, comme les autres terres de l'apanage, dans le domaine de la couronne. Les hommes du duc firent aussitôt place à ceux du roi. Angers vit reparaître Puygaillard, qui eut à peine la joie de reprendre possession du gouvernement de la province : il mourut

(1) Roger, p. 443.

de la contagion au mois de septembre (1). Le comte de Brissac remplaça du Hallot au château et dans la ville (2).

Ce comte de Cossé-Brissac, qui devint plus tard célèbre par la reddition de Paris, avait appartenu d'abord au parti des politiques. On n'avait point une haute idée de sa moralité, si j'en juge par le quatrain que cite l'Estoile (3). Sa rivalité avec le duc d'Epernon, mignon du roi, le jeta dans la Ligue ; il n'était pas encore ouvertement déclaré, mais la cour, tout en lui rendant son ancien gouvernement, le tenait déjà pour suspect. A peine arrivé à Angers, il gagna par d'adroites prévenances la confiance et l'affection des habitants (4). La constitution municipale, inaugurée le 1er mai précédent, facilita le succès de ses intrigues. Le gouverneur n'avait plus à lutter contre ce conseil de bourgeois, qui autrefois surveillait d'un œil ja-

(1) Puygaillard serait mort, suivant Louvet, le 12 juillet 1584. C'est une erreur, car son testament est daté du 8 septembre. Je dois cette rectification au savant auteur des *Archives de Maine et Loire*, M. P. Marchegay, qui a bien voulu me communiquer une copie du testament faite par lui sur l'original.

(2) Ses lettres sont insérées aux registres, 3 août 1584.

(3) *Journal de Henri III*, p. 163.

> Brissac aime tant l'artifice,
> Tant du dedans que du dehors,
> Qu'ôtez-lui le faux et le vice
> Vous lui ôtez l'âme et le corps.

(4) Brissac savait combien les bourgeois, même les plus sensés, se laissent prendre aux flatteries d'un grand seigneur. Il fit « prier la ville de tenir et nommer sur les fons mademoiselle sa fille. » Le parrain fut le maire, René Morin, et les deux marraines, la lieutenante-générale et la lieutenante-particulière. Reg., an 1584, 26 avril. — Louvet, t. II, avril. Le tome II du Journal n'est point paginé.

loux les officiers du roi. Brissac exerça bientôt un grand empire sur la population privée de ses guides, et que rien ne mettait plus en garde contre de dangereux entraînements. Au premier bruit de guerre, il demanda à l'assemblée des états que les clefs de la ville, dont le maire était le dépositaire naturel, fussent remises entre ses mains. Les *quatre* ne firent entendre aucune protestation ; les paroisses se hâtèrent de condescendre par un vote au désir du gouverneur (1). Il n'y avait plus qu'un pas à faire, introduire des troupes soldées, et Brissac régnait à Angers. Mais sur ce point, les masses, malgré leur faiblesse pour le chef ligueur, restèrent fidèles aux traditions municipales. Dès que les troupes se présentèrent dans les faubourgs, les milices s'assemblèrent, le peuple prit les armes. Brissac jugea prudent d'ajourner ses projets (2).

Henri III avait vu s'accroître après la mort de son frère les embarras de sa situation. De plus en plus isolé entre les deux grands partis qui divisaient la France, il ne jouait plus qu'un rôle secondaire. Mais les atermoiements n'étaient plus de saison ; il fallait, au risque de périr, prendre un parti décisif, et se prononcer pour Bourbon ou pour Guise (3). Le Valois hésita longtemps entre deux lâchetés, et finit par se jeter dans les bras de ses plus cruels ennemis. Il signa l'édit de Nemours (4), par lequel

(1) Registres, an 1585, 20 avril.

(2) Louvet, t. II, 29 juin 1585.

(3) D'Aubigné, t. II, p. 438 et 439, peint avec son énergie ordinaire la lâcheté de Henri III, insulté tous les jours dans les pamphlets de la Ligue : « Le feu estoit mort au foier de son cœur et tous ces soufflets n'en faisoient voler que de la cendre. »

(4) Les Registres, 29 juillet 1585, l'appellent édit de Réunion, et Louvet, édit d'Union.

il se livrait lui-même à la Ligue. Cette nouvelle fut célébrée à Angers par un *Te Deum* et des feux de joie (1).

Peu après ces fêtes, il se passa à Angers un événement qui faillit avoir une grande portée, et qui est resté à demi-enveloppé de mystère. Le château fut tout à coup surpris par trois capitaines et une poignée de soldats. Louvet, qui exprime l'opinion généralement admise, assure que le complot était calviniste (2). De Thou y voit au contraire une secrète machination du roi (3). D'Aubigné dit que le principal auteur de l'entreprise voulait après le succès « se faire avouer d'un Guisard (4). » Cette divergence d'opinions s'explique facilement : la conjuration était formée d'éléments divers. Les trois capitaines qui la dirigèrent venaient de trois camps différents ; chacun se réservait de se débarrasser des deux autres après le triomphe commun : « La peau de l'ours estoit vendue et divisée avant que la beste fust morte (5). »

Du Hallot, dans l'esprit duquel était né le projet, nous est déjà connu. Il avait tout perdu à la mort de son maître, le duc d'Anjou. Il vivait inoccupé à Angers, les yeux fixés sur ce château, où il avait commandé si longtemps, et d'où Brissac l'avait évincé. Le roi, qui cherchait à prendre des sûretés contre la Ligue, au moment même où il semblait se donner à elle sans réserve, aurait, sui-

----

(1) Louvet. Juillet 1585.

(2) Louvet, t. II, 24 septembre 1585.

(3) L. LXXXII, p. 50. « Ad idque secreto Regis, qui Brissaco, quod ab Espernonio injuria affectus fœderatis fidens addixisset, infensus erat, favore sublevari. » C'est l'opinion adoptée par Rangeard, p. 138.

(4) *Hist. univ.*, t. II, p. 440.

(5) *Id. ibid.*

vant de Thou, offert secrètement à l'officier sans emploi de le confirmer dans son commandement, s'il était assez hardi pour s'en ressaisir de lui-même. Du Hallot, ancien compagnon des débauches et des duels de Bussy (1), avait été un des courtisans les plus aimés du duc d'Anjou, qui le comblait de faveurs, et le consultait sur tous ses desseins (2). Or, on sait que si le roi et son frère ne s'aimaient point, ils avaient communiqué leur haine réciproque aux mignons qui les entouraient. Il semble donc douteux au premier abord, que Henri III se soit adressé à un ancien serviteur de son frère, qui pouvait le perdre en divulguant ses intrigues. Cependant le rapprochement des faits ne permet pas de douter que le favori du duc n'ait abjuré ses répugnances, et n'ait consenti à refaire sa fortune dans le service du roi.

Du Hallot associa à ses vues un officier nommé du Fresne. Le licenciement de sa compagnie l'avait laissé sans emploi et sans ressources. Il ne pardonnait pas au comte de Brissac l'oisiveté besoigneuse à laquelle il était réduit. Vrai type de ces soldats irréguliers que la guerre civile jetait alors sur les chemins, il était prêt à courir tous les hasards pour échapper à la misère.

Ces deux hommes, rapprochés par le malheur, alliant leurs ressentiments et leurs espérances, combinaient déjà des plans d'attaque, lorsque arriva dans le pays Clermont d'Amboise, qui venait chercher des renforts pour l'armée

____

(1) L'Estoile, *Journal de Henri III,* p. 185.

(2) Manuscrits de la bibliothèque d'Angers. *Documents relatifs au calvinisme.* Plusieurs lettres originales qui témoignent de l'affection et de la confiance accordées à du Hallot par le duc.

du prince de Condé, alors occupée au siége de Brouage. Il avait à sa suite un gentilhomme nommé Rochemorte. Celui-ci s'arrêta à Beaufort auprès du capitaine Broc, qui y commandait, et était de ses amis. Broc était aussi lié avec du Fresne et connaissait ses projets : il aboucha ses deux amis. Rochemorte entra avec empressement dans la conspiration ; il comptait, après le succès, se défaire facilement de ses deux complices, et livrer la forteresse au prince de Condé.

Le plan fut bientôt arrêté. Rochemorte, avoué de Clermont, reçut de lui cinq soldats ; du Hallot en avait sept ou huit ; du Fresne avait déjà pratiqué des intelligences dans la place. Tout concourut au succès de l'entreprise. Le comte de Brissac et son lieutenant, le sieur de Boucaulle, étaient absents. Il ne restait pour commander à la petite garnison qu'un aventurier qu'on nommait, à cause de son origine, le capitaine Grec. Du Fresne était depuis longtemps en rapports familiers avec lui. Au jour fixé, les conjurés se cachent dans une maison voisine. Du Fresne entre au château, et va faire une visite au Grec. C'était l'heure du dîner ; le commandant veut retenir son ami. Celui-ci s'excuse sur ce que quelques compagnons l'attendent hors du château. Qu'à cela ne tienne, dit le Grec, allez les chercher et les amenez. Du Fresne court aussitôt prendre Rochemorte et les siens ; il entre avec eux, et franchit sans obstacle le premier corps-de-garde, occupé par des soldats qui étaient gagnés. Mais au second poste, on les arrête ; ces convives paraissent suspects. Alors ils tirent leurs épées, et se jettent sur les gardes. Le capitaine Grec accourt au bruit du combat ; du Fresne lui passe son glaive au travers du corps. Tous ceux qui résistent sont massacrés : en quelques instants le château tout entier est aux mains des audacieux conspirateurs (1).

Du Hallot n'était point entré ; il se promenait à grands pas devant la porte, attendant l'effet qu'allait produire dans la ville cette étrange nouvelle de la prise du château, accomplie en plein midi par une douzaine d'hommes. Bientôt il vit accourir la foule inquiète et irritée, les bourgeois, les échevins, les capitaines, les gens du roi. Du Hallot était uni d'amitié avec la plupart des notables, et s'était acquis une juste popularité pendant son gouvernement. Il espérait que quelques mots de lui apaiseraient promptement l'émotion de la ville (2). Il s'avança donc au-devant de la foule, et dit « qu'il avoit faict prendre le chasteau au nom du Roy, qu'il en estoit gouverneur, et qu'il avoit agi en vertu d'une lettre missive que le Roy luy avoit escripte, et que c'estoit pour le service de Sa Majesté, pour la seureté des habitants d'Angers et pour le repos du pauvre peuple du païs d'Anjou, qui estoit pillé, à raison des compaignées dudict sieur de Brissac (3). » Malheureusement pour le capitaine, il n'avait devant lui que des ligueurs, et le nom du roi n'était rien moins qu'une recommandation auprès d'eux (4). Le procureur du roi, Cochelin, répondit à du Hallot qu'il voulait voir la lettre, mais qu'avant tout, il allait entrer dans la forteresse, avec le lieutenant-particulier, pour

(1) De Thou. L. LXXXII, p. 50.

(2) D'Aubigné, t. II, p. 441. « Il estoit d'une agréable rencontre. »

(3) Louvet, t. II, 24 septembre.

(4) D'Aubigné, *Hist. univ.*, t. II, p. 441. « Il n'eut su coucher d'un nom plus désagréable aux habitants que celui du Roy, estant de nouveau engagez à la Ligue. »

faire l'inventaire des objets que Brissac y avait laissés.
Du Hallot y consentit, et l'amena près de la porte. Du
Fresne refusa d'ouvrir, et cria de l'intérieur « qu'il avait
pris le château pour le service du roi, et qu'il avait vu
la lettre signée Henri; qu'il ne permettrait à personne
d'entrer, sinon à son capitaine du Hallot (1). » Comme les
magistrats insistaient, quelques soldats parurent sur les
murailles, et leur dirent : « Messieurs, vous n'entrerez
pas, il ne fault point tant parlementer. » Ils se retirèrent.
Mais déjà une partie de la milice était assemblée devant
la forteresse; Cochelin donna l'ordre d'arrêter du Hallot,
qui fut saisi, et conduit, malgré ses protestations, dans la
prison communale (2).

Dans la ville, tout le monde attribua d'abord le coup
de main aux huguenots. On supposa qu'ils avaient des
troupes cachées dans les environs. Les échevins firent
abattre le pont de la porte des champs, par où elles auraient pu pénétrer au château (3). Dès le premier moment, ils avaient dépêché un courrier au roi, pour l'avertir
de ce qui se passait; d'autres messagers se dispersèrent
dans toutes les directions, pour convoquer la noblesse
catholique. De son côté, Rochemorte prévint Clermont
d'Amboise de l'heureux succès du complot.

Vers le soir, on conduisit de nouveau l'ancien gouverneur à la porte du château. Il paraît que sur la promesse
qu'on lui avait faite de la vie, il s'était engagé à attirer

(1) Louvet.

(2) *Id.*

(3) Pour qu'on ne tirât pas du château sur les travailleurs, on plaça
à côté d'eux le capitaine du Hallot. *Journal* de Louvet.

du Fresne hors de la place. Les magistrats avaient caché dans l'ombre cinquante arquebusiers. Du Fresne sortit à la voix de son chef ; mais un soldat trop hâté ayant tiré sur lui, il devina la trahison, et d'un bond regagna le pont-levis. Là aussi l'attendait un traître : « Ceux du chasteau levèrent le pont à la haste, sans recevoir leur capitaine, réduit à empoigner les chaisnes du garde-fou au bout desquelles on eut pu le recevoir par le coin du pont ; mais un de la ville le suivit par les mesmes chaisnes de si près que ne se tenant que d'une main, il couppa celle de du Fresne d'un coup d'espée, le faisant tomber dans le fossé ; et puis estant tout brisé dans le fonds, un cerf privé que l'on y nourrissoit lui vint passer les andouillers sept ou huit fois au travers du corps et le laissa mort (1). »

Cette catastrophe rendait Rochemorte seul maître de la place. L'entreprise conçue par le roi tournait définitivement au profit du parti calviniste. L'alarme se répandit dans le pays. On pensa que les huguenots, mieux inspirés cette fois qu'en 1562, avaient voulu commencer, par la prise du château, l'occupation d'Angers et de toute la province (2). On se trompait sur l'origine du complot. Toutefois les conjectures des catholiques se fussent peut-

(1) D'Aubigné, *Hist. univ.*, t. ii, p. 441.

(2) Rochefort avait alors pour gouverneur un gentilhomme du nom de Hurtaut de Saint-Offange. « Présupposant sur l'effroi du païs qu'Angers seroit du parti, duquel s'estoit mis de nouveau le duc de Thouars, lui dépescha promptement un sien frère pour soliciter du secours au chasteau et offrir tout service, tant de la place que de ses hommes, eschauffé par l'espérance de mettre un impôt sur la rivière. » *Id., ibid.* On voit que les Saint-Offange hésitaient, à cette époque, sur le choix de la cause à laquelle ils vendraient leur épée.

être réalisées, si Rochemorte avait vécu jusqu'à l'arrivée d'une armée protestante ; mais il périt au bout de quelques jours : « Il s'était arrêté à rêver entre les créneaux du côté de la rivière du Maine, dans un endroit où le roc est fort haut et fort escarpé ; un homme qui le connaissait et qui avait épié ses démarches le tira.dans l'attitude où il était, le coude appuyé sur une arquebuse. Le coup lui perça la mâchoire et le tua (1). »

Ainsi des trois chefs qui avaient, chacun dans des vues différentes, conduit cette audacieuse entreprise, deux avaient péri, et le troisième était prisonnier. Restaient quatorze soldats obscurs, neuf catholiques et cinq huguenots, désormais s^ns direction. Au grand étonnement de la province, ils refusèrent de livrer la forteresse. Ce fut un singulier spectacle que de voir assiéger cette poignée d'hommes par toute la population d'une ville, assistée de plusieurs compagnies régulières et d'une foule de gentilshommes accourus des divers points de l'Anjou. Le maire avait pris d'urgence le commandement·supérieur : il délivrait des commissions pour lever des troupes dans le pays, faisait barricader les faubourgs, ouvrait la tranchée autour du château (2) et réglait le service des milices bourgeoises. Les *surprenants* de leur côté veillaient sur les murailles nuit et jour (3), les yeux sans

(1) De Thou, liv. LXXXII, p. 52.

(2) Registres, 1585, septembre. « Est enjoinct à l'exécuteur de la haulte justice de prendre au corps les pauvres valides, de les attacher les uns aux aultres et de les mener aux tranchées. »

(3) D'Aubigné, t II, p. 441. Les surprenants portèrent leurs lits sur les murailles.

cesse ouverts sur la ville pleine de menaces, et sur les campagnes d'où le secours pouvait venir.

Le 1er octobre, arriva un gentilhomme envoyé par le roi. Il apportait aux soldats assiégés l'ordre de rendre le château aux habitants. Cette intervention si prompte, cinq jours après la surprise, et la forme même de la dépêche qui semblait s'adresser à des agents et non à des rebelles, sont des indices certains de la secrète connivence du roi (1). Les soldats déclarent du haut des murs « qu'ils ne rendront la place, qu'autant qu'au préalable le roi leur aura donné ung pardon, contenant adveu de ladite prinse (2). » On transmet, en toute hâte, cette réponse à Henri III. En attendant que la cour ait donné ses dernières instructions, le siége continue, les tranchées se creusent, les compagnies achèvent l'investissement.

Le roi se rendit sans difficulté aux exigences insolentes des quatorze aventuriers du château : c'était avouer implicitement pour la seconde fois sa complicité. Le 4 octobre, le gouverneur de l'Anjou, M. de Joyeuse, comte du Bouchage, apporta lui-même des lettres d'abolition par lesquelles « Sa Majesté pardonne à ceulx qui ont pris le château et les remet en l'estat qu'ils estoient auparavant (3). » Du Hallot seul ne fut pas compris dans cette étrange amnistie. Henri le sacrifia : sauver l'instrument de sa lâche politique était inutile, et n'eût pas été sans péril. Il fut condamné par le présidial à mourir sur la roue. Dans la question, pendant les débats, sur l'instrument

(1) Rangeard, p. 142.

(2) Louvet, t. II, 1er octobre.

(3) Id., 4 octobre. Suivant les registres, il n'arriva que le 7 octobre.

même de son supplice, il protesta constamment, mais en vain, qu'il n'avait agi que par ordre du roi (1).

Ce ne fut que quatre jours après la mort de leur capitaine que les soldats firent remise du château au gouverneur. Ils avaient exigé « la somme de 3,000 escuz baillez par les habitants et une copie à chascun d'eux des lettres de rémission (2). » Brissac paya plus cher que les habitants les suites de cette singulière aventure. Il avait déposé dans le château toutes ses richesses, « vaisselles d'or et d'argent, pierreries et une licorne, tapisseries et aultres trésors qu'on estimoit valloir deux cent mille. » Tout fut pillé : les soldats, avant de sortir, avaient fait descendre leur butin dans les fossés où quelques habitants, leurs affidés, le recueillirent (3). En outre, Brissac perdit son gouvernement. Joyeuse mit au château un nouveau capitaine, Donnadieu de Puycharic, officier plein de bravoure et d'activité, sur lequel le roi pouvait compter. De sorte qu'en définitive des principaux auteurs du complot un seul atteignit son but : Henri III avait joué les ligueurs, et tenait par un homme dont il était sûr une forteresse de premier ordre.

Cependant tout n'était pas fini : l'entreprise de du Hallot fut l'occasion d'un curieux épisode de la guerre des trois Henri. Dès le 30 septembre, Condé avait été rejoint, sous Brouage, par le courrier de Rochemorte, qui apportait la

---

(1) De Thou, liv. LXXXII, p. 51. « Qui frustra regis gratia implorata sero sensit periculosos conatus, si succedant, laudari, si exitu careant iis ipsis qui jusserunt factum improbantibus capite lui. »

(2) Louvet, t. II, 24 octobre.

(3) *Id., ibid.* — De Thou, liv. LXXXII, p. 51.

nouvelle de la prise du château d'Angers, et demandait de prompts secours. Il n'y avait pas à hésiter. Par l'occupation d'Angers, les réformés s'assuraient une porte ouverte sur les provinces du Nord. D'un autre côté, le prince qui souffrait d'être réduit au second rang dans le parti dont son père avait été le généralissime, acquérait un champ d'opérations qui lui appartiendrait en propre et se créait sur la Loire une position assez solide pour se rendre à peu près indépendant de son cousin, le roi de Navarre. Il fut donc résolu aussitôt qu'une partie de son armée se porterait au secours de Rochemorte.

Nous avons plusieurs relations de cette campagne : la plus connue est celle de d'Aubigné qui raconte en témoin oculaire et en acteur principal ; celle que l'on trouve dans les *Mémoires de la Ligue* n'est point signée, mais elle a été évidemment écrite par un des capitaines de l'entreprise (1). Les deux historiens sont d'accord sur la suite des faits ; ils ne diffèrent que dans leurs appréciations. D'Aubigné, attaché au roi de Navarre, n'aimait pas Condé et l'estimait peu : il n'en parle le plus souvent qu'avec un profond mépris. L'auteur anonyme, zélé huguenot, est au contraire un partisan du prince, et lui attribue en toute occasion une attitude héroïque (2).

On ne peut nier que Condé n'ait d'abord commis une grande faute : la célérité pouvait seule assurer le succès ;

---

(1) *Mémoires de la Ligue,* t. II, p. 15 et suiv.

(2) De Thou parle de Condé presque aussi favorablement que les Mémoires de la Ligue, liv. LXXXII, p. 52 et suiv.—Condé avait la bravoure de sa race, il était très zélé pour la *cause,* mais il manquait de talent.

il perdit un temps précieux. On avait décidé qu'on enverrait sur-le-champ, sous le commandement de d'Aubigné, sept cent cinquante arquebusiers à cheval et deux ou trois cents soldats. Cette petite troupe avait ordre « de se perdre ou mettre des hommes dans le château. » D'Aubigné part plein de résolution et d'espérance. Mais « comme le conseil de la chaise percée, vers la plupart de nos grandes, renverse tout autre, le prince, estant au soir en sa garde-robe, où il disposoit de sa conqueste d'Anjou à la façon de Picrocole, parmi ses valets de chambre et quelques aultres qui n'estoient de meilleure étoffe, un des plus privez lui dict de la meilleure grâce qu'il pust : Monseigneur, je m'estonne comment vous donnez à un autre qu'à vous mesme la première gloire de ce dessein ; c'est un coup du prince de Condé et un trop cher morceau pour Aubigné (1). » Condé se laisse persuader ; un aide de camp rejoint d'Aubigné à Tonnai-Charente, et lui remet l'ordre de suspendre sa marche. Condé passe ensuite onze jours « à faire son pacquet. » Il se met enfin en campagne, le 8 octobre, avec six cent cinquante chevaux « les mieux choisis que nous ayons veu des guerres civiles » et treize à quatorze cents arquebusiers à cheval. L'infanterie de l'armée devait continuer le siége de Brouage.

Cette brillante cavalerie s'avança, non sans quelque lenteur, vers la Loire. D'Aubigné qui menait l'avant-garde entra, le 12 octobre, dans l'abbaye de Saint Maur. Le lendemain, le capitaine La Flèche, qui était du pays, passa la Loire aux Rosiers, sans rencontrer d'ennemis « pour

(1) D'Aubigné, t. II, p. 442.

ce que, ce leur estoit comme chose incroyable que, sans autre intelligence, les huguenots dussent prendre la hardiesse de passer un si grand fleuve, à la barbe de deux puissantes villes, Saumur au dessus où estoient retirez quasi tous les batteaux, et Angers au dessous où il y avoit plus de forces et de pied et de cheval que n'en avoit avec soi Monsieur le Prince (1). » On avait saisi quelques barques chargées de vin; l'armée s'en servit pour franchir la rivière le 16 octobre. Les plus sages voyaient bien qu'ils tentaient follement la fortune, et on les entendait murmurer « allons et mourons aussi (2). » Le prince éprouvait aussi quelque hésitation; il s'arrêta deux jours sur la rive gauche, calculant les périls une dernière fois. Mais sur la nouvelle que les habitants de Beaufort avaient ouvert leurs portes au régiment de d'Aubigné, il prit son parti, et passa la rivière à son tour (18 octobre). Le lendemain, il entrait à Beaufort, où Clermont d'Amboise vint le rejoindre avec deux cents soldats et six cents arquebusiers.

Le 21, après deux jours de repos, l'armée protestante se remit en chemin et s'avança sur Angers. Les coureurs prirent trois soldats catholiques qui avaient quitté les tranchées du château pour picorer dans la campagne. Condé apprit d'eux que la ville était remplie de troupes, que les lignes des assiégeants étaient inexpugnables, que Rochemorte avait péri et que la garnison assiégée avait capitulé. Le prince affecta de n'en rien croire et pressa sa marche. L'auteur de la relation anonyme s'étonne,

(1) *Mémoires de la Ligue,* t. II, p. 19.
(2) *Ibid.,* p. 20.

avec raison, que les chefs catholiques n'aient rien fait pour y mettre obstacle. Il eût été facile, en coupant la route d'un fossé et en jetant des arquebusiers dans les champs embarrassés de haies épaisses, de vignes et de bois taillis, d'arrêter une armée qui ne se composait que de cavalerie. Condé ne rencontra pas un empêchement, pas un soldat, jusqu'à l'entrée du faubourg de Bressigny. L'audace des huguenots avait semé l'épouvante devant eux ; on n'osait aller à leur rencontre, et les capitaines, ignorant quelles étaient les forces ennemies, jugeaient prudent de les attendre derrière des barricades. La ville entière était sous les armes : « toutes les cloches sonnoient le tocsin, celles du grand temple Saint-Maurice s'en esmurent aussi et en parlèrent (1). »

Les huguenots, encouragés par la timidité des catholiques, abordent aussitôt les lignes. Un feu terrible les accueille ; La Flèche, le capitaine angevin, tombe mortellement blessé. L'enthousiasme des soldats se brise contre des retranchements inexpugnables.

D'Aubigné tourne alors le faubourg, et, par un long circuit, va rejoindre le chemin des Ponts-de-Cé aux Lices. Il éparpille dans les vignes, sur sa droite et sur sa gauche, deux compagnies légères, et marche lentement vers les catholiques. Par un hasard singulier, les soldats angevins étaient commandés de ce côté par d'Aubigné, l'ancien lieutenant de Puygaillard. En entendant les troupes, qui venaient à eux, mêler le nom de leur capitaine au cri de vive le roi, ils les prennent pour des amis. Les huguenots profitent de leur erreur, s'approchent, les chargent,

____

(1) *Mémoires de la Ligue*, p. 23.

les poussent dans le faubourg, et y pénètrent à leur suite. Déjà ils avaient enlevé deux barricades, et ils se frayaient un chemin à travers les maisons dont ils perçaient les murs, lorsque l'incendie arrête leur marche. Les catholiques avaient mis le feu à deux maisons, formant ainsi une sorte de fournaise infranchissable entre eux et les calvinistes (1). Dès ce moment, l'entreprise était manquée. Un transfuge fait luire une dernière espérance. Il était envoyé par un capitaine, qui s'engageait à favoriser un coup de main de d'Aubigné, si celui-ci donnait vers le soir dans le fossé qu'il gardait. Pour réussir, il fallait que la garnison fût avertie et se tînt prête à ouvrir les portes. A la nuit, quelques trompettes s'avancent dans un pré voisin pour sonner des chamades et éveiller l'attention des soldats du château. Ceux-ci ne répondent point à cet appel. Les réformés se glissent alors à travers les vignes, jusqu'aux approches de la forteresse, de manière à pouvoir être entendus. La garnison reste toujours muette et invisible (2).

Condé découragé donne ordre à d'Aubigné d'opérer un mouvement de retraite. Le capitaine obéit à contre-cœur. Toute l'armée se retire dans un grand désordre. La campagne était couverte au loin de charrettes, de bagages, de mulets abandonnés. Le satirique d'Aubigné nous fait encore assister à un conseil privé de son général. A sa grande surprise, les valets de chambre ouvrent des avis belliqueux. Aussi, le lendemain au matin, le prince déclare, au milieu des capitaines, réunis au carrefour de la

----

(1) D'Aubigné, t. ii, p. 445.
(2) *Id. ibid.*

Justice, et délibérant à cheval, l'armet en tête, qu'il continuera le siége et « qu'il ne veut point démordre. » Déjà l'armée s'ébranlait pour aller reprendre ses positions de la veille; les soldats marchaient dans une sombre résolution; les capitaines, qui jugeaient qu'on les envoyait à la mort « touchoient en la main du mestre de camp qu'ils se perdroient avec lui; » cent gentilshommes étaient descendus de cheval pour s'associer à cette partie désespérée. Alors intervint le duc de Rohan, le plus intelligent et le plus résolu des chefs huguenots. Il remontra rudement la folie d'une pareille entreprise, et « avec reproches et injures vainquit enfin le prince (1). » Un contre-ordre ramena les troupes en arrière, et on résolut de regagner Beaufort pour repasser ensuite la Loire. Clermont et d'Aubigné furent chargés de diriger la retraite (2).

Ce fut une véritable déroute; les cornettes partirent à la débandade. Cependant toute l'armée se trouva ralliée à Beaufort le 22 au soir. Avec un chef plus déterminé, elle eût sans doute réussi à franchir la Loire avant l'arrivée de l'ennemi. Mais Condé était irrésolu; il perdit deux jours à délibérer, et se contenta d'envoyer une avant-garde pour se saisir du passage de l'Authion et occuper la levée en face de Saint-Maur. Ce ne fut que le 25 au matin que les huguenots s'acheminèrent vers l'Authion. Cette rivière

(1) D'Aubigné, t. II, p. 445.

(2) Registres, an 1585, 3 novembre : la commune sauvée du danger décrète que « pour honorer et remercier les gentilshommes, qui se sont présentez pour la réduction du chasteau et secourir la ville en sa nécessité, sera faict liste des seigneurs qui ont assisté, et leurs armoyries faictes à l'entrée de la chambre du conseil de cette maison de ville, en perpétuelle mémoire et obligation. »

est étroite, mais son lit profond n'offre pas de gué. On n'avait que deux bateaux; on les surchargea; l'un d'eux coula avec les six cents chevaux qu'il portait. Cet accident fut suivi d'un inexprimable désordre. L'armée se trouva divisée en trois ou quatre tronçons : Laval avait déjà passé la Loire et occupait l'abbaye de Saint-Maur; La Trémoille campait sur la levée; le reste était dispersé sur les deux rives de l'Authion ou sur le chemin de Beaufort. Sur les neuf heures du matin, on entendit de la levée une salve d'artillerie. C'était l'ennemi : deux bateaux chargés de canons et d'arquebusiers descendaient de Saumur, et vinrent bientôt jeter l'ancre en face de l'avant-garde protestante. Avec deux fauconneaux on eût facilement mis en pièces les barques catholiques; mais Condé n'avait pas amené d'artillerie. La situation s'aggravait d'heure en heure : les ennemis arrivaient en force d'Angers et de Saumur; on signalait leur approche à une lieue sur la levée, en dessus et en dessous. Le passage était désormais impossible. Les cornettes, qui avaient passé l'Authion, ne pouvaient faire un pas en avant et s'embourbaient dans un terrain marécageux, où les chevaux enfonçaient jusqu'aux sangles. L'arrière-garde n'avait pas encore quitté Beaufort. Condé tient conseil avec ses capitaines : les avis se partagent, on parle en tumulte. Les uns disent qu'il faut tirer sur la Beauce et regagner la haute Loire, d'autres qu'il faut descendre vers la Bretagne et y attendre des navires de la Rochelle. On ne décide rien, sinon qu'il importe avant tout de se dégager en revenant à Beaufort.

Dès ce moment l'armée se voit perdue. Les vieux capitaines répètent tristement : « *Saltem olim si meminisse juvaret;* » à quoi les plus résolus répondent par la maxime des gens de cœur : « *Una salus victis nullam sperare salutem* (1). » Une effroyable confusion éclate alors sur les bords de l'Authion. Tous accourent pour repasser : gendarmes, soldats, valets, se mêlent et s'embarrassent. Cette armée eût péri jusqu'au dernier homme si l'ennemi avait attaqué. Condé, suivant les Mémoires de la Ligue, avait « une contenance digne de lui : il ne représentait un seul trait d'étonnement. » Il redisait à voix basse le mot qu'il avait sur les lèvres depuis l'ouverture de cette fatale campagne : « Il faut combattre (2). » Les catholiques n'osèrent-ils affronter des hommes au désespoir? ignoraient-ils les mouvements désordonnés de Condé? Ils n'abordèrent point les huguenots, qui rentrèrent, sans être inquiétés, dans la ville qu'ils avaient quittée le matin. Dans la nuit, le conseil arrêta un plan définitif de retraite : on prendrait le large vers l'Anjou et la Beauce ; on se rapprocherait ensuite de la Loire, qu'on tenterait de passer du côté de Blois ou de Beaugency; au pis aller, on remonterait jusqu'aux sources, à longues traites (3).

Le lendemain, les protestants quittent donc Beaufort et se dirigent vers le bourg de Luché pour y passer le Loir. La rivière étant débordée et le gué impraticable, ils se portent sur Lude, dont les ponts étaient plus élevés. Le 27, ils franchissent, en effet, le Loir à Lude, mais sont obligés de traverser une campagne inondée. Le 28, ils s'avancent sur Saint-Ernoul. Mais à chaque pas, s'accrois-

---

(1) *Mémoires de la Ligue*, p. 33.
(2) *Id. ibid.*
(3) *Id., ibid.* — D'Aubigné, t. II, p. 446.

sent les dangers, les fatigues, la misère. L'ennemi tient la campagne ; le tocsin soulève sur la route les paysans des villages ; Mayenne, Joyeuse, Brissac, Epernon, chacun à la tête d'un corps d'armée, s'approchent de divers côtés ; les huguenots marchent au milieu d'un cercle qui va se resserrant. Les troupes sont harassées, les vivres manquent, les chevaux succombent, faute de nourriture et de repos. Alors le fatal *sauve qui peut* court de bouche en bouche ; tous ceux qui ont des parents ou des amis en Anjou et dans les pays voisins se dérobent ; l'armée se dissipe à vue d'œil ; les cornettes de cent hommes sont réduites à vingt. A Saint-Ernoul, Rohan lui-même abandonne l'armée (1).

Condé persistait courageusement à conduire les débris de ses troupes. Il avait envoyé d'Aubigné et Boisdulis chercher des bateaux et un passage du côté de Saint-Dié et de Beaugency. Il voulait user sa dernière espérance. Un conseiller inattendu lui suggéra enfin le seul parti qui pût sauver les braves gens restés fidèles à sa fortune. Les dragons avaient arrêté dans la plaine, en avant de Vendôme, un voyageur qui venait de Paris avec un passeport du roi. On le conduit devant Condé. Ce n'était rien moins que Rosni, l'ami du Béarnais. En quelques mots, il fait comprendre la situation à Condé : les ennemis sont maîtres de toutes les routes, les passages de la Loire sont gardés ; poursuivre la retraite avec une armée agglomérée,

---

(1) *Mémoires de la Ligue*, p. 37 et 38. « Plus on yra en avant, disoit Rohan au conseil, plus on s'enfoncera au péril. Portera qui voudra sa teste à Paris, je porterai la mienne en Bretagne et combattrai quiconque voudra m'en empescher. » Il gagna en effet la Bretagne, échappa à Mercœur, passa la Loire et retourna à La Rochelle.

c'est courir à un désastre ; il faut la diviser en petites troupes et la disperser dans les champs et les bois ; les soldats isolés échapperont plus facilement aux troupes catholiques et se retrouveront bientôt tous à La Rochelle (1).

Condé suivit ce conseil : après avoir donné ses dernières instructions, il partit avec La Trémoille et quelques gentilshommes, se jeta en Normandie, passa de là dans l'île de Guernesey, puis en Angleterre, et regagna enfin la capitale du protestantisme français. « Le chef séparé, tout le reste peu après se disparut, comme si on avait soufflé la poussière de l'aire (2). » Nous ne suivrons pas, dans leurs fortunes diverses, les corps de l'armée de Condé. Les auteurs protestants ont considéré comme une sorte de miracle le résultat définitif de cette déroute ; suivant eux, pas un soldat n'y périt, et la *cause* retrouva bientôt tous ses défenseurs, revenus par mille chemins dans les murs de La Rochelle (3).

La surprise du château par trois aventuriers et la campagne du prince de Condé ont longtemps fait partie des traditions populaires de l'Anjou. Une mesure singulière prescrite par Henri III, aurait au besoin fixé le souvenir de ces faits. Alarmé des dangers auxquels était exposé son château d'Angers, il n'imagina rien de mieux que d'en ordonner la destruction. Le travail fut commencé par Joyeuse. Le marteau des démolisseurs découronna les dix-sept tours (4). Heureusement on s'en tint là : le monument resta debout, et de nos jours, atteste encore par

(1) *Mémoires de la Ligue*, p. 39.
(2) *Ibid.*, p. 42.
(3) *Ibid.*, p. 51.
(4) Louvet, t. II, an 1585, novembre.

ses mutilations, la part qu'il prit aux guerres d'un autre
âge.

Les deux années qui suivent ne fournissent aucun fait
à l'histoire particulière de l'Anjou. Aussi bien, il serait
difficile d'enfermer le récit dans les murs d'une commune, tant l'histoire générale sollicite impérieusement
l'attention. La lutte suprême était engagée entre tous les
partis qui s'étaient donné rendez-vous à la mort du frère
du roi. Ligueurs, calvinistes, politiques, se jetaient dans
cette mêlée, où se jouaient, entre des fanatiques et des
ambitieux, les destinées de la civilisation française. D'un
bout du pays à l'autre, tous les cœurs, partagés entre les
combattants, suivaient, avec une profonde anxiété, les
développements de ce drame terrible. Seul, Henri III s'obstinait à garder une position fausse. Deux partis s'offraient
à lui : ou, comme le lui conseillaient sa mère et Villeroy,
se jeter à corps perdu dans la Ligue, et poursuivre avec
la majorité de la nation l'extermination des hérétiques ;
ou bien, donner la main au roi de Navarre, proclamer la
liberté des cultes, et appeler autour du trône les modérés
et les honnêtes gens de toutes les communions. Il n'a-
dopta ni l'un ni l'autre : il crut plus habile de louvoyer
entre les factions, essaya de les tromper tour à tour, et
mit ses espérances dans des combinaisons machiavéli-
ques. Mais, tandis qu'il se flattait de ruiner par la honte
d'un échec la popularité de Henri de Guise, et d'emprisonner dans le Midi le Béarnais réduit aux abois, il vit
tourner tous ses plans contre lui : le roi de Navarre battit
et tua à Coutras le favori Joyeuse, gouverneur de l'Anjou
(1587), et peu après, le Balafré acheva par les glorieux

combats de Vimory et d'Auneau de se rendre l'idole des masses catholiques (1).

Dès lors, les événements se précipitent. Le chef de la Ligue ne garde plus de mesure ; il parle en vainqueur, et, poussé par les vœux de la France presque entière, gravit audacieusement les derniers degrés qui le séparent du trône. La *journée des barricades* annonce la chute prochaine et inévitable des Valois. Henri III, chassé de Paris, tente vainement de ramener à lui les catholiques par l'édit d'Union et par la convocation des États de Blois (2). Les élections se font partout dans le sens de la Ligue, et lui prouvent qu'il est perdu sans retour dans l'opinion.

Ce qui se passait à Angers à cette époque peut donner une idée de la situation générale. Quatre cents nobles « tous signallez » prirent part aux élections. Ils nommèrent pour député Bois-Dauphin, un des amis du comte de Brissac, et qui, comme ce dernier, avait soulevé le peuple de Paris dans la *journée des barricades*. Quelques-uns seulement réunis autour du comte de Rochepot, nouveau gouverneur de l'Anjou, se séparèrent de la majorité, et essayèrent d'opposer un candidat à Bois-Dauphin. Mais les officiers du présidial, déjà engagés dans la

(1) Louvet, t. II, an 1585. Il signale aussi deux entreprises du roi de Navarre sur Saumur.

(2) L'édit d'Union fut reçu avec des transports de joie. On en célébra la publication avec une pompe inaccoutumée. Toute la population, magistrats du présidial, maire, échevins, clergé, religieux, capitaines des milices et enfin tous les chefs de famille, jurèrent solennellement de l'observer « de poinct en poinct. » Louvet, t. II, août 1588.

Ligue, refusèrent de seconder cette tentative royaliste (1).
On vit alors se reproduire les désordres de la *journée des
mouchoirs*. L'avocat du roi, sommé à grand bruit par les
partisans de Henri III de leur donner acte de leur compa-
rution, s'emporta contre eux, et, se levant sur son siége,
leur dit : « Messieurs, je vous prie de me donner audience, sy personne branle je le ferai mettre en lieu de
seureté. » A ces mots, un effroyable tumulte éclate et
couvre la voix du magistrat. Les gentilshommes sortent
en menaçant, puis « font grande émeute et cédition dans
le palais jusques à tirer des épées toutes nues. » Le lieutenant-particulier envoie quérir à l'hôtel-de-ville des soldats de la milice pour la défense de sa personne ; ils accourent avec leurs capitaines. Mais l'émotion gagne de
proche en proche toute la ville ; les boutiques se ferment,
des barricades s'élèvent, les bourgeois prennent les armes. « N'eust esté, dit Louvet, la sagesse et la prudence
de M. de La Rochepot, il y eust eu de grands meurtres. »
Le gouverneur parvint, non sans peine, à apaiser les nobles courroucés de l'insolence des gens de robe : il n'y eut
pas de sang versé, et l'agitation se calma. Mais l'élection
de Bois-Dauphin fut maintenue, et il alla représenter la
noblesse angevine aux États de Blois (2).

Le clergé et les paroisses eurent aussi l'occasion de se
prononcer et de faire leur manifestation anti-royaliste.
L'évêque d'Angers, Guillaume Ruzé, venait de mourir.
Le roi désigna pour son successeur, Charles Miron, fils

---

(1) Il est vrai de dire que les royalistes ne se présentèrent que dans
la soirée et longtemps après l'heure fixée pour les élections.

(2) Louvet, t. II, an 1588, août.

de son médecin. Il sortait à peine de l'enfance, et il ne fut en âge de recevoir les ordres qu'en avril 1591. Cependant Rome lui donna ses bulles, et un chanoine vint, au mois d'octobre, les présenter, en son nom, au chapitre d'Angers. Les ligueurs crièrent au scandale, et affectèrent une vive indignation au sujet d'un abus qui n'était pourtant pas nouveau dans l'Église : Miron était royaliste. Le clergé et la plupart des habitants s'assemblèrent à l'hôtel-de-ville, s'opposèrent à la prise de possession, et envoyèrent leur protestation au roi (1). Nous verrons bientôt qu'il fallut employer la force pour mettre le jeune prélat sur son trône épiscopal.

C'en était donc fait, un petit nombre de bourgeois et de gentilshommes qu'effrayaient les tendances démocratiques de la Ligue, groupes isolés, sans force et sans espérance, restaient seuls fidèles à la race des Valois. L'immense majorité de la nation l'avait irrévocablement condamnée. On ne doutait pas que les états-généraux (ouverts le 13 octobre) n'accomplissent une révolution qui répondait au vœu général, et qui était déjà faite dans tous les esprits. Tout à coup un cri de douleur et de colère partit de Blois,

(1) Ils se fondaient sur ce que : « 1° Ledict Miron n'estoit capable de telle dignité pour n'avoir estudié ny atteinct l'aage pour estre évesque ; 2° qu'il avoit la vue courte ; 3° que les bulles estoient obreptices et subreptices, le pape trompé sur son âge lui ayant supposé vingt-cinq ans tandis qu'il n'en avoit que dix-neuf ; 4° que les opposants avoient eu advis de M. Liberge, docteur soubz lequel ledict Miron estoit en pension pour estudier que ledict Miron n'estoit guères affectionné à la religion catholique apostolique et romaine, et que s'il estoit pourveu de la dignité épiscopalle il feroit bien du mal. » Louvet, *Cathalogue de tous les évesques d'Angers*, à la suite du t. 1er du Journal, f° 170 v°. — Rangeard, p. 167. — J. Grandet, épiscopat de Ch. Miron.

et se répéta de ville en ville : Henri III, retrouvant un moment d'énergie, avait assassiné le duc de Guise (1).

Le fils de Catherine ne sut pas *coudre après avoir coupé.* L'âme et le corps également énervés par la débauche, il avait usé toute sa force dans un forfait clandestin. Au reste, je doute, pour ma part, qu'il eût réussi, par plus de résolution et d'activité, à triompher des masses soulevées; il ne suffit pas de quelques escadrons pour arrêter un mouvement national. La Ligue, un instant consternée, se releva bientôt furieuse et avide de vengeance. La déchéance du Valois, prononcée par la Sorbonne, n'était pas une expiation assez complète : des énergumènes demandèrent sa mort du haut de toutes les chaires de Paris. Le soulèvement se propagea rapidement de province en province : en quelques semaines, la France entière prit les armes pour punir l'assassin des princes catholiques.

Henri III s'était assuré de la personne de quelques-uns des chefs de la Ligue, et, entre autres, de Bois-Dauphin et du comte de Brissac, mais il les remit bientôt en liberté

(1) Louvet est frappé au cœur. Il annonce la catastrophe avec une solennité inaccoutumée : « Le vingt-troisième et vingt-quatrième jours de décembre audict an 1588, le Roy de France et de Polongne, Henri de Vallois, a, à la face et majesté des gens de bien et d'honneur, députtez, esleus et choisiz par touttes les villes et provinces de ce royaulme de France, assemblez en la ville de Blois, faict emprisonner, meurtrir, massacrer et assassiner la personne de très-haults, très-puissants, très-chestiens et très-magnanimes princes, messeigneurs le révérendissime cardinal de Guyse et monseigneur le duc de Guyse, son frère, premier pair de France. » Il insère dans son Journal un long extrait de la relation qui parut à cette époque sous ce titre : *le Martire des deux frères.* — Rangeard, p. 168, sans aller jusqu'à louer « cet acte de violence et peut-être de justice » l'excuse autant qu'il peut par la raison d'état.

« à la charge de ne porter les armes contre lui. » Les deux gentilshommes ne se crurent point liés par leur parole donnée à un parjure. Bois-Dauphin courut au Mans, et fit déclarer cette ville et tout le Maine pour la Ligue. Brissac se porta, dans le même dessein, vers la capitale de l'Anjou ; tout y était déjà prêt pour une insurrection.

Les deux gouverneurs, Rochepot et Puycharic, sincèrement dévoués au roi, n'avaient pas les troupes nécessaires pour contenir la population dans le devoir. La haute bourgeoisie, qui seule était restée royaliste, n'exerçait plus aucune influence depuis la révolution communale de 1584. Les magistrats municipaux étaient tous des ligueurs déclarés : le maire, Pierre Lechat, président du présidial, jurisconsulte estimable, bien intentionné peut-être, était un caractère faible et incapable de dominer les emportements de la foule ; les quatre échevins, loin de modérer le peuple, le poussaient à la révolte. De plus, la Ligue avait une sorte d'armée dans les milices, dont la plupart des capitaines lui appartenaient ; elle dominait dans le présidial ; elle avait surtout des auxiliaires dévoués dans les couvents. Tous ces agitateurs déclaraient la religion en danger, et se disaient hautement déliés du serment d'obéissance. Les chaires, autour desquelles se pressait le peuple, retentissaient de furieuses imprécations contre le meurtrier des Guise (1). Des processions,

____

(1) Louvet, t. ii, an 1588 octobre, an 1589 février, admire surtout « M. Charron, prestre séculier, docteur en théollogie, venu de la ville de Bordeaux, » qui faisait des sermons « pleins de grant doctrine et duquel les doctes disoient ledict sieur Charron estre le plus grant prédicateur de France. » C'est le même qui publia quelques années après le *Traité de la Sagesse*.

des prières publiques, toutes les cérémonies qui remuent si profondément les cœurs chrétiens, achevaient de mettre en feu les imaginations troublées. Les nouvelles du dehors encourageaient les plus timides : le pays tout entier semblait se lever contre le fils de Catherine (1). L'émotion alla ainsi croissant de jour en jour. Les affaires privées furent abandonnées, et la population frémissante ne prêta plus l'oreille qu'à un seul mot que les vents, en quelque sorte, lui apportaient de tous les points de l'horizon, la déchéance de Henri de Valois.

Dans la matinée du 20 février, le bruit se répand tout-à-coup que les huguenots occupent la maison de ville ; c'était le mot d'ordre convenu. Aussitôt les habitants prennent les armes, et, en un instant, sont « cantonnez et gabionez par les quarfours. » Le maire joue la surprise et se hâte de mander à La Rochepot « qu'il ne savoit ce que c'estoit qui avoit mu les habitants prendre les armes. » Mais l'émeute étant maîtresse de la ville, les meneurs se démasquent : ils se portent au logis du gouverneur, et lui disent nettement « qu'il ne falloit point se flatter, que la raison de ladille émeute et prinse d'armes estoit que les habitants voulloient sçavoir pour qui ils tenoient et jurer l'unyon, comme avoient faict ceulx de Paris et aultres villes catholicques avec les princes et qu'il falloit qu'il jurast (2). » La conjoncture était délicate : La Rochepot n'avait pas de troupes sous la main, et ne pouvait par conséquent tenter un combat dans les rues. Il ne chercha

(1) Louvet, t. II, janvier 1589. « La plus grande partie des habitants des villes et communautez de France ont prins les armes. »

(2) Louvet, t. II, an 1589, février.

qu'à gagner du temps. Il répondit à la sommation des ligueurs « qu'il voulloit avoir l'avis de M. le maire et qu'il feroit ce qu'il verroit bon estre. » Lechat averti convoqua au palais les capitaines de la ville, messieurs du clergé et de la justice. La délibération ne fut pas longue ; l'assemblée décida tout d'une voix « qu'il falloit jurer l'unyon comme avoient faict ceux de Paris et les princes et que tous les huguenots, hérétiques et soubzonnés sortissent et fussent chassez de la ville, et en advertir Messieurs les princes catholicques, et eslire des capitaines au lieu des soubzonnés tenant pour les huguenots, et que ledict sieur Rochepot gouverneur seroit adverty de laditte conclusion. » Le gouverneur ayant reçu communication de ce vote, se rendit au palais. Après un long discours, fort embarrassé et fort obscur, il échappa de nouveau aux sommations des ligueurs, en déclarant « qu'il consentoit jurer l'unyon, pourveu que M. de Puchairiq le consentit, et qu'il n'en feroit rien aultrement. » Le gouverneur manœuvrait fort habilement. Louvet ne s'y trompe pas, et ajoute avec dépit « qui sont finesses dudict sieur de la Rochepot, pour gaigner le temps et le prolonger, en attendant la furie des habitants à passer, et de donner avertissement de tout ce qui se passoit au Roy, au service duquel il estoit fort affectionné. »

Les ligueurs se trouvaient dans la même position que les protestants au mois d'avril 1562 : ils étaient maîtres de la ville, mais ils sentaient qu'ils n'avaient rien fait, si le château restait aux mains des royaux. Ils tentèrent donc le lendemain, 21 février, une démarche auprès du gouverneur de la forteresse. Donnadieu de Puycharic était un gascon fort délié, énergique et résolu, inébranlable dans son devoir, inaccessible à toute séduction, honnête soldat, sans peur et sans reproche. Le comte de Brissac lui avait fait offrir 100,000 écus, et le commandement d'un corps de 4,000 hommes : il avait rejeté ces propositions, et répondu qu'il préférait garder son honneur et ses serments (1). Il reçut les ligueurs à la porte de la forteresse. Ils se plaignirent « qu'il avoit retiré dans le chasteau la plupart des soubzonnez qui estoient dans la ville, ce qui avoit faict prendre les armes aux catholicques. » Puycharic traita de haut les députés : il déclara qu'il ne ferait point connaître son sentiment « que les armes ne feussent laissées par lesdicts habitants et ne les eussent mis bas, et que les barricades ne feussent rompues (2). » Louvet assure que les ligueurs se soumirent à ces exigences. On s'explique cette concession par ce qu'il ajoute : Bois-Dauphin et les gentilshommes de son parti étaient entrés dans les faubourgs ; Brissac y rassemblait aussi des soldats ; les barricades devenaient donc inutiles.

Rochepot prit occasion de l'arrivée de ces gentilshommes pour ajourner encore le serment que les ligueurs réclamaient de lui, et « auroit promis de jurer, à la charge que lesdicts sieurs de Bois-Dauphin et Brissac n'entreroient point en la ville, et auroit prins assignation à mardy prochain, qui estoit un prolongement, tromperie et finesse dudict sieur de Rochepot, ce qui prolongeoit n'estoit que pour gaigner le temps (3). » Le sergent-royal

____

(1) De Thou, liv. cxv, p. 419. Palma Cayet, dans le Panthéon littéraire, *Chronologie Novenaire*, liv. ıᵉʳ, p. 113. On lui offrit aussi un riche mariage.

(2) Louvet, an 1589, février.

(3) *Id. ibid.*

a raison : le gouverneur ne cherchait qu'à user par des longueurs l'exaltation du peuple. Le mardi, on le réclama vainement à son logis, il avait quitté la ville, et l'on apprit bientôt qu'il était aux Ponts-de-Cé, occupé à réunir des troupes.

Quant à Puycharic, il se riait derrière ses murailles des intrigues et des menaces de la Ligue. On tenta de se défaire de lui par un empoisonnement. On corrompit aussi deux soldats qui devaient livrer une porte (1). Le capitaine échappa à toutes les trahisons. Il remplit le château de soldats et de vivres, et rétablit le pont-levis de la porte des champs pour recevoir les troupes que lui annonçait Rochepot.

Depuis plus d'un mois, Angers ne reconnaissait plus d'autre drapeau que celui de l'Union ; on était à la fin de mars, les pompes religieuses de la semaine sainte portaient à son comble l'exaltation des masses. Le mardi 28, le comte de Brissac entra au faubourg Bressigny avec quelques troupes. Le lendemain il se montra dans la ville, parcourut les rues populeuses, et assista au sermon qu'on faisait à Saint-Maurille (2). Le moment décisif était venu. Le roi, sur les instances de Rochepot, avait dirigé le maréchal d'Aumont sur Angers. Cet officier était connu pour sa bra-

(1) *Apologie pour les catholiques d'Angers demeurez fermes en l'obéissance du Roy, calomniez d'hérésie pour n'avoir voulu estre de la Ligue*, imprimée en 1589. Très rare. M. P. Marchegay en a copié les principaux passages sur un exemplaire appartenant à M. André Salmon, de Tours, et a eu l'obligeance de me les communiquer.

(2) Louvet, t. II, an 1589, mars. — *Apologie pour les catholiques*, « lequel menaça dès son arrivée à faire noyer les femmes et enfants de ceux qui ne voudroient jurer la Ligue. »

voure chevaleresque et son esprit de décision. « Il alloit viste en besoigne....., et sans marchander, il vouloit mener les mains, ainsy qu'il a faict toujours paroistre en tous les bons lieux où il s'est trouvé (1). » Le maréchal arriva bientôt aux Ponts-de-Cé avec un corps d'armée ; à cette nouvelle, tous les royalistes s'échappèrent d'Angers et rejoignirent Rochepot. Les ligueurs, n'ayant pas de troupes régulières et placés entre la garnison du château et l'armée du maréchal, se trouvèrent fort déconcertés. Le gouverneur pouvait dicter des lois. Le jeudi saint, il fit dire aux habitants « qu'il entendoit avoir la Cyté libre pour sa seureté ; qu'on eust à en aviser à l'hostel-de-ville, et qu'on lui donna responce dans l'après-disner ; faute de quoy, il feroit entrer en ville 1,500 hommes (2). » Le maire et les échevins essayèrent d'éluder les termes pressants de cette sommation. Mais dès le lendemain, le maréchal porta ses troupes en avant. Quand le peuple aperçut du haut des murs les cornettes royales ; il ne prit conseil que de sa haine, et sourd à la voix des chefs qui parlementaient encore, il redressa les barricades et prépara tout pour la résistance.

Le combat n'eût été qu'une boucherie ; les *royaux* furent assez généreux pour ne pas l'accepter. Puycharic brisa de quelques coups de canons les travaux élevés devant la porte des champs. D'Aumont entra au château avec une partie des troupes. Alors le découragement succéda à la fureur, et les masses tombèrent « en ennuy et espouvante. » Brissac fit entrer quelques soldats, et « pour

____

(1) Brantôme. *Grands capitaines françois*, p. 534.

(2) Louvel, t. ii, an 1589, mars.

encouraiger davantaige lesdicts habitants, il alloit par les rues pour esmouvoir les habitants à tenir bon, et que c'estoient les huguenots et hérélicques qui voulloient, avec l'assistance des faulx catholicques, s'emparer de laditte ville et en chasser les bons catholicques. » Ces discours ranimaient l'ardeur et l'espérance du peuple, mais les chefs avaient perdu courage et reconnu l'impossibilité de résister. Vers minuit, tandis que les artisans, soldats obscurs de la Ligue, veillaient en armes dans les carrefours, aux portes, sur les barricades, sur les murailles, « les principaux de la ville qui avoient le commandement capitulèrent, et accordèrent avec ledict sieur de la Rochepot et M. de Puchairicq. » Les habitants devaient être respectés dans leurs biens et leurs personnes; Rochepot pourrait entretenir garnison dans la Cité pour sa sûreté personnelle; le comte de Brissac sortirait de la ville. Brissac ne tenta point de résister; il se retira par la porte Lyonnaise avec quatre-vingts hommes cuirassés qu'il avait amenés; quelques habitants voulaient le suivre, il s'y refusa, leur assurant qu'ils n'avaient rien à craindre (1).

Le lendemain, d'Aumont fit son entrée dans la ville à la tête du régiment de Picardie (2). Son premier acte fut l'arrestation de plusieurs capitaines des milices, « gens de bien et bons catholicques, pour ce qu'ils ne voulloient adhérer avec les huguenots. » Les ligueurs les plus compromis avaient déjà pris la fuite : les uns gagnèrent Nantes, où le duc de Mercœur les recueillit; les autres errèrent autour de la ville et furent arrêtés par les sol-

(1) Louvet, t. II, an 1589, mars.
(2) *Id., ibid.,* 1er avril.

dals royaux (1). Aucune violence ne fut commise (2).

Pour compléter l'occupation militaire, le maréchal casse les milices bourgeoises et ordonne le désarmement général. Les catholiques portent leurs armes à l'hôtel-de-ville; la chambre du conseil en est bientôt remplie. Les huguenots seuls, suivant Louvet, obtiennent de n'être point désarmés. Le même jour (jeudi 6 avril) « les officiers du Roy sont interdits de leurs charges et condempnez à païer grandes sommes de deniers. » La ville est frappée d'une taxe extraordinaire de cent mille écus. Louvet exhale son désespoir en termes amers ; tout se faisait, dit-il, « à la suscitation des huguenots qui faisoient aparoir que la où ils sont les maistres, ils sont pires que barbares contre les bons catholiques! Dieu conserve le royaulme de France de la raige et fureur des hérétiques huguenots, à l'encontre des bons catholiques (3)! » Le ligueur oublie la dictature de Puygaillard et les sanglantes exécutions qui avaient suivi la reprise d'Angers sur les protestants. Après tout, ces prétendus huguenots ne relevaient ni les potences ni les échafauds.

On n'en était encore qu'aux préliminaires de la répression : d'Aumont, contre son habitude, procédait avec lenteur ; il voulait faire une enquête sur les événements. Le dimanche, 9 avril, Rochepot convoqua une grande assemblée au palais : le maire, les échevins, les membres

______

(1) Louvet, t. II, an 1589, 1er avril.

(2) *Apologie.* « Pas un des liguez de ladicte ville ne fut tué ne offensé en sa personne, encore qu'ils eussent faict mine de vouloir tenir. » Cependant Louvet assure que quelques maisons furent pillées par les soldats, malgré l'ordre du jour formel du maréchal.

(3) Louvet, t. II, an 1589, avril.

du présidial, les capitaines s'y rendirent. Les Ayrault étaient restés les chefs de la bourgeoisie. Leur voix, longtemps couverte par le tumulte des assemblées d'états où dominaient les bruyants procureurs des paroisses, reprenait tout son empire dans une assemblée calme et choisie. Pierre Ayrault signala les prédicateurs comme les principaux fauteurs des troubles, et, s'accusant lui-même, il déclara « qu'il avoit aussi failly, en ce qu'il auroit assisté aux sermons là où on avoit parlé du Roy en mauvais termes, pour n'avoir réprimé les prédicateurs et qu'il n'avoit jamais esté aultre que bon serviteur du Roy. » François Bitault, dont la chute, on s'en souvient, avait marqué l'avénement de la constitution démocratique, prit la parole après son beau-frère et établit que les troubles avaient leur première origine dans l'arrêt du 21 avril 1584. « Il dict que pour son particulier il estoit bon serviteur du Roy, et n'avoit jamais esté aultre, et que la faulte ne provenoit que de M. le maire, lequel y eust bien rémédié s'il eust voullu y apporter de son auctorité, et qu'il avoit grandement failly avec aultres particuliers; toutefois qu'il ne voulloit s'excuser pour son regard, qu'il avoit failli en ce qu'il ne s'estoit plainct de ce qu'on faisoit contre le service du Roy, et que s'il eust eu la force et l'auctorité il eust faict; et qu'il estoit d'avys que la mairye fust remise comme elle estoit auparavant, pour obvier au temps à venir au mal qui pourroit advenir; et que pour le regard des officiers qui avoient failly d'avoir tenu le party de la ligue, il estoit d'avis que lesdicts officiers se soubmissent entre les mains dudict sieur maréchal, de disposer de leurs estats comme il verroit bon estre, afin de rendre le Roy plus content (1). » On voit par cette dernière proposition que François Bitault n'avait point pardonné aux gens du roi, auteurs principaux de sa déchéance. Mais s'il saisit volontiers l'occasion de venger ses injures, il s'offre généreusement lui-même pour concourir à l'expiation de l'attentat commis par la commune : « Et pour le regard de la fidellité desdicts habitants, il falloit que ledict sieur maréchal d'Aumont print douze ou aultre nombre desdicts habitants qui luy plairoit pour aller en hostaige, et que lui-mesme offroit y aller le premier. » Le patriotisme de Bitault trouva un écho dans tous les cœurs : sa proposition fut adoptée d'enthousiasme. Tous les assistants déclarèrent qu'ils se remettraient entre les mains du maréchal et du gouverneur « de leurs personnes, biens et estatz pour en disposer, et qu'ils offroient tous d'obéir au Roy et recepvoir tout commandement du gouverneur qu'il luy plairoit bailler. » Rochepot, touché des sentiments exprimés par les chefs de la bourgeoisie, les rassura et promit « d'apporter tous moiens pour le soullagement des habitants, et les prendre sous sa protection et sauve-garde. » Avant de se séparer, l'assemblée députa Pierre Ayrault et le conseiller Matras pour faire connaître au maréchal, l'opinion de la bourgeoisie et les résolutions qu'elle avait prises.

L'information sur les troubles ayant été continuée sous toutes les formes, le maréchal conclut de tous les renseignements qu'il recueillit et des aveux même des ligueurs, que la cause principale de la sédition était, comme l'avait dit François Bitault, la déchéance de la haute bour-

(1) Louvet, t. ii, an 1589, avril.

geoisie (1). Il résolut en conséquence de rétablir l'ancienne constitution municipale. Le 13 avril, le maire et les quatre échevins en charge furent mandés à l'hôtel-deville, et, après un court interrogatoire, destitués de leurs charges. Le maréchal, en vertu de son pouvoir discrétionnaire, déclara rétabli « l'ancien et premier ordre d'un maire et de vingt-quatre eschevins. » L'échevinage fut aussitôt reconstitué : ceux qui en avaient fait partie, avant le 15 avril 1584, y rentrèrent, sauf quelquesuns « recognus estre de la Ligue et parti contraire à Sa Majesté. » Parmi les douze réintégrés on remarque Pierre Ayrault, son frère Jean et François Bitault, ce triumvirat qui avait été renversé par la coalition des officiers du roi et des paroisses. D'Aumont compléta le conseil, en désignant lui-même douze nouveaux échevins, qu'il tira de la bourgeoisie marchande, de l'Université et du présidial. Tous les agents de l'hôtel-de-ville, greffier, receveur, maître de l'artillerie et pavage, connestables, portiers et

<hr>

(1) *Recueil des priviléges de la ville-d'Angers*, p. 78, procès-verbal rédigé par le maréchal d'Aumont. « Nous estant enquis des causes de cette rébellion, aurions trouvé entre autres le changement faict au moien de certain arrest du parlement de Paris... parce que au lieu de vingt-quatre eschevins qui estoient des plus notables familles, zélés au service du Roy et conservation de la ville en son obéissance, incorruptibles représentants, la meilleure partie et la plus saine du corps d'icelle, auroit été introduit une nouvelle forme de gouvernement de ladite mairie sous l'authorité de quatre eschevins et un maire biannuels électifs par suffrage du peuple, lesquels... ont dressé et acheminé plusieurs entreprinses contre le service de Sa Majesté et repos de ses sujets... Vu aussi la conclusion prise entre les habitants, le 9 du présent mois et an, qui auroient recogneu, mesme de ceulx qui ont participé aux troubles susdits, que ledict changement en estoit en partie cause, etc. »

sergents, compromis dans les rangs de la Ligue, furent forcés de vendre leurs offices à des royalistes éprouvés.

Le maréchal procéda ensuite à la réorganisation des milices. Il en chassa les ligueurs déclarés, et institua de nouveaux capitaines, lieutenants, cinquanteniers et sergents. Tous ces officiers, choisis avec soin, firent « le serment solennel de conserver et deffendre la ville d'Angers dans l'obéissance de Sa Majesté envers et contre tous, sans nul excepter (1). »

Les installations terminées, le maréchal convoqua les paroisses à l'hôtel-de-ville pour donner à ses réformes une consécration publique. Les échevins et les officiers des milices furent appelés à prêter, entre les mains du maréchal et en présence du peuple, un serment conçu dans ces termes :

« Vous jurez et promettez à Dieu vostre créateur, à la benoiste et glorieuse Vierge Marie et à tous les anges, saincts et sainctes du Paradis, de vivre et mourir en la religion catholique, apostolique et romaine, et pour la conservation et accroissement d'icelle employer, soubz l'authorité et obéissance des commandements de vostre Roy très chrestien légitime et naturel, Henri IIIᵉ de ce nom, tous vos moyens et vostre propre vie, jusqu'à la dernière heure qu'il plaira à Dieu de vous conserver et garder. »

« Vous jurez aussy d'assister et servir vostre Roy très chrestien, envers tous sans nul excepter, tant en la conservation de sa personne et authorité, que pour la pugnition et chastiment de ceulx qui se sont eslevez ou s'esle-

____

(1) *Recueil des priviléges de la ville d'Angers,* p. 78.

veront cy-après contre Sa Majesté, ont pris ou prendront les armes contre icelle, et n'espargner pour ce aulcun de vos moiens et vostre propre vie jusqu'à la dernière goutte de vostre sang, révocquant et renonçant à toute aultre ligue, association ou serment que vous pourriez avoir faict au contraire; et en cas de contravention cy-après par vous au présent serment, soit de paroles ou d'effect, vous consentez, dès à présent, comme dès lors, estre déclarez coupables et convaincus du crime de lèze-Majesté. »

Echevins, capitaines, procureurs des paroisses adhérèrent tour à tour à cet engagement si formel contre la Ligue. Les capitaines furent chargés « de prendre et recevoir ledict serment de chascun chef de famille de leur compaignée (1). »

Restait à désigner le chef du nouveau gouvernement municipal. D'Aumont, voulant avoir un homme sûr, dérogea pour cette fois aux dispositions de la charte qu'il venait de remettre en vigueur. Le lendemain, 14 avril, les échevins, le procureur, messieurs de l'Église et de l'Université, assemblés par son ordre, furent chargés de dresser une liste de trois notables, dignes de remplir les fonctions de maire. Le maréchal choisit lui-même dans cette liste Bonvoisin, l'un des amis de Pierre Ayrault. P. Lechat, le maire révoqué, remit entre les mains de son successeur les clefs de la ville, les sceaux et la charte de Louis XI (2).

L'ordre étant rétabli à l'hôtel-de-ville, d'Aumont voulut le ramener aussi dans les églises. Le clergé manquait de chef; Miron, l'évêque nommé par le roi, n'avait

(1) *Recueil des priviléges de la ville d'Angers*, p. 78.
(2) *Ibid.*

pas osé jusqu'alors affronter l'opposition du chapitre et des habitants. Mais la présence de l'armée du maréchal l'enhardit ; il vint à Angers, et on décida qu'il serait installé, au besoin par la force, dans l'église cathédrale de Saint-Maurice. Le 15 avril, les troupes entourèrent la vieille basilique ; le jeune prélat s'avança, escorté par une garde imposante, et prit possession « contre le gré et vollonté des bons catholicques de la ville (1). » Le roi avait désormais des hommes dévoués dans la maison de ville, au Capitole, dans la Cité, au château : la Ligue, surveillée et, pour ainsi dire, garrottée sur tous les points, ne pouvait plus faire un mouvement.

D'autres mesures achevèrent de restaurer l'autorité royale. On fit des perquisitions dans les maisons suspectes ; tous les ligueurs furent désarmés. Une partie des armes enlevées aux factieux furent vendues à vil prix aux soldats des régiments ; le reste fut donné à Puycharic et à d'autres capitaines. Alors le maréchal crut pouvoir éloigner les troupes ; le 15 avril, tous les régiments quittèrent la ville pour aller rejoindre le roi à Tours. Avant de partir lui-même, d'Aumont eut soin d'épurer la commune. Le jour même du départ des troupes, on publia dans les carrefours l'ordonnance suivante : « Il est enjoinct aux cy-dessous nommés de sortir hors la ville et banlieue d'Angers dans les vingt-quatre heures après la publication du présent, sur peine d'estre penduz et estranglez sans aultre forme de procès, là où ils seront trouvez. » Suivent vingt-sept noms, parmi lesquels on re-

____

(1) Louvet, an 1589, avril. — Voir aussi *Cathalogue des évesques*, à la suite du t. I, f° 170 v°.

marque huit avocats, deux capitaines, un chapelain de Saint-Pierre; le reste se compose de marchands, d'artisans, d'agents subalternes de la justice, « tous lesquels, ajoute Louvet, ont esté banniz et exillez hors la ville, de tant qu'ils n'estoient huguenots (1), » Une autre ordonnance, du même jour, frappait moins sévèrement la seconde catégorie des coupables : « A esté enjoinct aux cy-après nommez, de tenir bonne prison en leurs maisons et de ne sortir hors ville, ny de jour ny de nuict, avec deffenses à touttes personnes de ne parler à eulx, sous peine d'estre déclarez criminels de lèze-Majesté.» Suivent douze noms, dont le premier est celui du président Lechat (2). Enfin d'autres ligueurs, moins compromis que les premiers, plus suspects que les seconds, « ont esté en prison fermée. » Louvet en nomme neuf : trois conseillers, deux esluz, un contrôleur des traites, un avocat du roi, un religieux de Toussaint et un lieutenant du prévôt (3).

Le maréchal pouvait s'éloigner; il n'y avait plus rien à craindre de la part des mécontents. La population, qui presque tout entière appartenait de cœur à la Ligue, resta affaissée sous la terreur. Peu à peu cependant La Rochepot et Puycharic adoucirent le régime militaire établi par d'Aumont. On rendit aux habitants les armes dont il n'avait pas été disposé; le palais, fermé pendant les troubles, se rouvrit; on permit aux suspects de sortir de leurs maisons et de vaquer librement à leurs affaires; quelques magistrats destitués, et entre autres le président Lechat, re-

(1) Louvet, t. II, an 1589, avril.
(2) Id. ibid.
(3) Id. ibid.

montèrent sur leur siége. Ces mesures conciliantes, préludes d'une amnistie générale, étaient dues à l'influence de Philippe Gourreau, sieur de la Proustière, maître des requêtes, dont il a été parlé précédemment. Henri III l'avait envoyé à Angers pour y réformer quelques abus du présidial. Fidèle à son système de modération, il s'appliqua à calmer les esprits et intervint en faveur des ligueurs vaincus, comme autrefois en faveur des protestants persécutés. Il avait sans doute reçu des instructions particulières. Le roi, qui sanctionna tous les actes du maréchal d'Aumont par lettres patentes du 1er mai, donna aussi son approbation à la sage conduite de Philippe Gourreau : lorsque son œuvre de pacification parut achevée, une amnistie générale pour tous les habitants, pour tous les corps constitués, fut publiée et enregistrée au présidial le 20 juin 1589 (1).

Henri III n'eut pas, sur les autres points du royaume, le même succès qu'à Angers. La Ligue triomphait partout, et le roi n'était plus reconnu que dans cinq places (2). Dans cette extrémité, il se décida à renier tout son passé, et se jeta de désespoir aux bras du roi de Navarre. Cette décision eut pour l'Anjou des conséquences importantes. Il arriva, en effet, qu'une des villes de cette province, si éminemment catholique, devint le boulevard du protestantisme. Le Béarnais désirait depuis longtemps

(1) On trouve une copie de cet acte dans les manuscrits de la bibliothèque d'Angers. *Documents relatifs au protestantisme et à la Ligue en Anjou.*

(2) « Il n'avoit quasi plus que Beaugency, Blois, Amboise, Tours et Saumur où il pût résider. » Sully, *Œcon. roy.* t. I, chap. 26, p. 410, édit. Petitot.

avoir une ville sur la Loire. Henri III lui offrit d'abord les Ponts-de-Cé ; mais le gouverneur, Cosseins, neveu et héritier de Puygaillard, refusa de livrer cette place aux huguenots. Saumur fut alors désigné et remis, le 17 avril 1589, à Duplessis-Mornay, qui promit « qu'avec l'aide de Dieu il la rendroit meilleure. » Le 19, Henri y fit son entrée « qui ne pouvoit cacher sa joie de se voir logé sur ceste rivière, tant de fois désirée, tant de fois peu heureusement tentée (1). » Mornay tint sa parole : il rendit la place *meilleure*. De cette petite ville, jusqu'alors ignorée, il fit une puissante citadelle, un grand centre de population, un foyer de science et l'une des plus célèbres écoles de théologie calviniste (2). Dès ce moment, cet homme illustre, l'une des plus honnêtes et des plus grandes figures du protestantisme français, est revendiqué par la province d'Anjou comme une de ses gloires adoptives (3).

Le 28 avril, Henri de Navarre quitta Saumur et alla rejoindre Henri III à Plessis-les-Tours. Peu après, les deux souverains entraient en campagne contre la Ligue et marchaient sur Paris.

Cependant les ligueurs d'Angers s'agitaient douloureusement dans leurs liens, sans parvenir à les rompre. La Rochepot et Puycharic comprimaient tous leurs mouvements. Louvet se plaint amèrement que, par un de ces retours si fréquents dans les discordes civiles, les catholiques fussent devenus suspects : on leur défendait « de

____

(1) David de Licques, p. 128.

(2) Ce fut lui qui fonda la célèbre Académie de Saumur.

(3) Voir dans la *Revue d'Anjou*, année 1854, un travail très remarquable de M. Eug. Poitou sur Philippe Duplessis-Mornay.

tenir des assemblées ès-maisons passé neuf heures du soir, ny sur jour de parler ensemble jusques au nombre de trois personnes, ny d'aprocher des murailles de la ville, le tout à peine de prison. » Dans leur exaspération, ils s'en prenaient aux modérés, que leur royalisme avait ramenés au pouvoir; ils leur reprochaient leur soumission comme une hérésie, et les confondaient, sous le nom commun de huguenots, avec les ennemis de l'Eglise. Le parti Ayrault répondait à ces accusations en protestant de la pureté de sa foi catholique, et, fidèle à ses sages traditions, s'efforçait de faire pénétrer dans les esprits, égarés par des sophismes, les saines maximes d'une politique éclairée (1).

(1) *Apologie des catholiques* déjà citée. « Et combien que par la douceur dont l'on a usé envers eux, ils eussent deu reconnoistre leur faulte, s'affectionner à vivre paisiblement tant de faict que de parole et se réconcilier avec leurs concitoyens, néantmoins au contraire, outre les menaces que font aucuns d'eux que l'armée du duc de Mayenne viendra bientost et qu'ils auront revanche, ils calomnient d'hérésie les catholiques obéyssans au Roy, parce qu'ils n'ont voulu leur adhérer en la rébellion qu'ils ont faicte à Sa Majesté... Or, puisque les uns et les aultres font mesme profession et exercice et ont mesme communion et accord en tous les points et articles de la religion et qu'ils diffèrent seulement en ce que les uns obéyssent au Roy et les autres se rebellent contre luy, les catholiques royaux ne peuvent estre notez d'hérésie, sinon que les ligueurs voulussent soustenir qu'obéyr aux Roys fust hérésie... Nous estimons que nostre Roy ne sera point difficile, veu son doux naturel qui est en partie cause de la rébellion qu'il voit, pour avoir trop enduré ce que l'on a de longtemps commencé à entreprendre contre luy. . Faysans ainsi et aydans à nostre Roy, il aura la victoire contre ceux qui le veulent opprimer; et, la victoire obtenue, il nous gouvernera doucement; tellement que nous vivrons doresnavant, moyennant la grâce de Dieu, en patience et, comme il se list du règne de Salomon, en asseurance, *chascun soubz sa vigne, et chascun soubz son figuier,* par tout le royaume. »

Angers était devenu la place d'armes des royaux dans l'ouest. La Rochepot, le comte de Soissons, Lavardin, Montsoreau, venaient y chercher des troupes, pour faire çà et là, sur les forts de la Ligue, des entreprises d'ailleurs sans éclat. Le 5 du mois d'août, tous les capitaines étaient réunis, et préparaient une grande expédition contre la Bretagne, lorsqu'un courrier apporta la nouvelle de l'attentat de Jacques Clément. Louvet ne dit qu'un mot qui trahit la joie triomphante de son parti : « Justice de Dieu envers celui qui avoit faict tuer et assassiner Monsieur le cardinal de Guise, qui l'avoit oinct et sacré (1). » La mort du dernier des Valois, sanglante satisfaction donnée par un fanatique à la fureur d'un peuple en délire, n'était pas le dénouement de la guerre civile. La question religieuse et la question dynastique étaient encore entières; les deux partis, catholiques et huguenots, Guise et Bourbon, restaient en présence.

(1) T. 11, an 1589, août

CHAPITRE IX.

———

Henri de Navarre, roi de France. — L'Anjou refuse de le reconnaître,
mais Angers et Saumur sont maintenus dans l'obéissance par les
gouverneurs. — Panégyrique de Henri III à Saint-Maurice et à
l'hôtel-de-ville d'Angers. — Scission dans le présidial. — Philippe
Gourreau, commissaire extraordinaire. — Les prédicateurs de la Ligue : les couvents. — Essai de prédication royaliste : le curé Chauveau. — Sédition : le théologal Girault. — Le parlement de Tours sévit
contre les orateurs populaires.

L'éventualité prévue avec tant de tristesse et d'alarmes
par les catholiques était désormais un événement accompli. Le chef des calvinistes, Henri de Béarn, avait pris, à
la mort de Henri III, le titre de roi de France. Les lois fon-
damentales de l'état lui donnaient des droits incontestables.
Cependant, aux acclamations du camp de Saint-Cloud,
répondirent, d'un bout du pays à l'autre, des protestations

presque unanimes. La Ligue s'était levée pour frapper l'assassin des Guise ; elle resta debout pour combattre le huguenot qui prétendait recueillir l'héritage des Valois.

Dans les jugements contradictoires qui ont été portés sur cette insurrection, les historiens et les publicistes ont oublié communément d'établir une distinction nécessaire. Il y a deux Ligues : la Ligue politique et la Ligue religieuse. La première est une faction composée d'ambitieux, pour qui la religion n'est qu'un masque et les passions populaires qu'un instrument. Ce n'est pas le triomphe du catholicisme qu'ils poursuivent à travers le sang et les ruines. Les uns travaillent pour la maison de Guise, les autres pour l'Espagne, d'autres pour la résurrection du fédéralisme féodal, tous obéissent à des mobiles personnels. Pour ces fauteurs d'anarchie, sans honneur et sans conscience, meneurs intéressés d'une foule égarée, qui fomentèrent pendant neuf ans tous les excès de la guerre civile et faillirent livrer leur patrie à un despote étranger, l'histoire ne saurait avoir de sentence trop sévère. Quant à la Ligue religieuse, formée par les masses, est-il permis de la condamner avec la même rigueur? On ne peut douter du moins qu'elle ne fût désintéressée dans son aveugle emportement. En combattant Henri IV, elle ne songeait qu'à défendre la foi que l'avènement d'un calviniste mettait en péril. Je ne veux pas me livrer à de vaines hypothèses sur les destinées réservées à la France, si Henri IV avait vu, dès son avènement, fléchir devant les droits de sa naissance l'opposition des catholiques. Niera-t-on cependant que, dans un pays monarchique comme le nôtre, le calvinisme couronné n'eût exercé de puissantes séductions ? N'était-il pas naturel de craindre, à une époque où la tolérance n'était admise que par quelques esprits d'élite, que le roi n'associât à son triomphe les religionnaires qui avaient jusqu'alors partagé les diverses chances de sa fortune? La *déclaration* de Saint-Cloud était-elle suffisamment rassurante, et devait-on poser les armes sur une simple promesse de ce Béarnais, libertin sceptique et railleur, dont rien ne garantissait la loyauté? D'ailleurs Bourbon était-il un prétendant légitime? L'excommunication du pape l'avait déclaré incapable de succéder, et, la passion aidant, on arrivait bien vite à douter de la valeur de ses droits de naissance, que les généalogistes n'établissaient qu'en remontant par vingt-deux degrés jusqu'à saint Louis. Il est vrai que beaucoup d'honnêtes gens, croyants convaincus, mais sans passion, se contentaient d'attendre à l'écart, dans une attitude à demi-hostile, que Henri IV donnât, par un acte décisif, des gages suffisants au culte de la majorité nationale. Mais devait-on espérer du peuple tant de sagesse et de réserve? Ne fut-il pas excusable si, emporté par sa fougue et excité par les factieux, il ne sut pas se résigner à une sorte de neutralité armée, et entreprit de sauver de haute lutte sa foi et ses traditions!

Aucune province n'était plus sincèrement attachée à la religion catholique que l'Anjou. La Ligue y dominait déjà avant la mort d'Henri III. Toutes les villes secondaires, Châteaugontier, Craon, Segré, Baugé, Beaupreau, Chalonnes, etc., refusèrent de reconnaître le nouveau roi (1). Les deux principales places du pays restèrent seules et malgré elles dans le parti royaliste. Duplessis-

(1) Roger, p. 450.

Mornay se rendait par eau à Tours, lorsqu'il reçut la dépêche qui lui annonçait l'événement de Saint-Cloud. Il se
hâta de revenir à Saumur, et, de sa barque, il écrivit à tous
les gentilshommes calvinistes du pays. Quatre jours après,
il réunissait dans sa citadelle fortifiée 2,000 hommes de
pied et une nombreuse noblesse à cheval. La conservation
de Saumur étant ainsi assurée, Mornay envoya aussitôt
sonder les dispositions de Puycharic. Le capitaine répondit seulement « qu'il ne seroit jamais Espagnol. » Avait-il
hésité? Quelques jours plus tard, pressé de nouveau de
s'expliquer, il pria le gouverneur de Saumur « d'assurer
le roy de son service (1). »

La Rochepot ne s'était pas montré embarrassé un seul
instant. Dès le premier jour il fit proclamer Henri IV, et
mit son nom dans tous les actes. Pour gagner la population, il alla adroitement au-devant de ses inquiétudes religieuses. Le mardi 8 août, ayant réuni dans une séance
solennelle, à l'hôtel-de-ville, le maire, les échevins, Messieurs de la justice et les capitaines de milice, il leur fit
jurer « de se maintenir les ungs avec les aultres en la relligion catholique, apostolique et romayne sans rien en
innover et d'oublier tout ce qui s'estoit passé (2). » Le
gouverneur prouva la sincérité de son appel à la concorde
en élargissant les ligueurs, qu'on retenait au château depuis les ordonnances du maréchal d'Aumont. Il espérait
sans doute que les chefs de la révolte, désillusionnés par
un emprisonnement de quelques mois, rentreraient plus
calmes et plus réservés dans leurs foyers, et n'emploie-

(1) David de Licques, p. 137.
(2) Louvet, an 1589, août.

raient leur influence qu'à retenir la population dans la sagesse qu'on leur avait si rudement enseignée (1). Cependant il ne négligeait rien pour prévenir les tentatives des factieux. Il changea le service des milices. Chaque compagnie allant à son tour faire la garde aux portes, il était possible qu'une d'elles, recrutée dans les quartiers ligueurs, se laissât pratiquer par les seigneurs du pays et livrât l'entrée de la ville. Le gouverneur, empruntant un usage de la Rochelle, décida que désormais chaque compagnie fournirait tous les jours un contingent, et que les capitaines de garde seraient désignés par lui (2).

Les deux lieutenants du roi ne laissaient aucun prétexte aux récriminations des catholiques; ils maintenaient sévèrement les édits sur le culte, et ils ne permettaient pas aux protestants d'abuser de leur nouvelle situation (3). Comme par le passé, les prêches étaient interdits dans la ville, et toute assemblée de huguenots prohibée.

Si la population catholique eût été abandonnée à elle-même, elle se fût peut-être résignée au triomphe si inoffensif du chef des calvinistes. Mais, à Angers comme à Paris, la chaire était devenue une tribune : les orateurs attisaient sans cesse les haines des masses. Charron, l'élo-

(1) Louvet, an 1589, août.

(2) *Id., ibid.*

(3) *Id., ibid.* « Le capitaine Vignolle, habitant et fugitif de la ville du Mans pour la huguenotterie, s'est emparé de la Haulte-Chaisne et a en icelle mené des pouldres et aultres munitions et mis l'enseigne au vent dans le haut de la tour, pour y tenir fort et la garder, dont les catholiques auroient faict une grande plaincte... au moien de laquelle plaincte, M. le gouverneur l'auroit fait sortir, et y auroit mis en sa place ung capitaine de la ville. »

quent missionnaire de la Ligue, et un moine augustin, nommé Racineux, dirigèrent les premières attaques contre Henri IV et ses adhérents. Dans tous leurs sermons, on les entendait « parler contre les huguenots et reprendre ceulx qui les maintenoient et susportoient, que c'estoient faulx catholicques, et qu'il ne falloit obéir à ung roy héréticque et qui estoit chef des huguenots, qui seroit cause de la perdition de la relligion catholicque, apostolicque et romayne au royaulme de France, et que les huguenots abattroient touttes les églises (1). » Louvet ajoute que les huguenots se plaignirent au gouverneur : sous ce nom de huguenots, l'écrivain ligueur comprend tous les royalistes qui blâmaient ces prédications incendiaires. Rochepot imposa silence à Racineux et à Charron (2). Mais pour deux énergumènes dont on fermait la bouche, il s'en levait bientôt vingt autres, prêts à continuer leur œuvre avec la même violence et le même succès.

Les gouverneurs n'étaient point toujours là pour réprimer les emportements des orateurs. Ils étaient obligés de tenir la campagne contre les troupes de l'Union. La province entière se hérissait de forts ; tous les châteaux étaient mis en état de défense ; les bourgs et les villages improvisaient des murailles ; les églises elles-mêmes devenaient des retraites fortifiées pour les soldats de la Ligue (3). Rochepot et Puycharic, avec un dévouement, une activité, une persévérance qui les ont rendus justement célèbres dans le pays d'Anjou, poursuivirent sans relâche, pendant

(1) Louvet, 1589, août.

(2) *Id., ibid.* « Sous peine de pugnition corporelle. »

(3) Roger, p. 450.

neuf années, une lutte opiniâtre contre les ennemis du roi, semés en partisans sur les hauteurs, dans les bois, sur les bords des rivières. Ils perdirent bien des compagnons dans cette guerre obscure, où tout buisson cache une embuscade, où chaque haie forme une muraille, et toute colline une redoute. Les ligueurs d'Angers faisaient hautement éclater leur joie, quand ils voyaient les deux capitaines royaux revenir battus ou blessés. Leurs soldats eux-mêmes les suivaient à contre-cœur, doutant de la justice de leur cause (1).

Pendant les absences forcées de Rochepot et de Puycharic, la direction de la commune était confiée à Philippe Gourreau. Ce sage magistrat s'épuisait en vains efforts pour faire prévaloir, sur les étroites théories des moines, les principes plus larges et plus élevés qu'il avait puisés à l'école de Michel L'Hôpital. La bourgeoisie secondait activement Gourreau, et agissait franchement dans le sens royaliste (2). Le 1er septembre, l'évêque, Charles Miron,

----

(1) Louvet, t. II, an 1589, août. Le 23 août, Rochepot va attaquer le Lion-d'Angers, occupé par M. de Beaulieu, que le gouverneur de Châteaugontier y avait placé. Les Royaux avaient déjà pris une partie de la ville; Beaulieu se retranche dans l'église et attend des renforts. Les ligueurs accourent de Châteaugontier; Rochepot est repoussé et perd soixante hommes. Le reste, en grand désarroi, regagne Angers « et s'en viennent bien marriz disant qu'ils n'avoient garde de gaigner et que Dieu ne leur pouvoit ayder, de tant qu'ils alloient contre les catholicques. » Rochepot fait peu après sortir un canon et une couleuvrine pour recommencer l'expédition. A la porte Lyonnaise, les essieux cassent « tellement que le peuple alloit voir ledict canon et disoit que Dieu estoit contre eux. »

(2) Nous n'avons pas les Registres de 1589; mais nous trouvons, au mois de mai 1590, des passages décisifs. Le 1er mai, le maire Bonvoi-

qui avait aussi reconnu Henri IV, fit célébrer à St-Maurice un service solennel pour l'âme de Henri III. L'évêque du Mans, Claude d'Angennes, frère du cardinal de Rambouillet, officiait. Théodore Voute, curé de Langeais, avait été choisi pour prononcer l'oraison funèbre; il était de cette partie du clergé séculier, plus considérable qu'on ne le croit communément, qui n'avait point adopté les maximes de la Ligue. « Il prêcha, dit Louvet, au gré des huguenots et leurs fautteurs, disant qu'il falloit obéir à son roy, encore qu'il fust hérélicque et de mauvaise vye, et que le Turc souffroit et permettoit bien plusieurs relligions, et, pour le soutenement de ce, alléguoit plusieurs exemples, et ne se contentoit de parler des louanges du deffunct roy, ains parloit pour les hérélicques, dont ils estoient fort joyeulx, et lesquels disoient que c'estoit un grant personnaige et duquel ils faisoient de grandes louanges. » Les magistrats municipaux ne se contentèrent pas d'adhérer tacitement à ce grand principe de la liberté

sin, sortant de charge, et rendant compte de sa gestion, dit que le corps de ville a embrassé la cause royaliste, « attendu que c'est de nos Roys que ceste compaignée a l'auctorité, la puissance et les priviléges. » Le 11 mai suivant, les échevins prennent la conclusion suivante : « sur ce que M. le maire a remonstré que, estant dymanche dernier à la procession géneralle qui alla à Sainct-Lau, il observa à la prédication qui fut faicte par ung cordelier, qu'il ne fist pas toutes autres prières accoustumées; a esté advisé que M. l'évesque d'Angiers sera prié mander ledict cordelier et les chefs des quatre mendians de ceste ville pour les advertir que, annonçant la parolle de Dieu au peuple, ils ayent pareillement à le contenir en l'obéissance deue à Sa Majesté, et l'inviter de prier Dieu pour icelle et faire prières accoustumées pour la prospérité de ladite Majesté. » Ces deux extraits ont déjà été cités par M. Marchegay, dans les *Archives de Maine et Loire*, t. I, p. 311.

de conscience professé par Théodore Voute. Le lendemain, ils tinrent à l'hôtel-de-ville une séance extraordinaire « où l'on fist un panégiricq, en forme de prédication, des louanges du deffunct Henri III⁰, où a esté allégué plus de mensonges que de vérités (1). » On croira sans peine que les orateurs royalistes étaient peu goûtés : leurs doctrines libérales étaient trop avancées pour une époque où quelques hommes supérieurs s'étaient seuls élevés à la conception d'un gouvernement, protecteur impartial de la liberté de conscience; elles sonnaient aux oreilles des catholiques comme de véritables hérésies ; et, il faut bien le dire, ce n'est point par désintéressement que les huguenots s'en montraient « fort joyeulx. »

Le présidial n'ayant pas été épuré avec la même sévérité que l'échevinage, les prêcheurs de la Ligue y trouvaient de nombreux auxiliaires. Le procureur du roi, Cochelin, ralliait autour de lui un groupe de magistrats *malcontents,* déçus dans leur ambition, qui s'agitaient beaucoup, et entravaient les dispositions conciliantes de Gourreau. Une scission complète éclata bientôt au sein du corps judiciaire. Cochelin fut forcé de quitter Angers; il entraîna avec lui cinq ou six conseillers. Ces transfuges érigèrent à Châteaugontier, chef-lieu de la Ligue angevine, un présidial qui prétendit jouer, vis-à-vis de celui d'Angers, le rôle que le parlement de Tours avait pris à l'égard de celui de Paris. Cochelin reçut du duc de Mayenne des lettres de lieutenant-général-civil ; un arrêt des conseillers de Paris sanctionna cette prétendue translation (2).

(1) Louvet, an 1589, septembre.

(2) Louvet, t. II, an 1589, septembre, intercale dans son Journal la

La présence et l'énergie de Philippe Gourreau avaient sans doute déterminé la défection des magistrats ligueurs. Henri IV, appréciant de plus en plus l'habileté du maître des requêtes, l'investit, par lettres-patentes du 25 septembre, d'un pouvoir discrétionnaire en matières judiciaires et civiles (1). Son grand tact, son expérience des hommes et des choses, et surtout sa modération, justifiaient la confiance du souverain. Il réorganisa prudemment les tribunaux, écartant les factieux, rétablissant les juges seulement égarés, n'appelant dans les postes considérables que les royalistes dont la foi catholique n'était pas douteuse.

Puycharic secondait habilement le maître des requêtes. Sans cesse en éveil, l'oreille ouverte aux mille rumeurs qui se croisaient dans la ville, il montrait partout, sans rigueur irritante, la force qui fait respecter le droit. Toute tentative de trouble était réprimée sur-le-champ. Des attroupements suspects se formaient-ils autour des halles? il transférait le marché sur le fossé Saint-Aubin, et interdisait de s'y montrer avec des épées ou des poignards. L'ennemi paraissait-il dans la campagne? il doublait les gardes à toutes les portes, et mettait garnison dans les faubourgs. Parlait-on de complots? il descendait dans les logis des ligueurs les plus connus, enlevait les armes ca-

---

déclaration publiée le 2 septembre par « les officiers catholicques de l'Unyon de la sénéchaulsée et siége présidial d'Angers, estant audict Chasteaugontier. »

(1) Ce curieux document a été récemment publié par M. le comte de Quatrebarbes dans son étude sur Philippe Gourreau, déjà citée. L'original se trouve dans ses archives de famille.

chées et surprenait les trames (1). Cette activité, décourageante pour les perturbateurs, maintenait l'ordre dans la ville. Mais Puycharic n'obtenait pas le même succès à l'extérieur. Pour balayer la campagne, occupée par les ennemis du roi, il aurait eu besoin du concours actif des compagnies, et le plus souvent elles se refusaient à le suivre dans ses expéditions (2). Il y avait même quelque imprudence à laisser des armes aux mains de ces miliciens récalcitrants. On pouvait craindre que, cédant aux excitations des prédicateurs, ils ne les tournassent contre ceux qu'ils considéraient comme leurs oppresseurs.

Ni Philippe Gourreau, ni le gouverneur, ni le maire, ni même l'évêque, n'avaient pu obtenir des *quatre mendiants* un langage plus mesuré. Leur violence allait croissant. Les couvents des Cordeliers, des Jacobins, des Carmes, des Capucins, étaient autant de foyers de sédition. Les moines, qui prenaient sans doute le mot d'ordre à Paris, prêchaient ouvertement la légitimité de l'insurrection, et, mêlant les théories politiques aux démonstrations de la foi, s'adressant tour à tour aux instincts les plus élevés et aux passions les plus brutales, propageant les bruits les plus calomnieux et les inventions les plus extravagantes, ils fomentaient, au profit de la Ligue, ces flammes révolutionnaires qui couvent toujours au sein des masses. Les magistrats reculaient prudemment devant une répression énergique, et, craignant de précipiter par des rigueurs l'explosion qui semblait imminente,

(1) Louvet, t. ii, an 1589, septembre.

(2) *Id., ibid.*, octobre. « N'y voulloient aller, pour ne tenir le parti des héréticques et qu'ils ne voulloient faire la guerre aux catholicques. »

ils se contentaient d'interdire la chaire aux plus furieux ;
mais ils n'osaient fermer les couvents, et, par cette demi-
impunité, ôtaient tout frein à l'audace et à l'emportement
des tribuns populaires. Ce fut alors que Philippe Gourreau
imagina un de ces honnêtes expédients qu'eût sans doute
approuvé son illustre maître le chancelier, mais dont on
avait déjà reconnu plus d'une fois l'inefficacité. Il voulut
combattre la Ligue avec les armes dont elle se servait, et
opposer des prédicateurs modérés aux énergumènes qui
égaraient le peuple. Il oubliait que, dans les tempêtes politiques, la voix des sages, couverte par le tumulte des
passions ou par les déclamations des esprits téméraires,
parvient rarement jusqu'à l'oreille des masses. Le disciple de L'Hôpital ne tarda pas à perdre ses illusions.

Il avait pour ami Chauveau, curé de Saint-Gervais, à
Paris. C'était un des trois ou quatre curés qui, à l'exemple
de l'Angevin Benoit, de la paroisse St-Eustache, n'avaient
pas craint de confesser leur royalisme dans la capitale de
la Ligue. On vantait sa charité ; ses mœurs étaient irré-
prochables ; il avait du savoir et de l'esprit. Mais ses allures
fantasques, son peu de gravité, sa verve déréglée et les
singulières hardiesses de son langage, faisaient souvent
douter de sa raison. Ses discours se ressentaient de la situation équivoque de son roi ; tout en protestant de son
orthodoxie, il s'égarait parfois jusqu'à des propositions
hérétiques. Chassé de Paris par les ligueurs, il s'était fait
missionnaire royaliste, et allait de ville en ville, prêchant
la soumission au peuple, et démontrant à sa manière la
légitimité de Henri IV. Les témérités de son éloquence
lui avaient suscité beaucoup d'ennemis ; mais le roi le
protégeait secrètement et lui avait dit : « Il y en a qui

vous veulent garder de prescher; mais moi je vous veux faire évesque; continuez (1). » C'est à cet orateur, organe bizarre de la raison, que Gourreau s'adressa, pour répondre aux furieuses objurgations des ligueurs, et ramener le peuple dans la voie du devoir. Il le pria de venir à Angers, et le reçut même dans son logis de famille. Mais à peine Chauveau fut-il arrivé que des rumeurs menaçantes s'élevèrent de toutes parts. Le clergé séculier, contenu par l'évêque Charles Miron, avait jusqu'alors gardé beaucoup de mesure. Sauf de rares exceptions, il était resté en dehors de cette lutte bruyante où s'étaient lancées, véritables enfants perdus de la foi, les milices aventureuses des couvents. Mais ce clergé, si sage dans sa conduite, n'en était pas moins attaché à la pureté des doctrines et résolu à défendre l'orthodoxie de ses chaires. Il crut voir de grands dangers dans les sermons de ce prêtre errant, qui tenait du prédicant par son langage et même

(1) L'Estoile, *Journal de Henri IV*, t. II, p. 444 à 447. — Il prêchait contre « la vénération des images... les ornemens et tables qu'on donnoit aux saints et saintes des églises... les bastonneries et confrairies qui estoient une pure idolâtrie ressentant les bacchanales du paganisme... le *Salve Regina*... les chandelles, barbotages, chapelets, pélerinages, pardons, heures des femmes en latin... surtout déclamoit contre la souveraineté temporelle du pape et sa primauté... ne l'honorant d'autre tiltre que de l'antechrist, aiant pris son siége au temple de Dieu. » Ce Chauveau était « au surplus homme de bonne vie, au tesmoingnage de tout le peuple; grand ausmonnier jusques à se despouiller pour revestir les pauvres et jeusner souvent pour leur donner de quoi manger. » Ch. Labitte, *de la Démocratie chez les prédicateurs de la Ligue*, p. 268, ne parle de Chauveau que dans une note : « C'était un prêtre indépendant, plein de vertus chrétiennes, charitable, mais au fond fantasque et, je suppose, un peu dérangé d'esprit. »

par son costume, et il entreprit de lui fermer la porte des
églises. A la tête des opposants, on distinguait le théologal
Girault, nature fougueuse et intraitable, qui avait déjà
imité dans leurs écarts les religieux les plus exaltés. Par
l'austérité de ses mœurs, par sa piété ardente et par son
zèle militant, il rappelait les saints des premiers siècles de
l'Église. C'était Girault qui le premier avait protesté
contre les bulles de Charles Miron, en qui il repoussait
une créature de Henri III et un ennemi de la Ligue. Les
arquebuses du maréchal d'Aumont avaient mis à néant
son *appel comme d'abus* porté en parlement; Miron siégeait
victorieusement sur le trône pontifical de Saint-Maurice;
mais l'implacable théologal n'acceptait pas le fait accompli par la force, et, au fond du cœur, niait encore la légitimité du prélat(1). Il avait partagé *la folie* du parti catholique pour le Balafré; Henri III n'était pour lui qu'un
tyran qu'il dénonçait à la vindicte populaire; en dépit des
gouverneurs et de son évêque, il refusait opiniâtrement
de reconnaître Henri IV, et le combattait avec acharnement dans ses sermons et dans ses pamphlets(2). Tel
était le redoutable adversaire que Philippe Gourreau rencontra dans ses essais de propagande royaliste.

(1) Dans son *Apologétique,* publiée à Nantes en 1590, il le désignait
encore par ces mots : « celui qui se prétend évesque. »

(2) J. Grandet, t. x, épiscopat de Charles Miron : « Girault avoit
toujours esté dans un party contraire au Roy Henri III... Il ne voulut
jamais reconnoître Henri IV pour Roy légitime, pendant qu'il seroit hérétique, il prescha, il fit des livres, il parla hautement contre l'authorité du Roy. Il en fut plusieurs fois sévèrement repris par les magistrats. Rien ne le pouvoit faire taire; il estoit persuadé qu'il y alloit de
la foy de l'Église et du bien de la religion et de l'Estat. »

Girault était prévenu de longue main contre le curé de Saint-Gervais; il avait récemment déféré au grand vicaire un sermon équivoque, que le fantasque prêcheur avait prononcé à Saumur, au grand étonnement d'un auditoire catholique. Alarmé de sa venue à Angers, le théologal rassemble le chapitre, lui communique ses craintes, et l'entraîne chez l'évêque. Là il expose avec chaleur le danger que court l'Eglise, si on admet dans la chaire un prêtre chassé de son diocèse, sans pouvoirs et prévenu d'hérésie. Charles Miron n'a aucun égard aux remontrances passionnées de Girault; il donne à Chauveau la permission de prêcher à Saint-Maurice, à Saint-Pierre, à Saint-Mainbœuf. Mais les curés de ces paroisses ferment leurs portes, et le peuple, excité par le théologal, fait entendre autour des églises des clameurs menaçantes. Miron et le sieur de la Proustière persistent toutefois dans l'exécution de leurs desseins. Ils annoncent eux-mêmes que Chauveau montera en chaire le 6 février, à l'issue d'une procession générale. Ce délai était une grave imprudence. Girault eut tout le temps de préparer une formidable manifestation. Sa vertu incontestable, non moins que sa rude éloquence, lui assurait une grande autorité sur le peuple. On ne voyait en lui qu'un saint prêtre, assez hardi dans son zèle pour braver un roi et un évêque. La conduite de Miron d'ailleurs ne justifiait-elle pas l'attitude agressive du théologal? Devait-on s'étonner qu'il refusât son respect et son obéissance à un abbé de cour, élevé à l'épiscopat par un caprice du meurtrier des Guises, et imposé à l'église d'Angers par la force militaire? Ce jeune prélat, qui n'avait point encore reçu les ordres, et qui conservait, dans la demeure des évêques, les goûts mondains

etl a frivolité d'un gentilhomme du Louvre, avait-il le droit
de mépriser les remontrances de vieux prêtres, chargés
de vertus et blanchis au service des autels (1)? Pouvait-
on souffrir le scandale auquel il se prêtait, et permettre à un prédicant de profaner les chaires catholiques?
Ces propos, colportés de paroisse en paroisse, enflam-
mèrent promptement les masses. Les religieux, aussi
exaspérés que Girault par l'apparition du nouvel orateur,
le secondèrent activement. Toutes les églises retentirent
d'anathèmes contre le missionnaire de la modération,
présenté partout comme un ministre de La Rochelle. En
outre, Girault faisait circuler des copies d'un billet qu'il
avait écrit à l'un de ses confrères : « Nous voulons que
ceux qui auront passé de l'église à laquelle ils étaient attachés à des églises étrangères, demeurent suspens de
notre communion jusqu'à ce qu'ils soient retournés à
celle où ils auraient rempli quelque titre ou dignité (2). »
L'orage s'amoncelait ainsi sur la tête du curé de Saint-
Gervais; il éclata au jour fixé.

Le 6 février, toute la population, agitée par l'émotion
qu'excite l'attente d'une lutte inévitable, défilait proces-
sionnellement dans les rues de la ville. Chauveau, voulant sans doute juger de l'état des esprits, regardait passer
la foule du haut d'une fenêtre. Il est bientôt signalé. Un
violent tumulte s'élève; de sinistres discours courent de
rang en rang; on menace le prédicant; on se met en devoir de se saisir de sa personne, « particullièrement les

<hr>

(1) Louvet. *Catalogue des évéques d Angers*, t. 1, f° 172.

(2) Je suis constamment J. Grandet et Rangeard, qui sont du reste
d'accord sur tous les faits.

femmes qui le voulloient tuer et massacrer. » Les magistrats interviennent et calment un peu le peuple, qui
poursuivant sa marche religieuse, entre à Saint-Maurille.
Il n'était plus permis d'en douter : tenter d'aborder la
chaire, c'était marcher au combat ; Chauveau, dont rien
n'étonnait l'intrépidité narquoise, n'hésite pas à braver le
péril, et se fait conduire à l'église. Mais dès qu'il paraît à
la porte, « n'aïant qu'ung chapeau et un manteau, et estant en la forme des ministres de La Rochelle, » le peuple
se lève d'un seul mouvement. On se précipite sur lui avec
des tabourets et des escabeaux, « et des pierres que portoient les femmes. Ils l'auroient voullu saccager et tuer. »
Chauveau est obligé de s'enfuir dans le cimetière qui lon-
geait Saint-Maurille. Les furieux le poursuivent, et il eût
sans doute payé de sa vie ce malencontreux essai de joûte
oratoire, s'il n'eût été protégé « par ung grant nombre
de huguenots qui l'assistoient, aïant des poignards, assis-
tés aussy de traistres et faulx catholicques d'Angers, qui
vont à la messe pour vendre et trahir les catholicques (1).»
Puycharic et Gourreau étaient accourus sur le théâtre de
cette scène affligeante ; ils firent arrêter les plus mutins,
et remarquèrent, au milieu de la foule irritée, le fougueux théologal, stimulant de la voix et du geste l'émeute
qu'il avait soulevée.

L'évêque, les représentants du roi et les magistrats
municipaux avaient été vaincus par Girault. Ils prirent
leur revanche le dimanche suivant. Des mesures énergiques ouvrirent la chaire de Saint-Maurice à Chauveau,
qui put enfin faire entendre à la foule les paroles de paix

(1) Louvet, t. II, an 1590, février.

qu'on lui avait dénoncées comme des hérésies (1). Les magistrats ne se bornèrent pas à ce stérile avantage. Les auteurs du soulèvement furent recherchés et poursuivis. Le 13 février, arrivèrent de Tours, où siégeait la partie royaliste du parlement de Paris, deux commissaires et un substitut du procureur général, « pour informer de ce qui s'estoit passé et pour faire le procès à ceulx qui légitimement se seroient opposés à ce que ledict Chauveau preschast Angers, et contre ceulx qui mal parloient du roi de Navarre (1). » Les arrestations s'élevèrent au nombre de dix-huit ; le théologal lui-même fut emprisonné. Il conserva dans la prison son indomptable fermeté. Il se défendit d'avoir soufflé la révolte parmi le peuple et d'avoir dicté le programme des prédicateurs, mais il avoua le billet qui avait couru et se retrancha derrière les décrets du concile de Trente, qui interdisent de recevoir un prêtre sans une attestation de foi et de bonnes mœurs. Du reste il ne reconnaissait point la compétence de ses juges et en appelait comme d'abus.

Girault était depuis deux jours enfermé au château, lorsqu'il reçut une visite inattendue. Chauveau, oubliant sa mésaventure et abjurant noblement tout ressentiment, venait présenter la main à son adversaire. Il lui offrait même d'être sa caution pour obtenir sa liberté provisoire.

(1) Il prêcha « contre la volonté de la plus grande partye du clergé et des bons catholicques par la suscitation des huguenotz et faulx catholicques, par la permission de M. l'évesque d'Angers, de M. de la Proustière, sur-intendant de la justice et de Me Pierre Ayrault, lieutenant-général-criminel, et M. Baultru, sieur des Matratz, assesseur, tenuz en mauvaise odeur et réputation par les vrays catholicques pour adhérer et supporter les huguenotz. » Louvet, *ibid.*

Le théologal fut touché peut-être, mais il contint son émotion et répondit avec hauteur : « Je n'accepte aucun compromis avec un ennemi de ma foi et n'entends avoir aucune communication avec lui. Je suis prêt, d'ailleurs, à sacrifier pour Dieu la vie et les biens que j'en ai reçus. » Puis il reprocha durement au missionnaire royaliste de professer des opinions hérétiques, et d'ébranler l'Eglise par les propositions monstrueuses dont il remplissait ses discours (1).

Les commissaires, ayant terminé une enquête sommaire firent quelques exemples. Ils bannirent de la ville « trois bons relligieux pères capussins, et leur firent commandement de sortir de ladilte ville dans vingt-quatre heures, sur peine du fouet. » Ils prescrivirent à ceux de cet ordre dont ils toléraient le séjour, « de démettre M. Bourgongne, leur gardien, de tant que ledict tenoit pour le party des bons princes catholicques. » Ils interdirent en outre la prédication au neveu de ce Bour-

____

(1) « Il avait enseigné qu'il était la seule voie de salut ; qu'il était la dernière trompette des hommes ; qu'il n'est pas permis aux chrétiens de porter aucunement les armes et qu'il ne faut que prier Dieu ; qu'il ne faut pas haïr l'homme hérétique ; que toute chicane était venue de Rome ; que si le pape faisait bien il avait quelque autorité dans l'Eglise, mais que s'il pèche et manque à son devoir il la perd et est antéchrist ; que le pape était chef de l'Eglise comme une boule sans yeux et sans oreilles ; que l'Eglise dissuadant d'obéir à un roi hérétique, erre ; que lorsqu'on a quelque doute sur l'Ecriture, il faut s'adresser pour le voir résoudre à celui qui entend et interprète le mieux et non au pape et aux cardinaux, parce qu'ils peuvent ordonner des choses contraires à la parole expresse de Dieu, etc. » Rangeard, p. 217 et J. Grandet d'après l'apologétique de Girault.

gongne « de tant qu'il n'admonestoit le peuple obéir au roi de Navarre (1). »

Ces rigueurs intimidaient les factieux, mais n'étaient pas de nature à faciliter les succès oratoires de Chauveau. Quand il se montrait à l'improviste dans une église, son auditoire ne recourait plus à la violence; il se dérobait par la fuite à ses sermons pacifiques. « Le peuple catholicque le voyant entrer en chaire s'en seroit sorti de l'église, tellement qu'il n'y auroit demeuré que des huguenots et courbonzons, et lequel Chauveau voiant que le peuple sortoit et le quittoit, il crioit en chaire qu'on eust à fermer les portes de peur qu'on sortît de laditte église et menaçoit les catholicques disant qu'il leur cousteroit bien encore de l'argent davantaige qu'ils n'en avoient païé, et que ce n'estoient que les ligueurs qui s'en alloient (2). » Mais prières, cris, menaces, rien ne put ramener au curé de Saint-Gervais la foule prévenue; il renonça à prêcher dans le désert, et alla porter ailleurs sa verve caustique, sa foi royaliste et son symbole contesté (3).

Quant à Girault, bien qu'il eût refusé la caution qui lui était offerte, il fut mis en liberté jusqu'à son jugement, qui devait avoir lieu à Tours. Philippe Gourreau, qui esti-

(1) Louvet, 1590, 5 mars.

(2) *Id. ibid.*

(3) L'Estoile, *Journal de Henri IV*, t. III, p. 79, raconte sa mort au 31 août 1594. « Le petit Chauveau, curé de Saint-Gervais, mourust dans les cordeliers de Senlis d'une fièvre chaude, procédante (ainsi qu'on disoit) d'un bouillon trop chaud que lesdits cordeliers lui avoient fait prendre : car il estoit malvoulu de la plus part d'eux, pour ce que librement il les reprenoit de leurs vices. »

mail apparemment la fierté de ce caractère, voulait peut-
être lui donner l'occasion d'éviter, par un exil volontaire,
une condamnation humiliante. Ses amis le pressaient,
en effet, de s'accommoder au temps et d'aller attendre à
Nantes, sous la protection du duc de Mercœur, le retour
d'un temps plus heureux. Mais le théologal, surexcité par
ses méditations solitaires et par l'avant-goût du martyre,
s'obstina à poursuivre la lutte jusqu'au bout. Il répondait :
« Je suis prêtre et docteur ; nul intérêt humain ne doit
m'empêcher de soutenir la vérité ; j'imiterai le saint pape
Liberius, qui, au rapport de Théodoret, répondit à ceux
qui lui conseillaient, pour être rappelé de son exil, de
donner dans le sentiment de l'empereur Constance, qui
favorisait les Ariens, qu'il aimait mieux conserver inviolablement les lois de l'Eglise que d'avoir son domicile à
Rome (1). »

Sa sortie de prison fut suivie de nouveaux troubles. Il
parut une lettre remplie d'invectives et d'injures, et
adressée à Chauveau ; on crut qu'il en était l'auteur. Il
s'en défendit avec chaleur, et son courage ne permet pas
de douter de sa véracité. Les moines, encouragés par
l'exemple du prêtre séculier, redoublaient de violence.
Les capucins surtout, les plus populaires de tous, irrités
de la répression qu'ils avaient déjà subie, bravaient ouvertement l'autorité du roi et celle des magistrats municipaux. Le corps de ville parut se décider à sévir. « M. Pierre
Ayrault et aultres Messieurs de la ville d'Angers, qui estoient les plus affectionnez pour les huguenots, ont banny
tous les bons pères relligieux capussins de tant qu'ils

____

(1) J. Grandet.

ne voulloient prier Dieu pour le roy de Navarre, d'autant qu'il estoit excommunié du présent Sainct-Père le Pape, comme estant héréticque et chef des huguenots (1). » Mais il n'était pas facile de faire exécuter cette proscription générale des orateurs favoris du peuple. On recula bientôt devant l'idée de pousser à bout par cette rigueur extrême les masses déjà si disposées à la révolte : les capucins, de leur côté, promirent peut-être de mettre plus de réserve dans leur langage; ils ne sortirent point et les magistrats n'insistèrent point sur leur éloignement.

Les cordeliers continuaient aussi, avec une ardeur infatigable, la croisade engagée contre le roi des hérétiques. Les cloîtres et les jardins de leur couvent étaient le rendez-vous de tous les mécontents. Les *courbonzons* et les huguenots faisaient des plaintes « à Messieurs du parlement transféré à Tours, grands ennemys et fléaux des catholicques, qu'on preschoit aux cordeliers contre le roy de Navarre, et qu'on faisoit des assemblées et monopolles ès-cloîtres et ès-jardins dudict couvent, laquelle invention de menteryes estoit pour tascher que le *Corpus Domini* ne fust pas atteinct et qu'on ne fist plus de sermons, de tant que les prédicateurs preschoient toujours, nonobstant leur tirannye, contre les héréticques et leurs adhérents, et empeschoient les catholicques d'adhérer avec les huguenots (2). »

L'évêque Miron luttait seul dans la chaire contre les mille voix de la Ligue. Les contemporains ont loué sa parole élégante et persuasive. Il mettait aussi beaucoup

(1) Louvet, an 1590, 27 mars.
(2) *Id.*, mai.

d'habileté dans sa conduite : s'il prêchait l'obéissance au roi hérétique, il ordonnait en même temps de prier Dieu « qu'il l'inspirât de se faire catholique et d'abjurer son hérésie (1). » Mais le prélat, malgré l'autorité de son titre et la douceur insinuante de son éloquence, n'obtenait pas de meilleurs résultats que le curé Chauveau. On pensa qu'il était nécessaire de frapper un grand coup pour contenir par la terreur ceux qui restaient rebelles à la persuasion.

Girault, dont le procès avait continué à s'instruire, fut appelé, au mois d'août, devant le parlement de Tours. Il comparut devant le président du Harlay, assisté de douze conseillers. Il était accusé d'avoir excité des moines à prononcer des discours séditieux; de s'être opposé à Chauveau, muni d'une autorisation de son évêque; d'avoir refusé de prier pour le roi défunt et pour le roi régnant qu'il ne voulait pas reconnaître; d'avoir enfin poussé le peuple à la révolte par ses écrits et par ses paroles. Du Harlay procéda lui-même à son interrogatoire, qui dura plus de deux heures. L'appareil imposant, déployé autour de lui, semble avoir troublé un instant l'audace du thélogal; si, à travers ses réponses obscures et évasives, on voit, quelquefois, percer les convictions inflexibles du ligueur, on s'étonne d'y reconnaître plus souvent encore l'agile dextérité d'un dialecticien rompu à tous les exercices de l'école. Fatigué de voir l'habile docteur échapper par mille ruses à ses pressantes questions, Harlay réduisit enfin l'interrogatoire à ces termes : Reconnaissez-vous, oui ou non, Henri IV pour votre roi?

(1) Louvet, an 1590, juillet.

Girault répondit « qu'il falloit premièrement qu'il fust converti ; qu'il n'avoit rien faict de contraire ; qu'il vivoit dans une ville d'obéissance ; qu'il ne s'estoit jamais appliqué à chercher la généalogie des roys ; qu'il s'en rapportoit à ceux qui en font profession ; qu'il avoit appris que la puissance spirituelle de l'Église et la puissance temporelle des roys estoient subordonnées l'une à l'autre (1). » Le parlement le condamna à faire amende honorable « nu et en chemise, la torche au poing, devant le portail de Saint-Maurice, à demander pardon au roi et à la justice, à payer une amende et à neuf années de bannissement des provinces d'Anjou et de Touraine. »

La sentence fut exécutée dans toute sa rigueur (2).

(1) J. Grandet, t. x.

(2) Il fit lui-même dans son *Apologétique* le récit de son supplice ; Grandet et Rangeard l'ont reproduit en l'abrégeant. On dirait une page des actes des martyrs. « Il dit qu'il fut dépouillé de ses habits dans le palais épiscopal qui auroit dû estre une maison d'asile et de refuge pour luy ; qu'en allant au lieu de son amende honorable, il chanta le psaume *In exitu Israël,* se représentant le lieu où il estoit comme une autre Égypte ; qu'estant arrivé à la porte de la cathédrale conduit par le grand prévost et ses archers armez, il fit à Dieu une offrande de sa personne pour souffrir en esprit de sacrifice. Voyant le feu de la torche ardente qu'il tenoit à la main, il souhaita de mourir en cest estat si ç'avoit esté la volonté de Dieu, se souvenant des trois enfans hébreux qui chantoient au milieu de la fournaise ; et que voyant la porte de l'église de Saint-Maurice, il pensa au courage de ces saints martyrs et de la légion thébaine et qu'il commença à entonner le verset de l'hymne qu'on chante le jour de leur feste, *Maurici princeps legioque tota ;* mais qu'ayant esté interrompu et touché à la bouche et à l'estomach de la main du sieur Gourreau de la Proustière qui estoit présent à ce spectacle, il s'arresta à ces mots : *digna pro Christo posuisse vitam,* et par son commandement, il commença à dire ce qui estoit porté par l'arrest. Et comme il

Girault reparut alors tout entier : il ne demanda point grâce, et monta sur l'échafaud avec l'enthousiasme d'un confesseur, chantant des psaumes et les hymnes consacrées à la mémoire de St Maurice et de la légion thébaine. Il essaya aussi, en docteur que rien ne déconcerte, de gloser sur le texte de l'arrêt. Interrompu par Philippe Gourreau, il acheva l'amende honorable, mais en se relevant, il protesta devant le peuple qu'il n'avait rien fait que pour la gloire de Dieu et la conservation de la foi, et en appela du parlement de Tours au tribunal de Jésus-Christ (8 août 1590). Dans ce long et humiliant supplice, une seule chose blessa au cœur l'ardent théologal : au milieu de la foule accourue pour assister à cet étrange spectacle, il aperçut des catholiques qui mêlaient leurs rires insultants aux railleries des huguenots. Devons-nous voir dans ce fait un symptôme qui annonce l'affaiblissement de l'exaltation religieuse ? Dans tous les cas,

faisoit des gloses et des explications de l'arrest, le sieur Gourreau l'interrompit de rechef et luy dit qu'il ne falloit point de glose et qu'il ne devoit dire que ce que la cour avoit ordonné, ce que Giraut accomplit. Après quoy, il entonna le verset du psaume *Non nobis, Domine, non nobis, sed nomini tuo da gloriam*, soustenant hautement et disant au peuple que tout ce qu'il avoit fait et dit n'estoit que pour la plus grande gloire de Dieu et pour la conservation de la parole de la foy catholique, quoy que les gens du monde le luy imputassent à folie. Mais qu'il estimoit avec saint Hilaire que c'estoit une très grande sagesse que de ne point rougir de l'Evangile ; qu'il appeloit avec saint Bernard au tribunal de Jésus-Christ du jugement qu'on avoit rendu contre luy. Ce qui fut plus sensible au sieur Giraut c'est que comme on le menoit au lieu du supplice, il vit et entendit rire des catholiques, meslez parmy les huguenots déclarez, qui faisoient la mesme chose. » J. Grandet. — Rangeard, p. 223.

ce prêtre à cheveux blancs, qui souffrait pour sa foi, qui restait fidèle jusqu'à l'opprobre à ses convictions et à ce qu'il croyait être son devoir, méritait assurément le respect de tous les partis, et avait au moins le droit de s'attendre aux sympathies de ses coreligionnaires.

Le parlement de Tours avait aussi condamné plusieurs des complices du théologal. Les curés de la Trinité et de Saint-Denis qui, s'étaient évadés de prison, furent pendus et étranglés en effigie sur la place du Pilori. Quelques particuliers furent battus de verges dans les carrefours, frappés de fortes amendes et bannis d'Angers; ils allèrent avec Girault grossir à Nantes la colonie des proscrits (1).

Ces actes de sévérité avaient le double avantage de priver les factieux de leurs chefs et de répandre parmi les agitateurs une terreur salutaire (2). L'œuvre de paci-

(1) Louvet, t. II, an 1590, août.

(2) *Id.*, *ibid.* Le parlement de Tours devient l'épouvantail du sergent-royal. « Desquelles exécutions cy-dessus les bons catholiques avoient grand deuil et pitié de veoir ainsy cruellement traittés les gens de bien, qui s'estoient affectionnez pour la relligion catholicque, qui n'avoient méritté d'estre traittez et pugniz comme on pugnigst les meschants, et n'avoient faict aulcune fautte; tellement que les bons catholicques n'en osoient parler, de peur qu'on les mist en prison, comme de jour en jour ilz voïoient mettre les bons catholiques en prison, qui en estoient toutes pleines et que les huguenots estoient ainsy les maistres, et ne se faisoit rien au conseil Angers, pour lever les deniers, qu'ils n'y fussent les premiers appelez, et avoient tellement rendu les bons catholiques en misère, qu'ils n'osoient parler ensemble, les ungs aux aultres, de peur d'estre faulsement accusez; de tant que les huguenotz et faux catholiques donnoient leur avis au conseil et ne voulloient que les prédicateurs disent la vérité, pour les menacer mener à

fication, entreprise par Philippe Gourreau, fut désormais plus facile.

Tours audict parlement et les y faire mourir comme plusieurs aultres, et estoient contraintz la plupart des prédicateurs et gens d'église de sortir hors la ville, et aller à Nantes et aultres villes que tenoient les bons princes catholiques, de peur de tomber en leur tirannye, et aussy qu'il y avoit une grande cherté de vivres, pour estre tout le païs gasté et perdu par tous endroitz et tous les fruitz prins, les bestiaulx emmenez tant d'un party que d'aultre, et ne pouvoir sortir de la ville et faulxbourgs sans danger d'estre prins et emmené pour païer ranczon, qui desmontre l'ire de Dieu contre son peuple qui l'a offensé et offense tous les jours. Je le prie d'apaiser son ire. »

CHAPITRE X.

———

Tandis qu'à Angers la Ligue, étroitement comprimée, ne révélait sa vie que par d'impuissantes convulsions, elle se déployait librement dans le reste de la province. A part Saumur où commandait Duplessis-Mornay, et les Ponts-de-Cé occupés par une garnison royaliste, le drapeau des princes catholiques flottait sur toutes les places de l'Anjou. Un cercle d'ennemis ardents et infatigables entourait la capitale de la province. Les grandes rivières étaient toutes en leur pouvoir. Bois-Dauphin qui tenait Laval et le Mans dans le Maine donnait la main, sur la Sarthe, aux ligueurs de Sablé, sur la Mayenne, à ceux de Châteaugontier, sur l'Oudon, à ceux de Craon et de Segré ; il pouvait ainsi descendre jusqu'aux portes d'Angers en rassemblant de proche en proche les garnisons du parti. Rochefort, Chalonnes, Saint-Florent, échelonnés le long de la Loire, commandaient le cours du fleuve et mettaient les ligueurs angevins en communication avec le duc de Mercœur. Plus bas, par Brissac, Doué, Chemillé, Beaupreau, ils se reliaient aux insurgés du Poitou.

Un fait qui mérite d'être remarqué, c'est que les habitants de la campagne, malgré leur attachement à la religion catholique, se montraient peu favorables à la Ligue. Ils voyaient à l'œuvre les prétendus défenseurs de l'Eglise et ne trouvaient en eux que de cruels oppresseurs. Ces châteaux, boulevards apparents de la foi des ancêtres, n'étaient le plus souvent que des repaires de brigandage dont les garnisons renouvelaient, sans scrupule et sans pitié, tous les excès des *tyranneaux* du moyen âge. Louvet avoue lui-même combien les ligueurs s'étaient rendus odieux : ils arrêtaient les bateaux sur les rivières, ils rançonnaient les voyageurs et les marchands « tellement qu'on ne pouvoit sortir de la ville qu'on ne fust prins et vollé, sans avoir exception d'aulcuns, mesme les gens d'église ny aultres de quelque quallité que ce feust, ce qui auroit rendu ledict party de la Ligue fort odieux aulx gens de bien affectionnez pour les catholicques (1). » Les

____

(1) Louvet, t. II, an 1589, novembre.

paysans pillés par ces bandits, parfois enrôlés malgré eux et souvent requis pour des corvées, recevaient les capitaines du roi comme des libérateurs et secondaient volontiers les entreprises de La Rochepot et de Puycharic (1).

Au retour des combats d'Arques, Henri IV s'avança lui-même du côté de l'Anjou pour seconder ses héroïques lieutenants. Après avoir pris le Mans, où Bois-Dauphin n'osa point soutenir un siége, il se porta sur la petite ville de Sablé ; les habitants effrayés se hâtèrent d'en déposer les clefs dans les mains du roi. Henri reçut leur députation avec bonté et promit d'oublier la révolte. Le mouvement se propagea : Laval se rendit à composition, Châteaugontier renonça, sans avoir tiré un coup d'arquebuse, à l'honneur d'être la capitale de la Ligue angevine. Le roi ayant trouvé à Laval les bannis que le maréchal d'Aumont avait expulsés d'Angers en 1588, leur permit de rentrer dans leur patrie. La seule approche de l'armée de Henri IV, fit déserter les forts de Segré, Morannes, Monriou, Cheffes, redoutables retraites de la soldatesque ligueuse : les garnisons offrirent d'elles-mêmes de s'incorporer dans les régiments royaux. Les habitants du pays se réjouirent de leur départ comme d'une délivrance ; ils se hâtèrent de miner et d'abattre les forts « pour évitter qu'il n'en revînt d'aultres ; ce qui auroit aporté un grant bien tant au païs qu'aulx habitants d'Angers (2). » La Ligue eût sans doute

(1) Louvet, t. II, an 1589. Le 26 novembre Puycharic s'empare du Lion-d'Angers « en y entrant par escalade au moïen de la grande intelligence qu'il avoit avec des païsans que ceulx de la Ligue y faisoient venir pour y faire la garde. »

(2) *Id. ibid.*

succombé tout entière dans l'Anjou si le roi eût continué sa marche sur la Loire ; mais d'autres soins le forcèrent de s'éloigner.

Tandis que la noblesse royaliste de l'Anjou, conduite par La Rochepot, *se ralliait autour du panache blanc de Henri IV,* dans les plaines d'Ivry et sous les murs de Paris, Puycharic, resté seul avec une poignée d'hommes, faisait face à tous ses ennemis. L'infatigable capitaine se multipliait : toujours à cheval, courant d'une route à l'autre, frappant tour à tour ses adversaires, il s'épuisait en héroïques efforts pour dégager la campagne d'Angers. Il ne serait d'aucun intérêt de le suivre dans les mille incidents de cette guerre irrégulière, faite au jour le jour, sans plan suivi, tantôt avec deux mille hommes, tantôt avec trente cavaliers, selon les ressources du moment, les caprices des milices bourgeoises et le recrutement incertain des compagnies du roi. Cependant si l'on néglige les nombreux détails qui s'enchevêtrent et se confondent dans les récits tumultueux de Louvet, on distingue en dehors d'Angers trois centres autour desquels on peut grouper les principaux faits militaires : au sud-est, le château et le bourg de Brissac ; au nord-ouest, la ville de Craon ; au sud-ouest, les forteresses de Rochefort et de Saint-Symphorien. Je m'étendrai peu d'ailleurs sur ces événements qui n'ont plus Angers pour théâtre : les diverses phases en ont été déjà retracées dans de savants travaux (1) ; je n'insisterai que sur les faits nouveaux que fournissent le journal du clerc-greffier et les registres des conclusions de l'hôtel-de-ville.

(1) Voir surtout Bodin, *Recherches sur le Haut et sur le Bas-Anjou,* et M. Godard-Faultrier, *l'Anjou et ses Monuments.*

Des trois points que j'ai indiqués, le moins important était Brissac. C'est aujourd'hui un gros bourg, intéressant au point de vue économique comme le plus grand marché de grains de l'Anjou. Il est dominé par un élégant château qui présente au levant une façade dans le goût charmant de la renaissance, et qui de tous les autres côtés, par ses tours massives, ses murs élevés, ses douves profondes, éveille des souvenirs de guerre. Tout autour s'étend une magnifique vallée, qui se prolonge vers le nord jusqu'à une ligne blanchissante formée par le cours sinueux de la Loire.

Le roi de Navarre avait jeté, en 1588, une petite garnison dans Brissac. Mais, le 21 octobre 1589, quelques soldats des seigneurs de Soulaine et de Rocheboisseau, gentilshommes du pays qui s'étaient déclarés pour la Ligue, entrèrent dans le bourg de Brissac et soulevèrent les habitants. Les royaux se retranchèrent dans le château; La Rochepot averti accourut à leur secours avec quatre cents hommes; mais n'ayant pu déloger les ligueurs de leur position, il proposa et fit accepter une transaction : le château serait occupé par une garnison mi-partie et l'entrée en serait interdite également aux *catholiques* et aux *royaux* (1). La convention ne fut pas longtemps observée. Les soldats des deux partis s'accordèrent, prirent le drapeau de la Ligue et se livrèrent au brigandage (2). Trois expéditions dirigées contre eux restèrent sans résultat (3). Irrité de ces échecs multipliés, La Rochepot

(1) Louvet, t. ii, an 1589, octobre.

(2) *Ibid.*, an 1590, janvier.

(3) *Ibid.*, janvier, mars, juillet.

résolut de faire un siége en règle; il reparut donc le 12 août avec une petite armée de mille cinq cents hommes et quelques canons. La garnison, bientôt réduite aux abois, promit de se rendre si elle n'était point secourue avant le 30 août, à minuit. Le délai allait expirer quand, au jour fixé, vers onze heures du soir, Goullaine et d'autres gentilshommes ligueurs entrèrent dans le bourg « et donnèrent si rudement dans les barricades élevées par Rochepot qu'ils les enlevèrent, tellement qu'ils se seroient bien battus de part et d'autre (1). » La garnison ainsi dégagée de sa promesse à la dernière heure, refusa de se rendre. Les royaux restés dans leurs lignes de siége rouvrirent le feu sur la place. Mais les soldats, ravitaillés par Goullaine, répondirent avec succès, et repoussèrent les escalades. Rochepot fut obligé de demander des renforts. Il écrivit au maire d'Angers pour avoir quelques compagnies de bourgeois. Le maire dirigea aussitôt sur Brissac les capitaines les plus affectionnés au roi et mit sous leur commandement « des huguenots, courbonzons et faulx catholicques et plusieurs bons catholicques qui y seroient allés plus par la force que par affection (2). » On a déjà vu que les milices communales montraient peu de zèle pour le service du roi. Cette petite campagne outre-Loire, à six ou sept lieues d'Angers, ne laissait pas de leur pa raître bien rude et difficile; elles ne marchaient qu'à contre-cœur. Arrivées aux Ponts-de-Cé elles s'ameutèrent : « les catholicques ainsy menez ne voullurent passer oultre pour aller audict Brissac, lesquels disoient que

(1) Louvet, t. II, an 1590, août.

(2) *Id., ibid.*

les habitants n'estoient tenuz de sortir de leur ville pour aller à la guerre par contraincte ny par la force. » Ils étaient fondés dans leurs réclamations : la charte octroyée par Louis XI avait formellement stipulé ce privilége (1). Louvet nous dit qu'on n'en tint aucun compte dans cette circonstance, « tellement que ceulx qui n'y voulloient aller furent tous désarmez et bien battuz; voilla le bon traitement que on fist auxditz catholicques! » Il paraît toutefois que les compagnies ne continuèrent point leur marche sur Brissac, ou que, retardées par cette mutinerie, elles n'arrivèrent point à temps. Rochepot leva le siége le 1er septembre au soir (2).

Les ligueurs se maintinrent à Brissac tout le reste de l'année 1590. Les lieutenants du roi, divertis par d'autres soins, ne renouvelèrent pas leurs attaques. Mais le 25 janvier 1591, Rochepot espérant surprendre la garnison pendant la saison mauvaise, se présenta à l'improviste avec deux mille hommes et une brillante noblesse à cheval. Il avait en outre des intelligences dans la place : madame de Brissac qui avait avec lui des liens de parenté et qui venait d'obtenir, grâce peut-être à son intervention, main-levée de la saisie opérée sur tous ses biens, avait promis de recevoir au château les troupes royalistes. Mais quand elle parla de ses engagements, le capitaine ligueur refusa de déférer à ses ordres. Elle fut obligée de sortir et se retira aux Ponts-de-Cé, sous la protection du prince de Conty. Malgré la vigueur de son attaque, Rochepot aurait sans doute essuyé un nouvel échec, si le prince de

_____

(1) *Recueil des priviléges de la ville d'Angers*, p. 2.

(2) Louvet, t. II, septembre.

Conty n'était venu le renforcer; il amenait six pièces de canon. La dame de Brissac, effrayée du terrible appareil déployé par les assiégeants, et craignant que les deux partis ennemis ne réduisissent en cendre un château qui, après tout, n'appartenait qu'à elle, fit une nouvelle tentative auprès des ligueurs et les somma de capituler. Le capitaine déclara qu'ayant été mis dans la place par le duc de Mercœur, il n'abandonnerait son poste que sur le commandement exprès de son chef. On dépêcha promptement en Bretagne un courrier qui rapporta l'ordre d'évacuer, mais « à la charge que madame de Brissac y entreroit, et qu'il n'y auroit aulcunes garnisons de part ny d'aultre, et ce pour évitter la ruisne et démollition dudict chasteau. » Le 6 février, la garnison sortit avec les honneurs de la guerre, « mesche allumée, tambour battant, enseignes déploiées (1). » Rochepot et Puycharic n'eurent plus à s'occuper de Brissac; le château fort qui avait soutenu victorieusement quatre siéges en moins de deux ans, resta désormais inoffensif sous la garde d'une pacifique châtelaine.

La Ligue angevine était du reste peu redoutable de ce côté, car elle y touchait à des provinces royalistes. Il n'en était pas de même de Craon et de Rochefort, qui par l'Ouest et le Sud tenaient à la Bretagne et au Poitou. La Bretagne avait repris la forme d'un grand fief qu'elle n'avait perdue qu'à regret soixante ans auparavant. Mercœur s'y était créé une sorte de souveraineté indépendante, et aspirait ouvertement à fonder une nouvelle dynastie de ducs. Sa femme était une Penthièvre : par ses souvenirs

______

(1) Louvet, an 1591, février.

de famille, par l'affabilité de ses manières, elle avait entraîné la population déjà poussée à la révolte par le sentiment religieux et le patriotisme local. Rennes, il est vrai, avait été conservé au roi. Mais Nantes avait une bien plus grande importance, et le nouveau duc de Bretagne ne dérogeait point en faisant sa capitale de cette populeuse commune. Les ligueurs de l'Anjou prenaient le mot d'ordre à Nantes. Bois-Dauphin commandait, au nom de Mercœur, dans le nord de la province; un de ses lieutenants occupait Craon; ses garnisons tenaient les forts de la Loire; ses capitaines de partisans étaient répandus dans tout le pays. L'histoire militaire de la Ligue en Anjou n'est donc, en quelque sorte, que celle des avant-postes de la Bretagne.

Craon appartenait au duc de la Trémouille, un des princes huguenots. Mais les habitants étaient restés catholiques, et depuis l'assassinat des Guise s'étaient ouvertement déclarés pour l'Union (1). Lorsque Château-gontier eut ouvert ses portes au roi, Craon devint la capitale de la Ligue angevine; Cochelin et son présidial s'y transportèrent. Sa position sur les marches de Bretagne facilitait les communications de Mercœur avec Bois-Dauphin : aussi le duc, attachant une grande importance à la posséder, y envoya un de ses plus braves

---

(1) Louvet, 1589, septembre. Ils avaient emprisonné les royalistes. L'un d'eux, nommé Ernault, tenta un coup de main. Le 11 septembre, pendant la nuit, il poignarda le capitaine du château, s'empara du donjon, et fit demander des secours à La Rochepot. Mais les soldats de la garnison se déclarèrent contre Ernault, les habitants se joignirent à eux, et avant que La Rochepot ne se fût mis en marche « ils avoient reprins le chasteau et breuslé tous les traistres tout vifs. »

gentilshommes, Le Cornu, seigneur Duplessis de Cosne.
Une petite garnison de quatre cents soldats, bientôt ac-
crue de deux cents volontaires, suffit à ce capitaine pour
repousser tous les efforts des royalistes.

Au moment où Bois-Dauphin et Duplessis de Cosne organisaient la terreur ligueuse dans le nord de la province,
les Saint-Offange, renouvelant les exploits des pirates du
IXe siècle dont ils occupaient les stations, semaient l'é-
pouvante sur les deux rives de la Loire et jusqu'aux portes
d'Angers. J'ai déjà fait connaître la position de Rochefort
en exposant le commencement des guerres religieuses en
Anjou. Cette place faisait partie, comme Craon, des do-
maines du duc de La Trémouille. Les Saint-Offange qui
y commandaient avaient hésité, sous Henri III, sur la
cause qu'ils embrasseraient. L'avènement de Henri IV les
trouva plus irrésolus que jamais. Ils se décidèrent enfin,
au commencement de l'année 1590, à se jeter dans la
Ligue ; un acte de brigandage, approuvé par le duc de
Mercœur, les attacha irrévocablement à ce parti (1). Ils
en devinrent bientôt les plus redoutables capitaines. On
a essayé de nos jours de réhabiliter leur mémoire : on les
a présentés comme des héros catholiques qui n'avaient

(1) Louvet, an 1590, janvier. « Le lundy 22 janvier 1590, M. Sipion
Sardiny, grand partisan de France, a sorty d'Angers pour aller à Tours,
et, estant sur la levée, a esté prins prisonnier avec plusieurs aultres
qui estoient avec luy et menez au chasteau de Rochefort, entre les
mains de M. de Sainct-Offange, capitaine d'icelluy, lequel de Sainct-
Offange, à raison de laditte et M. de Hurtault, son frère, se sont déclarez pour le party de Mrs les princes de l'Unyon et lesquels auroient
faict juger la prinse dudict Sardiny bonne, et duquel ilz auroient tiré
de grands deniers à raison des grands biens et moïens qu'il avoit. »

mis l'épée hors du fourreau que pour défendre la foi de leurs pères. Je conviens qu'ils jouèrent avec une incontestable bravoure le rôle de partisans. A ce titre, ils méritent d'être rangés dans la classe de ces malfaiteurs, tristement fameux, qui sont la terreur et l'exécration de leurs contemporains, et qui apparaissent aux générations suivantes revêtus de je ne sais quelle poésie théâtrale. Ces égarements de l'imagination populaire prêtent parfois à de brillants paradoxes; d'ingénieux esprits s'y complaisent; mais au premier examen des documents, leur fragile édifice s'écroule, *le masque tombe et le héros s'évanouit.* Tous les historiens qui ont parlé des trois frères Saint-Offange sont unanimes : pour eux Arthus, Hurtault, La Houssaye ne sont pas les soldats d'une cause, ce sont des capitaines de bandits qui ne se mêlent aux batailles civiles que pour en rapporter de sanglantes dépouilles. Rangeard les appelle des brigands (1). Suivant de Thou, les habitants d'Angers ne voyaient dans Rochefort qu'une caverne de voleurs (2). Le bénédictin Roger dit : « J'ai entendu raconter des choses horribles des cruautés que cette garnison exerça depuis ce temps-là jusqu'en 1598. Les bonnes gens de ces quartiers-là qui avoient essuyé ces violences nous les ont racontées depuis avec étonnement (3). » Ils avaient une galère armée sur la Loire et interceptaient le cours du fleuve. Leurs cavaliers poussaient leurs courses sur les deux rives jusqu'en Touraine et ramenaient chaque jour du butin et

(1) *Mémoires*, p. 208.

(2) Liv. CIII, p. 234 « *speluncam dirissimorum latronum.* »

(3) *Histoire de l'Anjou*, p. 451.

des prisonniers. Les protestants, qui tombaient entre leurs mains, périssaient dans les supplices, les Saint-Offange voulant faire oublier en versant le sang des hérétiques, les incertitudes qu'ils avaient manifestées pendant quelques années (1). Un présidial, établi par eux à Rochefort, revêtait leurs cruautés ou leurs vengeances de formes juridiques; un assassin échappé des prisons de Paris en était le président (2).

La Rochepot et Puycharic tentèrent plusieurs fois, pendant l'année 1590, de s'emparer de Rochefort : attaques de vive force, surprises, trahison, tout fut déjoué par la vigilance ou la bravoure des capitaines ligueurs (3). Les officiers du roi parvinrent cependant à isoler la forteresse, en s'emparant des postes militaires ou des places voisines; ils enlevèrent successivement la Roche-Serrant et la Possonnière sur la rive droite de la Loire, les îles Behuard et Lombardières à deux portées d'arquebuse de la Vallée, et les villes de Chalonnes, Beaupreau, Chemillé sur la rive gauche de la Loire ou sur les derrières de Rochefort (4).

---

(1) De Thou, liv. CIII, p. 235. Un protestant est arrêté; on lui ordonne d'aller chercher du bois pour un feu de joie destiné à célébrer quelque succès obtenu par les catholiques; et on le jette lui-même dans les flammes, « plaudentibus Santofangiis vivus crematur. »

(2) Jean Le Maçon de Launay, ancien procureur du roi à Angers. Il était accusé d'avoir assassiné, le 5 janvier 1565, M. de Brye, frère puiné du seigneur de Serrant. Il fut arrêté et enfermé à la conciergerie de Paris. C'était un avocat subtil et retors, inépuisable en expédients; la famille de Serrant se ruina à le poursuivre sans pouvoir obtenir un jugement. Il s'échappa de prison pendant la journée des barricades.

(3) Louvet, an 1590, mars, avril, octobre.

(4) *Id. ibid.*

Au commencement de l'année 1591, les gouverneurs reçurent un renfort considérable. Le prince de Conty amena son armée en Anjou. Ce n'était pas un capitaine de mérite, mais il était actif et entreprenant; il fit aux ligueurs une guerre très vive, et débuta par quelques succès. Il parcourut d'abord le nord de l'Anjou et chassa Bois-Dauphin de plusieurs petites places formant une ligne fortifiée au-dessus de Craon (1). Les ligueurs furent ainsi rejetés sur cette dernière forteresse ou obligés de se rabattre vers la Loire. Conty rentra triomphant à Angers le 15 mai. Quelques jours après, cédant aux prières et aux plaintes qui s'élevaient de tout le pays contre les soldats de Rochefort, il sortit pour tenter une entreprise de ce côté. Mais comme il passait aux Ponts-de-Cé avec ses canons de siége, il apprit que les Saint-Offange, prévenus de ses desseins, s'étaient mis en défense et ne pouvaient être forcés par un coup de main. Il se détourna et alla faire une pointe dans les terres du Poitou. Les habitants, trompés dans leur attente, poursuivent le prince de leurs supplications. Le 31 mai, le conseil de ville prie « monseigneur de La Rochepot d'entretenir monseigneur le prince en ceste vollonté de faire acheminer son armée pour prendre ladicte place de Rochefort et l'asseurer qu'en ce cas il sera secouru de tout ce que la ville pourra. (2). » Le 18 juin, nouvelles instances : une grande assemblée à laquelle assistent l'Evêque, Philippe Gourreau et tous les notables, décide « qu'il sera escript à monseigneur le prince de Conty, au nom

(1) Louvet, an 1591, 11 mai.
(2) Registres, an 1591, 31 mai.

du corps de ville, pour le supplier admener son armée en ceste province d'Anjou pour l'assiégement et prinse de Rochefort et y sera offert que les habitants de ceste ville y apporteront tout le secours qu'ils pourront. » L'Evêque est prié d'intervenir, ainsi que son clergé (1). Les lettres et les députations se succèdent de mois en mois, et trahissent la détresse croissante et l'exaspération des bourgeois.

Vers la fin de cette année, la situation du parti royaliste s'aggrave, malgré les succès partiels du prince de Conty. Bois-Dauphin, rejeté sur la Loire, combine ses opérations avec les Saint-Offange, s'empare de quelques postes qui surveillaient Rochefort et menace Angers. L'agitation était très vive dans cette ville, chez les royaux qui redoutaient les bandes ligueuses, et chez les partisans de l'Union qui en attendaient leur délivrance. Seul, Puycharic, impassible au milieu des mille rumeurs qui se croisaient aux pieds de son imprenable forteresse, complétait ses fortifications, amassait de la poudre et garnissait de canons toutes ses embrasures (2).

De plus en plus hardis, les Saint-Offange multipliaient leurs courses, et donnaient à chaque instant l'alerte à leurs amis d'Angers. Le 11 novembre, vers minuit, deux cents hommes de la garnison de Rochefort, venus secrétement par *la croix Mautaillée,* font une brusque irruption dans le faubourg Bressigny, rompent les barrières, se jettent dans les maisons, enlèvent l'or, l'argent, les meubles des habitants et regagnent la campagne. Le toc-

(1) Registres, an 1591, 18 juin.
(2) Louvet, t. II, an 1591, octobre.

sin sonne, les bourgeois accourent en armes, Puycharic
et son lieutenant Madelet à leur tête. On poursuit les bandits ligueurs, on les atteint au Port-Thibaut; on en tue
un grand nombre, et les autres se noient en voulant traverser la Loire à la nage (1). Des scènes de ce genre se
répétaient fréquemment et tenaient la population en
éveil.

Les alarmes succèdent aux alarmes. Au mois de décembre, les coureurs de Puycharic viennent annoncer
que le duc de Mercœur s'approche avec une armée de
sept à huit mille hommes, la plupart Espagnols. Le 18,
il s'emparait de Saint-Florent qui fut mis à feu et à sang.
Le seul bruit de sa marche fait refluer vers Angers les
habitants de tous les lieux voisins, la Possonnière, Saint-
Georges, Serrant, les Ponts-de-Cé. A Angers, on quadru-
ple les gardes. Rochepot, qui battait la campagne avec
quelques cavaliers, revient à la hâte. On lève de l'argent
pour soudoyer les troupes des faubourgs, on jette trois
compagnies dans Saint-Nicolas, le quartier le plus exposé.
Les ligueurs de la ville voient reparaître les ordonnances
les plus sévères : il leur est défendu de sortir, passé huit
heures du soir; de fréquentes visites domiciliaires prévien-
nent ou déjouent les complots. Puycharic, le maire et les
échevins, qui agissent avec une parfaite entente, s'assemblent chaque jour pour aviser aux affaires (2). Cependant

(1) Louvet, t. ii, an 1591, novembre.

(2) Le 24 décembre « fut faict une inicque proposition par les huguenots et faulx catholiques, qui estoit que la nuict de Noël on alloit à
la messe de minuit, et que le service qui s'y faisoit pouvoit aporter
quelque sédition et remuement et que, pour l'évitter, il seroit bien à
propos que les églises fussent fermées et que l'on ne dict point la messe

Mercœur continue sa marche. Le 25, il célèbre la fête de Noël dans les forts de la Possonnière et de la Roche-Serrant, qui s'étaient rendus par composition. Ayant ainsi dégagé Rochefort, dont les garnisons de ces deux châteaux gênaient les mouvements, il se retire sur Ingrandes pour faire reposer ses troupes (1).

Mais la trève fut courte. Le 9 janvier 1592, l'armée ligueuse remontait la rive droite de la Loire, menaçant à la fois Angers et les Ponts-de-Cé. Pendant trois jours et trois nuits, dit Louvet, les habitants d'Angers furent en alarmes; le 13, Puycharic fit diminuer les gardes, Mercœur s'éloignait (2).

L'année 1592, qui s'ouvrait sous ces tristes augures, fut signalé du côté des royaux par des efforts plus vigoureux, mais aussi par des revers plus éclatants. Le prince de Dombes, gouverneur de Bretagne pour le roi, ne pouvant rien contre Mercœur, voulut du moins couper ses communications avec le nord de l'Anjou et le Maine, en lui enlevant la ville de Craon. Il fit connaître ses projets au prince de Conty et à La Rochepot. Un siége en règle fut résolu.

Conty, parti d'Angers le 21 avril, rallia Dombes sous les murs mêmes de Craon. Les deux armées réunies s'é-

de minuit, ce qui auroit esté empesché par ledict sieur de Puichairieq, qui auroit respondu à meschante proposition et dampné avis, lequel auroit dict qu'il voulloit que la messe de minuit fust ditte et qu'il ne volloit point que le service divin cessast, et que sy cela avoit lieu que ce seroit la cause que laditte ville abismeroit, qui sont les propres parolles qu'il dict en pleine assemblée de ville. » Louvet, t. II, 1591.

(1) Louvet, t. II, an 1591, décembre.

(2) *Id.*, 1592, janvier.

levaient à un chiffre qui varie, dans les divers récits, de six à douze mille hommes : on y comptait six cents landsknets et deux mille Anglais (1). Louvet qui, je l'ai déjà fait remarquer plusieurs fois, est mal informé sur ce qui se passe hors des murs d'Angers, n'a consigné dans son Journal que de petites circonstances se rattachant à cette expédition. Le 24 mai, il en raconte, avec une joie mal déguisée, le désastreux dénouement. Ce jour-là toute la population d'Angers assistait à une procession, « faicte par les églises de ceste ville, pour et à l'intention de M^{rs} les princes Dombes et Conty, estant au siége devant Craon, pour prier Dieu leur donner victoire contre M. le duc de Mercure qui leur auroit demandé bataille pour leur faire lever ledict siége... Comme ladittte procession sortoit de laditte église pour s'en retourner à Saint-Maurice, les nouvelles certaines vindrent à madame la princesse de Conty que la bataille avoit esté donnée par M. de Mercure à M^{rs} les princes, et qu'ils s'estoient bien battuz, en champs de bataille, vendredy et samedy, et que M. de Mercure avoit gaigné le champ de bataille, à laquelle il avoit esté bien tué grand nombre d'Anglois et lansquenets et infanterye, environ de quinze cents ou davantaige, et que la plus grande partye de la cavallerye elle s'en estoit fuye et mise en déroutte, et laquelle l'armée dudict sieur de Mercure auroit poursuivy jusque dans la ville de Chasteaugontier où ilz en auroient bien tué, et auroit ledict sieur de Mercure gaigné treize pièces de canon, grand

____

(1) Louvet, t. II, an 1591, avril. « Lesquelz Anglois ont faict grand dommaige au païs d'Anjou pour avoir tué beaucoup de prestres, tout rompu et brisé en l'abbaye des Anges et aultres églises où ils ont passé. »

nombre de pouldre et boullets et bagaige qui y est demeuré, et est demeuré le maistre du champ de bataille et avoit grant nombre de prisonniers qu'il avoit prins, entre lesquelz estoit M. le comte de La Rochepot, gouverneur du païs d'Anjou... Ledict jour de dimanche, de nuict, M. de Puchairicq, gouverneur du chasteau d'Angers, est arrivé dudict Craon, en son dict chasteau, bien blessé en ung bras, avec quelques gentilshommes assez bien blessez, à raizon de laquelle perte de bataille et que ledict siége estoit levé dudict Craon, on auroit doublé les gardes Angers de trois compaignées de la craincte que les habitants huguenots et leurs alliez avoient que M. de Mercure vînt assiéger la ville d'Angers (1). » D'Aubigné a décrit la déroute de Craon en deux ou trois de ces pages éclatantes de verve méridionale, dans lesquelles l'historien militaire semble conduire les charges. Il attribue la défaite des royalistes à l'ignorance et à l'obstination des deux princes qui les commandaient (2).

Outre le prestige nouveau que la victoire ajoutait à ses armes, le duc de Mercœur recueillit des résultats positifs. Il suivit ses ennemis à la trace le long des routes encombrées de fuyards, de canons, de chevaux embourbés. Châteaugontier et Laval se rendirent à lui à la première sommation. Bois-Dauphin, qui l'avait habilement secondé pendant cette heureuse campagne, fut rétabli dans ses apanages ; il s'y maintint jusqu'à sa défection.

Rien ne manqua à l'humiliation des chefs royalistes :

_____

(1) Louvet, 1592, mai. — Voir de Thou, liv. CIII, p. 232. — Chronologie novenaire, liv. IV, p. 406.

(2) *Hist. univ.*, t. III, p. 271. — Bodin, *Recherches sur le Bas-Anjou*, t. II, p. 152, a suivi d'Aubigné, mais a décoloré son récit.

on répéta bientôt dans les rues d'Angers et dans les pays d'Anjou et de Bretagne une chanson populaire, fruit de la veine satirique d'un capitaine ligueur nommé La Vallée. Louvet a inséré dans son Journal les quarante-neuf « stances en vers liriques appelés *piques-mouches*, pour ce qu'ilz picquent ceulx qui ont faict ledict siége. » A une époque où plus d'un capitaine maniait à la fois la plume et l'épée, on remarqua peu les couplets de La Vallée. On y trouve des traits fort vifs, des saillies mordantes et une vraie pointe d'esprit gaulois (1). C'est

(1) Je cite au hasard pour donner une idée de la chanson ligueuse en Anjou.

Je vys fuir tous les plus grands.
Entre lesquelz Monsieur Danville,
Auparavant des plus mordants,
A ce camp fust le plus habile;
Si on eut peu prendre la ville
En courant, il estoit dedans.
    Il n'est que d'aller.

Nermoustier craignant un affront
Ou d'avoir quelque dure atteincte
Se mist ses deux cornes au front
Où estoit sa vertu empreinte,
Puis s'en fuit sans aulcune crainte
Faisant comme les aultres font.
    Il n'est que d'aller.

Si Craon est pris avec du vent,
Ce sera d'Avaugour sans doute;
Car, en soufflant, le plus souvent
Il met les aultres vents en routte.
Et en ung besoin, somme toutte,
Faict tourner ung moullin à vent.
    Il n'est que d'aller.

la contre-partie angevine de la *satyre Ménippée* (1).

Si les amis de Louvet chansonnaient les vaincus de Craon, les bourgeois du corps de ville s'associaient à leur douleur, et les aidaient de toutes leurs ressources à réparer leur défaite. Ils faisaient fabriquer des armes; ils levaient de l'argent; ils nommaient un comité permanent de huit échevins et de deux membres du clergé pour assister Puycharic et prendre d'urgence les mesures que la situation rendait nécessaires (2); ils envoyaient message sur message à Henri IV pour obtenir des secours contre le duc de Mercœur (3).

L'activité du gouverneur du château et de l'échevinage eut un plein succès. L'armée de Mercœur, dont les coureurs avaient paru aux portes d'Angers, n'osa point faire le siége de la ville et ne tarda pas à sortir de la province. Puycharic, sa blessure à peine fermée, reprit la campagne, chassa les ligueurs des forts qui dominaient les voies d'arrivages, et pilla le bourg de Rochefort après un sanglant combat livré aux Saint-Offange.

(1) Voir dans la *satyre Ménippée*, édit. de Ch. Labitte, p. 25, la chanson de Passerat : *Il n'est que de bien courir.*

(2) Registres, an 1592, 26 et 29 mai, 23 juillet.

(3) *Ibid.*, 26 mai. « Il a esté conclud qu'il sera escript au Roy pour lui représenter l'estat de ceste province et le besoing de pourveoir à la seureté d'icelle, supplier Sa Majesté d'en faire selon qu'elle sçait estre nécessaire et pour cest effect nous assister de forces bastantes pour opposer aux dessaings des ennemys, et pour supplier aussy Sa Majesté de la délivrance de Mgr de La Rochepot par le moïen de l'eschange de quelques prisonniers, et qu'il sera aussi escript à madame de La Rochepot pour luy faire entendre le desplaisir que recoipvent les habitants de ceste ville de l'infortune advenue à Mgr de La Rochepot et la vollonté qu'ils ont de l'assister en tout ce qui despendra d'eulx pour l'advènement de sa liberté. »

Ces représailles, ces petits succès ne faisaient point oublier l'humiliation de Craon ; les royalistes n'en sentaient que plus vivement le désir de prendre une revanche glorieuse. Les habitants d'Angers, exposés tous les jours aux *camisades*, voyant leurs champs ruinés, leur commerce anéanti, demandaient à grand cri le siége de Rochefort. L'arrivée du maréchal d'Aumont, dont l'énergie était connue des Angevins, fit redoubler les plaintes en éveillant les espérances. Ce capitaine venait remplacer le prince de Dombes dans le gouvernement de la Bretagne. Il amenait une petite armée qui, jointe aux débris de celle de Craon, offrait des forces suffisantes pour tenter un coup décisif. Le maréchal opéra d'abord dans le nord de l'Anjou et s'empara de Mayenne. Il menaçait déjà Châteaugontier et Laval où commandaient les lieutenants de Bois-Dauphin, lorsqu'il apprit que, dans une conférence tenue à Beaufort entre Duplessis, Puycharic, la Trémouille, Gourreau et plusieurs notables d'Angers, on avait décidé le siége de Rochefort (1). Il manda aussitôt ces personnages auprès de lui, et, à leur grande surprise, il leur annonça qu'il prendrait part à l'expédition, « ne considérant pas que l'unicque raison qui les enhardissoit à l'entreprendre estoit que lui attaquant Laval et Châteaugontier appelleroit de ce costé le duc de Mercœur, qui par ce moïen ne pourroit secourir Rochefort (2). » Malgré leur insistance et la valeur de leurs arguments, le maréchal persévéra obstinément dans sa résolution.

(1) David de Licques, p. 187.

(2) Mémoires de Mme Duplessis-Mornay, p. 244.

Le siége de Rochefort fut aussi mal conduit que celui de Craon. L'armée royaliste comptait un grand nombre de vaillants gentilshommes, admirables dans un coup de main, héroïques dans une aventure ; mais elle n'avait pas de général. D'Aumont n'entendait rien à l'art des siéges. Duplessis-Mornay, avec son activité ordinaire, se porta le premier sous les murs de Rochefort, amenant à sa suite deux canons, soixante gentilshommes, deux cents arquebusiers et dix milliers de poudre (1). Il commença l'investissement le 15 septembre. D'Aumont et le prince de Conty le rejoignirent le lendemain (2).

Si les opérations avaient été poussées avec vigueur dès les premiers jours, le succès eût été assuré. Malgré leur audace et l'assiette de leur forteresse, les ligueurs n'étaient pas en mesure de résister à des forces considérables. C'était l'avis de Duplessis-Mornay : « Il est plus facile, disait-il, de prendre Rochefort avec quatre canons aujourd'hui, qu'il ne le sera avec le double dans un mois (3). » Mais le maréchal d'Aumont avait perdu, en vieillissant, cette ardeur impatiente que lui attribue Brantôme ; il refusa d'agir et attendit plus d'un grand mois la réunion de toutes ses troupes ; les capitaines retardataires, Lavardin, Saint-Luc, La Trémouille, n'amenèrent que peu de monde. Cette prudence excessive exalta le courage entreprenant des assiégés. Quand ils virent les travaux se rapprocher de la place, ils firent des sorties, culbutèrent les travailleurs, comblèrent les tranchées et

(1) David de Licques, p. 187.
(2) Registres, an 1592, 16 septembre.
(3) David de Licques, p. 187.

tuèrent un grand nombre de soldats royalistes (1). On entrait en novembre; rien n'avançait. D'Aumont avait réuni treize pièces de canon, mais il n'avait pas encore choisi le point d'attaque. A la suite d'une reconnaissance faite par Duplessis (2), Puycharic et Montmartin, il fut décidé qu'on « battrait la place par le côté de Saint-Symphorien en batterie et du fort de Dieusie en courtine. » Là-dessus intervient Saint-Luc; il avait pris l'avis d'un gentilhomme du pays, nommé Milly-Bretesche, « qui, par bienséance, estoit de corps en l'armée mais d'affection au party contraire. » Il assurait, d'après cette autorité suspecte, qu'il fallait porter les principales batteries sur Dieusie, et qu'il suffirait de deux canons dans le pré, tirant sur Saint-Symphorien. Duplessis objecte vainement que c'est folie d'attaquer Rochefort par le côté le plus escarpé, « et que, quelque ouverture qu'on pût faire aux murailles, il n'y auroit moien, le roc précipité comme il estoit d'y monter ny d'y loger. » L'ancien mignon de Henri III l'emporte sur le grave Duplessis et sur les meilleurs capitaines. Le 7 novembre, le feu fut ouvert des hauteurs de Dieusie. Quand on eut tiré deux mille cinq cents coups, « on vit qu'il y eut prou de bresche, mais nul moyen d'y aborder (3). » Le maréchal se ravisa trop

<hr>

(1) Louvet, t. II, an 1592, octobre.

(2) *Mémoires* de Duplessis-Mornay, t. v, p. 384. Lettre de Duplessis à M. du Fresne. « J'assiste Mgr le prince et M. le maréchal d'Aumont de ce que je puis au siége de ceste place, importante infiniment à ces provinces; forte plus qu'il n'est à croire et d'art et de nature. Et dont toutes fois, aidant Dieu, nous aurons le bout, si nous ne sommes traversés de la Bretaigne, auquel cas chacung debvroit estre le pied à l'estrier pour nous secourir. »

(3) David de Licques, p. 189.

tard; les munitions étaient épuisées, et « la rivière venant à croistre selon la saison noyoit déjà les ouvrages avancés, » lorsque les canons furent portés sur le point indiqué par Duplessis-Mornay.

On imagine avec quelle anxiété Angers suivait les péripéties du siége. Aucune entreprise, depuis le commencement des troubles religieux, n'avait passionné à ce point toute la population. C'était en effet pour elle une question de sécurité prochaine ou de violences nouvelles. Aussi n'épargnait-on rien pour le triomphe des royaux, ni argent (1), ni munitions, ni soldats. Les hôpitaux étaient ouverts « aux pauves soldats blessez, comme aussy les habitants laiz de chascune paroisse estoient priés de donner leurs libéralités pour fournir auxdits frais. » Des listes de souscriptions se formaient dans tous les quartiers, et portaient en tête les noms les plus considérables de l'hôtel-de-ville et du présidial (2). Les réquisitions du maréchal se succédaient : le maire et les échevins n'en repoussaient aucune (3). Les capitaines et des compagnies entières partaient pour le camp : le maire essayait vainement de contenir l'entraînement général (4).

(1) Les bourgeois avaient offert vingt mille écus pour le siége, à condition que Rochefort serait rasé. *Mémoires* de Duplessis-Mornay, lettre au roi du 12 septembre 1592, t. v, p. 379.

(2) Registres, an 1592, 16 septembre.

(3) *Ibid.*, 26 septembre, 3 et 11 novembre, des canons, des tonneaux, de la poudre, du plomb, des vivres, du vin.

(4) *Ibid.*, 5 novembre. « Le sieur de la Rue a esté prié se transporter vers Msr le prince de Conty et M. le maréchal d'Aumont pour leur remonstrer que plusieurs capitaines et soldats des compaignées de la ville se transportent au siége de Rochefort, de sorte que la ville est desgarnie de tous les plus affectionnez au service du Roy; qu'il leur

Cependant comme ces milices régulières ne suffisaient pas aux besoins du siége, et que les pionniers manquaient pour creuser les tranchées et faire les travaux d'approches, on eut recours à une sorte de *presse*, expédient barbare contre lequel Louvet s'élève avec raison (1).

La garnison sentait bien qu'elle gagnait tout en prolongeant la résistance. La saison devenait mauvaise, les eaux inondaient la vallée, les munitions des royalistes

plaise faire ordonnance et deffense telles qu'ils adviseront pour la seureté de la ville, et qu'ils n'abandonnent la ville. »

(1) « On a prins la plus grant partie de tous les bonnes gens des champs qui estoient venuz au marché et halles d'Angers pour y amener du bestial à vendre pour mener à Rochefort, et ce archers et sergents, et aultres marchands qu'ils trouvoient sans exception d'aulcun, ensemble les portefaix qu'on trouvoit par les rues, et les ont mis tous en prison. Beaucoup desquels marchands et païsans, qui estoient ès-dittes halles voiant la rigueur qu'on leur faisoit, pour éviter la prison, s'enfuyoient et laissoient leur bestial ès-dittes halles pour leur saulver, et aulcuns desdicts archers menoient lesdicts marchands en des maisons particulières et desquels ils exigeoient et voulloient ce qu'ils pouvoient avoir d'argent sur eulx. » René Bodet, lieutenant de prévôté, s'était chargé de ce recrutement tyrannique. Bientôt « icelluy Bodet a tirré desdites prisons les paouvres gens des champs et portefaix, lesquels comme criminels il a fait lier avec des cordes par ses bourreaulx et volleurs d'archers, et iceulx faict mettre en ung batteau au port Ayrault et mener audict Rochefort pour faire les aproches, barricades et planter les eschelles, qui estoit une chose pitoiable de veoir tant de paouvres gens menez par force, après lesquelz on voioit leurs femmes et enfants qui couroient et crioient, après lesquelz, au lieu de les consoller et donner de l'argent pour vivre, les satellites et bourreaulx leur donnoient des coups de bâton. » Les archers de Bodet répétèrent plusieurs fois cette odieuse opération ; et presque chaque jour ils parcouraient les campagnes voisines et enlevaient « de paouvres mestaiers et cloziers qui estoient liés avec des cordes pour les mener audict Rochefort. » Louvet, 1592, novembre.

s'épuisaient. Cependant la famine sévissait dans la place ; la population, bloquée depuis deux mois, souffrait cruellement (1) ; les secours espérés de Bretagne ne s'annonçaient même pas. Un jour, un courrier venu d'Ancenis est arrêté dans les lignes de Duplessis. Il portait une lettre de l'aîné des Saint-Offange, Hurtault, qu'une maladie grave retenait, à son grand regret, loin du théâtre de la guerre. Il écrivait en chiffre à son frère La Houssaye « qu'il eut bon courage, qu'il seroit secouru. » Duplessis parvint à trouver la clef du chiffre et composa avec les mêmes signes une lettre « qui le désespéroit de secours et la fist tomber entre leurs mains (2). » La Houssaye et les siens trompés par ce stratagème « délibéroient sur icelle et inclynoient à faire la composition bonne ; » mais pendant la nuit un valet de Hurtault pénétra dans la place, et leur remit une nouvelle missive qui leur fit découvrir la ruse de l'ennemi et leur rendit l'espérance. Louvet, qui avait peut-être lu Tite-Live, raconte aussi un épisode qui rappelle le siége de Rome par les Gaulois. Un jeune gentilhomme du nom de Launay-Gringuenière s'offre à Saint-Offange pour aller, au péril de sa vie, avertir Mercœur de la détresse des assiégés. Il sort à cheval, traverse les postes ennemis et gagne Nantes. Quelques jours après il revient par la même route, passe de nouveau à travers l'armée royaliste, renverse d'un coup de pistolet le capitaine Montmartin qui lui barrait

(1) Roger, p. 453. « Une grande partie du peuple de la paroisse de Rochefort et des environs qui s'étoit retirée dans le château au commencement du siége y mourut de misère et de pauvreté. »

(2) David de Licques, p. 190.

le chemin et rentre à Rochefort « tellement qu'il leur donna telles réjouissances qui leur ont augmenté le couraige de tenir bon et à raison de laquelle hardiesse, ledit sieur de Launay a acquis un grand honneur en toutte l'armée (1). » Les ligueurs n'en doutaient plus : leur héroïque constance allait bientôt recevoir son prix; Mercœur longtemps retenu au siége d'une place royaliste de la Bretagne se disposait enfin à marcher au secours de Rochefort.

D'Aumont et Conty n'ignoraient pas les espérances des assiégés. Ils tentèrent un dernier effort. Les batteries avaient enfin été établies sur le terrain désigné par Duplessis-Mornay. Le 24 novembre, les treize canons ouvrirent un feu violent sur les murailles les plus basses de Rochefort. Le 28, une large brèche offrait aux royalistes un accès facile. D'Aumont ordonna l'assaut à deux heures après-midi. Gentilshommes et soldats, irrités par la longue résistance de la place, s'élancent « par grande furye. » Mais debout sur la brèche, rangés comme un mur vivant et infranchissable, Saint-Offange et ses compagnons arrêtent l'élan désordonné des assaillants, et après quelques instants d'une lutte acharnée, les précipitent sous une pluie de balles et de mitraille le long des rocs inexpugnables.

Dès lors l'entreprise était manquée. Seul d'Aumont s'obstinait à la poursuivre (2). Mais son armée l'aban-

(1) Louvet, 1592, novembre.

(2) On trouve à la date du 1er décembre, l'analyse d'un message du maréchal : « Sur ce qu'il a esté proposé de la part de M. le maréchal d'Aumont et de Msr le prince de Conty, que lesdicts sieurs ont entreprins le siége de Rochefort tant pour le service du Roy que pour la li-

donna. Le 1ᵉʳ décembre, en passant la revue, il constata la désertion presque générale : des six à sept mille hommes qu'il avait comptés au mois d'octobre, il ne restait au camp que trois à quatre cents chevaux et douze arquebusiers (1). Ces forces étaient évidemment insuffisantes pour tenir tête aux Saint-Offange et à l'armée de Mercœur dont on signalait l'approche. Il fallut se résigner à lever le siége (2).

berté du païs et conservation de ceste ville, en espérance que les habitants leur ayderoient à la despense et que les sieurs capitaines et grant nombre d'honnestes hommes qui sont audict siége exposent leurs vyes et moyens dont il y a plusieurs morts et blessez à extrémité; que avoir conduict ceste œuvre jusque icy il ne fault l'abandonner et délibérer y perdre plus tost la vie; que de la part desdicts habitants ils fassent aussy leur debyoir... » Le maire conclut en demandant, au nom du maréchal et du prince, de la poudre, de l'argent, des soldats. Registres, an 1592, 1ᵉʳ décembre.

(1) Louvet, t. ii, an 1592, 1ᵉʳ décembre.

(2) *Id., ibid.* Je laisse à juger la joie du ligueur Louvet et la complaisance avec laquelle il s'étend sur la déconvenue des lieutenants du *Roy de Navarre*, « qui est pour monstrer la providence de Dieu qui ne sera jamais pour les huguenots ny pour les faulx catholicques qui leur adhèrent. » Duplessis-Mornay aurait pu aussi se réjouir dans une certaine mesure, car la déroute démontrait la sagesse des avis qu'il avait donnés et que le maréchal avait refusé de suivre. Voici comment il rendit compte au roi de l'événement : « Sire, Vostre Majesté aura esté avertie que le siége de Rochefort a esté levé. L'issue en pouvoit estre tout aultre ; mais j'ose dire que c'est plus tost malheur que faulte, car chascun y a faict ce qu'il a peu, M. le maréchal d'Aumont surtout. Mais par une certaine facilité, les mauvais advis ont esté préférés visiblement aulx bons. Je me console, qu'il rendra tesmoignage à Vostre Majesté que je l'y ai assisté oultre mon pouvoir, depuis le commencement jusques à la fin. Maintenant c'est à nous de courre ; car ces gens enorgueillis seront tous les jours à nos portes..... De Saulmur, 7 décembre 1592. » *Mémoires* de Duplessis-Mornay, t. v, p. 387.

La malheureuse issue de l'expédition sur Rochefort était un véritable désastre pour les bourgeois royalistes d'Angers. Non seulement ils n'avaient plus l'espoir de voir cesser les brigandages des Saint-Offange; non seulement ils avaient inutilement payé plus de 30,000 écus, sacrifié leur réserve de poudre et de munitions, perdu plusieurs soldats de la milice, mais ils voyaient fondre sur eux toutes les calamités à la fois : l'armée vaincue se repliait en désordre vers leurs murs et dévastait la campagne, Mercœur s'avançait avec ses féroces Espagnols (1), et les ligueurs de la ville s'agitaient de nouveau, prêts à favoriser l'entrée de l'ennemi. L'échevinage, secondé par Puycharic, pourvut à tout avec une grande activité. On renforça les gardes à toutes les portes, on mit des compagnies dans les faubourgs, on vota 1,500 écus pour entretenir les troupes et 1,500 autres pour acheter de la poudre, on prescrivit une enquête sévère pour s'assurer des personnes suspectes et connaître le nombre d'hommes et la quantité d'armes qu'on pouvait consacrer à la défense de la commune (2). Bientôt les alarmes se dissipèrent : Mercœur s'éloigna après de vaines démonstrations ne voulant point assiéger la ville parce que, dit Louvet, « il apréhendoit que les bons catholiques y estant feussent perduz et ruinez par les méchants huguenots et leurs faulteurs et adhérents. »

Restaient les ennemis du dedans. Le double triomphe

(1) D'Aubigné, *Hist. univ.*, t. III, p. 273, raconte qu'après la bataille de Craon « les Espagnols arrachèrent les prisonniers français d'entre les mains de plusieurs pour les tuer par le commandement de don Jouan. »

(2) Registres, an 1592, décembre.

de la Ligue à Craon et à Rochefort et ses progrès autour d'Angers (1) réveillaient l'audace des prédicateurs. Le parlement de Tours fut obligé d'intervenir de nouveau contre la verve séditieuse de ces agitateurs du peuple (2). Des arrêts sévères avaient fait des vides dans leurs rangs; mais *l'église militante* n'en refusait pas moins d'amener son drapeau, et continuait la lutte, en dépit des magistrats royalistes et malgré le désaveu formel de l'évêque. Le 21 juin 1593, on avait célébré, selon l'usage, la fête du *Sacre* par une procession solennelle : Puycharic, Pierre Ayrault, René Gohin, maire d'Angers, Bonvoisin, président du présidial, les conseillers, les échevins, tous les notables,

(1) Louvet, t. II, 27 décembre 1592, 16 mai et 16 juillet 1593. Les ligueurs s'emparent des forts de la Possonnière, de la Roche-Serrant, du château du Plessis-Bourré, de la ville et du château de Sablé.

(2) *Id.*, an 1592, décembre. « Lequel parlement de Tours exerçoit, pour intimider les catholicques, touttes les cruautez qu'il pouvoit à l'endroict de ceulx qui susportoient les princes et chefs de l'Unyon, protecteurs et deffenseurs à ce que le Roy de Navarre feust receu et sacré Roy de France à raison de son hérézie; et lequel parlement, sans congnoissance de cause, ni ouvrir le sac sur lequel il y avoit sur l'ettiquette ce mot *ligueur*, il estoit condempné mourir, et faisoient et exerçoient les cruaultés à l'endroict des bons catholicques en la mesme forme et manière comme font ceulx d'Angleterre pour intimider les catholicques, tellement qu'à raison desdictes tyrannies et cruaultez qui se faisoient à Tours soubz le voile de la justice contre les paouvres catholicques et plus particulièrement contre les relligieux prédicateurs et gens d'église, qu'ilz ont, en sy grand nombre, faict brusler et pendre, lesquelz sont vrays martirs pour avoir soustenu la vraye relligion, les paouvres catholicques et relligieux et gens d'église n'ozoient parler les ungs avec les aultres, et lorsqu'on en trouvoit deux ou trois ensemble qui conféroient les ungs avec les aultres, ils estoient incontinent prins prisonniers, et les accuzoit-on d'estre ligueurs et qu'ils conspiroient contre le Roy. »

avaient suivi la cérémonie. La procession s'arrête dans l'é-
glise de St-Michel-du-Tertre. Alors « le père Subleau, docteur relligieux du couvent des Cordeliers, a faict le sermon, auquel il a traitté du St-Sacrement de l'autel, et bien
parlé contre les huguenots et les héréticques, et que ceulx
qui adhéroient avec eulx, les susportoient, favorisoient,
estoient tous escommuniez, et qu'il ne falloit point prier
Dieu pour eulx, et les auroit bien blasmez et leurs adhérents. » Quelque brève que soit l'analyse de Louvet, il en
dit assez pour donner une idée du sermon : sous les mots
d'hérétiques, d'excommuniés, d'adhérents, l'orateur,
personne ne s'y trompait, attaquait Henri IV et ses amis.
Les magistrats, poussés à bout par cette audacieuse sortie, s'assemblent « et ont conclud et décrété contre ledict
Subleau, prinse de corps et le mettre prisonnier pour
avoir presché cédicieusement. » Dans l'après-dîner, ils se
rendent chez l'évêque Miron. Le prélat, nous l'avons vu,
était royaliste, et avait combattu de toutes ses forces
contre les énergumènes que les couvents fournissaient à
la chaire. Il envoie quérir Subleau par les archers du
prévôt. Le religieux refuse de se rendre auprès de l'évêque et dit « qu'il ne le congnoissoit point pour son juge. »
Miron se transporte au couvent des Cordeliers et se fait
amener le moine « auquel il auroit remonstré que c'estoit un céditieux et qu'il avoit presché céditieusement ;
lequel auroit fait response qu'il n'avoit dict que la vérité
et qu'il soustiendroit. » Le prélat ne pouvant obtenir un
mot de plus, remet Subleau en garde à un religieux,
nommé Coumeau, qui était sans doute le prieur du
couvent. Mais les magistrats, se défiant d'un pareil
gardien, se rendent vers le soir aux Cordeliers afin de

s'assurer de la personne du prédicateur réfractaire ; « ou estant, auroient faict venir un serrurier, lequel auroit, avec ung marteau, frappé contre la porte et longtemps après avoir frappé, laditte porte auroit esté ouverte par ung relligieux où ils auroient entré audict couvent et demandé ledict Subleau. » Subleau avait disparu et « les relligieux auroient faict response qu'ils ne savoient où il estoit. » Messieurs de la justice verbalisent et se retirent. L'évêque n'est pas plus heureux dans ses réquisitions. Il mande le lendemain le religieux Coumeau. Les magistrats, qui entouraient Miron, le pressent vainement de questions ; la réponse est toujours la même « leur auroit dict ne sçavoir où il estoit. » Il fallut s'en tenir là : l'évêque fit emprisonner Coumeau en lui disant « qu'il le luy feroit bien trouver Subleau (1). » Mais nous ne voyons pas qu'il ait réussi à ressaisir le fugitif, protégé dans son évasion par ce sentiment de solidarité qui unit si étroitement les membres d'une communauté. Le parlement de Tours devant lequel cette affaire fut portée, ne trouva d'autre moyen de mettre un frein à l'insubordination des Cordeliers que de leur imposer pour *gardien* « un certain Urban Verneau, fort affectionné pour le roy de Navarre, lequel Verneau, par ledict arrest, est déclaré provincial de l'ordre, ès-provinces de Touraine et Anjou (2). »

Louvet, que je suis constamment pour guide dans cette étude, reste sagement renfermé dans l'enceinte de sa commune. Il ignore ce qui se passe au dehors ou s'en préoccupe peu. Il ne nomme même pas le roi de la Ligue,

(1) Louvet, t. ii, an 1593, 21 juin.
(2) *Id.*, 27 juillet.

Charles X ; il ne parle, ni des brillantes mais stériles
victoires de Henri IV, ni du siége de Paris, ni des campagnes du duc de Parme, ni des déchirements intérieurs
de la Ligue ; il ne sait rien des ardentes compétitions
allumées au sein de son parti par la vacance du trône ;
il se garde de parler des prétentions de l'Espagnol et ne dit
pas un mot des états-généraux convoqués par Mayenne.
Le nom du *roi de Navarre* revient rarement dans ses
récits, et n'est rappelé le plus souvent qu'à l'occasion des
prières et des *Te Deum* que le corps de ville fait chanter.
Comme il ne néglige cependant aucun des faits qui intéressent directement Angers, il signale, le 25 février 1593,
la sortie d'une députation qui, sur la demande du gouverneur La Rochepot, « va salluer le roy de Navarre en
la ville de Tours. » Duplessis Mornay attendait le monarque à Saumur ; il y arriva le 27 du même mois.

Henri IV était à la veille de son abjuration ; son parti
était pris, sans doute, mais il hésitait avant de faire ce
qu'il appela si légèrement « le saut périlleux. » Duplessis
lut facilement au fond de son âme, et le roi, malgré ses
gasconnades, ne parvint pas à lui donner le change (1).
Ils se séparèrent le 8 mars. Au mois de juillet, l'évène-
ment attendu par tous les honnêtes gens du parti catho-

____

(1) David de Licques, p. 172. « Il fut suspect à M. Duplessis de ce
qu'il n'approfondissoit rien. Cependant il fréquenta les presches à l'accoustumé, loua le temple que le gouverneur avoit basti ; mesme tint
aux pasteurs qui le visitèrent de très-bons propos au partir ; s'ils oyoient
dire de luy quelque desbauche qu'ils en crussent quelque chose, qu'il
estoit homme sujet à de grandes infirmitez ; mais si on leur disoit qu'il
se détraquoit de la religion, qu'ils n'en creussent jamais rien et qu'il
y mourroit. »

lique et jugé nécessaire par les hommes sensés du parti protestant, était accompli, et, ouvrant tout à coup de nouvelles perspectives, faisait entrevoir au peuple, foulé par trente ans de guerre, le terme prochain de ses malheurs. Henri IV répudiait la religion de ses compagnons d'armes pour se concilier l'immense majorité de la nation. Cependant tout n'était pas encore fini ; l'acte solennel de Saint-Denys ne fit pas tomber les armes de toutes les mains. A l'exemple de l'opiniâtre Louvet (1), beaucoup de ligueurs attendaient encore, pour se rallier définitivement, que le mot d'ordre fût venu de Rome.

(1) Louvet, t. ii, an 1593, juillet, pour la première fois, appelle Henri IV *le Roy :* « Le sabmedy, dernier jour de juillet, on a chanté le *Te Deum* en réjouissance et pour louer Dieu de ce que le Roy estoit allé à la messe ; » c'est pure distraction de sa part : il continue son opposition jusqu'en 1595.

CHAPITRE XI.

En abjurant, Henri IV n'avait point passé d'un camp
dans un autre : il cessait d'être un chef de parti, et inau-
gurait, comme roi de la nation, le principe des *politiques,*
si odieux aux deux factions extrêmes, la tolérance de
l'État en matière religieuse. Huguenots et ligueurs étaient
également vaincus. Cependant, malgré leur profond ressentiment, les calvinistes, contenus par des chefs dévoués, continuèrent à servir le prince qui avait renié

leurs croyances, mais qu'ils aimaient « pour l'avoir porté sur leurs épaules depuis la Loire. » La Ligue, au contraire, atteinte du coup mortel, se débat péniblement pendant quelques années encore; je ne sais pas de spectacle plus attristant que l'agonie de cette faction. Les huguenots durent être tentés de pardonner son abjuration au Béarnais, en le voyant avilir à plaisir ces prétendus héros de la foi, qu'ils avaient combattus ensemble, et qui, substituant de honteux calculs à leur enthousiasme factice, ne craignaient pas de vendre pièce à pièce les débris croulants du grand édifice des Guise. Les masses populaires, que des craintes légitimes avaient entraînées dans la conjuration féodale, suivent encore pendant quelque temps les chefs qui les égarent en semant des doutes sur la sincérité du roi (1). Mais on peut entrevoir dans le Journal de Louvet que, malgré toutes les excitations des meneurs, le peuple, avide de repos après tant de jours de souffrance, abdique peu à peu ses haines, et que, disposé à se soumettre, il n'attend plus qu'un signal venu de Rome, pour rejeter le drapeau de la Ligue.

Les habitants de la campagne manifestent leur joie sans arrière-pensée. Henri IV ne leur avait pas encore promis *la poule au pot,* mais il leur offrait la paix; et, ce don de joyeux avènement, ils l'eussent accepté, je pense, même d'un roi huguenot. A la faveur de la trève géné-

(1) De Thou, liv. cxi, p. 506. Mercœur faisait dire par ses prédicateurs « que ce retour simulé ne tendait qu'à tromper les catholiques; que la religion courait plus de risque que lorsque le roi était ouvertement protestant; qu'il ne fallait pas donner dans ce piége; et que ce serait trahir la religion que de ne la pas défendre avec plus de vigueur que jamais. »

rale, ils se rendent en pèlerinage aux sanctuaires vénérés de la capitale de leur province, dont l'accès était devenu si difficile depuis dix ans. Des villages entiers se présentent tour à tour, formant de longues processions « au grand crève-cœur des huguenotz et faulx catholicques. » Ces manifestations ne laissaient pas d'inspirer quelques inquiétudes. Ainsi, quand on apprend que la paroisse de Rochefort va visiter Notre-Dame de Recouvrance, les magistrats jugent à propos de doubler les gardes. Il est vrai que les Saint-Offange avaient choisi, pour faire leur procession, le jour du 24 août, anniversaire de la Saint-Barthélemy : ils faisaient ainsi d'un acte de piété, une sorte de menace, comme pour se dédommager de l'inaction que leur imposait la suspension d'armes (1).

Les chefs de la Ligue, désormais sans espérance, s'efforcent de s'agrandir le plus possible, apparemment pour se vendre à plus haut prix. Bois-Dauphin, Le Cornu, les Saint-Offange, multiplient leurs attaques contre les royalistes dans le cours de l'année 1594. La population d'Angers, bloquée de tous côtés, exposée à la famine, privée de tout commerce, achève de se détacher de ces cruels partisans, en qui elle ne reconnaît plus les soldats de la foi. Puycharic et La Rochepot continuent, avec leur infatigable activité, cette guerre sans gloire, dont les incidents sont toujours les mêmes, prise d'un poste, siége d'une redoute, escarmouche au détour d'une haie, embuscade dans un moulin.

Plus heureux que ses lieutenants d'Anjou, le roi usant, à la honte de ses ennemis, de la tactique vantée par

(1) Louvet, 1593, août. Une trève générale suivit l'abjuration du roi.

Philippe de Macédoine, ne trouvait pas de ville imprenable. Le Journal de Louvet n'est plus qu'une longue suite de *Te Deum* chantés à Saint-Maurice pour de faciles triomphes, qui eussent été assurément plus prompts et plus nombreux encore, si le Béarnais eût été assez riche pour envoyer partout des mulets chargés d'or. Le 22 mars 1594, il entrait dans Paris, dont les portes lui étaient livrées par le comte de Brissac, que nous avons vu à la tête des ligueurs d'Angers en 1588.

Le *Te Deum* retentit cette fois jusqu'au fond de la Bretagne et troubla le duc de Mercœur. Le rêve qu'il nourrissait depuis six ans commença à se dissiper : au bruit que faisait la chute des principaux soutiens de la Ligue, il pressentit, non sans effroi, qu'il allait bientôt rester seul, les armes à la main, en face du roi de France (1). Duplessis-Mornay, qui suivait attentivement les fluctuations de cette âme irrésolue, crut l'occasion favorable pour entamer des négociations. Il employa, comme intermédiaire, la veuve de Henri III, sœur du duc, qui offrait d'elle-même son influente entremise. Le roi approuva les plans du gouverneur de Saumur, et décida que les conférences auraient lieu à Ancenis. Le 6 mai, la *Royne Blanche* faisait son entrée solennelle à Angers (2).

_____

(1) Duplessis avait engagé de secrètes négociations avec Mercœur dès l'an 1592. Voir Mémoires, t. v, p. 378, lettre à M. de Charette, seneschal de Nantes.

(2) Louvet, t. ii, 1594, mai. — Registres, 6 mai. « A esté advisé que M. le maire, accompaigné de cinq ou six de ce corps de ville, iront aux Ponts-de-Cé, au devant de la Royne, la supplier d'honorer ceste ville de sa présence et y prendre son logis, où les habitants sont en toutte dévotion luy offrir faire le très humble service qu'ils doibvent. »

Elle fut reçue avec de très grands honneurs, et les deux partis, abaissant leurs armes devant cette auguste médiatrice, dont les malheurs, la vertu et les sentiments fraternels rehaussaient la majesté, convinrent d'une trêve pour tout le temps de son séjour dans la ville. Sa présence acheva de calmer les esprits, et, lorsqu'on la vit, à la suite d'une procession générale, « prier Dieu donner une bonne paix au royaulme de France, » tout le peuple s'associa sincèrement à ses vœux : Louvet oublie même d'accuser la sincérité des *courbonzons et faulx catholicques* (1). Louise de Vaudemont quitta Angers le 25 mai, et descendit par eau vers Ancenis, où son frère la devait recevoir. Bientôt après, les commissaires du roi et ceux du duc de Mercœur engagèrent la discussion sur un projet de traité. Duplessis avait seul le secret de Henri IV, et savait jusqu'où pouvaient aller les concessions (2). Il n'entre pas dans mon sujet de suivre, en ses obscures complications, cette comédie diplomatique, que les agents de Mercœur prolongèrent à plaisir jusqu'en 1598 (3). L'Anjou gagna à ces débats d'avocats et de procureurs des trèves fréquentes, dont, il est vrai, les bourgeois d'Angers payaient les frais, mais qui n'en étaient pas moins un

(1) Louvet, 15 mai.

(2) Mémoires de Mme Duplessis-Mornay. « La principale charge et direction, par une simple instruction secrette et particulière, en fust commise à M. Duplessis, lequel nommément feit instance vers Sa Majesté qu'il n'y eust rien faict au préjudice des édits de la relligion ; ce que Sa Majesté approuva. »

(3) On peut voir dans de Thou, liv. cxvii, cxviii, cxx, l'histoire complète de ces négociations ; de Thou y fut employé. Cf. David de Licques, p. 220 et suiv. — Mémoires de Mornay, t. vii et viii.

bienfait pour le pays (1). Bois-Dauphin, dont les dispositions devenaient de plus en plus pacifiques, mettait ces
armistices à profit pour se rapprocher des échevins dont
il avait été si longtemps la terreur. Il songeait à se servir
d'eux comme d'intermédiaires auprès du roi. Seuls, les
Saint-Offange, liés étroitement à la fortune de Mercœur,
persévéraient hautement dans leur opposition, et continuaient à désoler le pays par leurs brigandages. L'aîné
de la famille, Hurtault, ayant été fait prisonnier dans une
rencontre, sur les limites de la Bretagne, La Houssaye,
qui le remplaçait à Rochefort, s'empara, en pleine trève,
de deux bourgeois d'Angers, l'échevin La Lande et le
procureur du roi (2). Un jugement rendu par Mercœur les
déclara de bonne prise. Et non seulement la commune
n'obtint aucune réparation de cette violation flagrante de
la paix, mais on l'obligea encore, pour dégager la parole
de ses deux bourgeois, mis conditionnellement en liberté,

(1) Registres, an 1594, séance du 28 novembre. La Rochepot écrit
que Bois-Dauphin n'ayant pas été payé de la somme de 36,000 écus à
lui accordés pour l'entrétenement de la trève, a fait saisir les deniers
du roi. Le 11 janvier suivant, Bois-Dauphin écrit lui-même au conseil
pour réclamer au même titre une somme de 12,000 écus; le maire déclare sa demande fondée.

(2) *Ibid.*, 1595, 10 janvier. — Se trouve au 1er janvier une conclusion relative à l'attentat de Pierre Châtel. « D'aultant qu'il se voit par
la lettre du Roy que ledict Chastel a esté noury au collége des Jésuistes, où Sa Majesté présume qu'il a receu l'instruction d'un acte sy exé-
crable, et qu'il est congneu que telles et semblables entreprinses pro-
cèdent d'un mesme lieu, pouvant faire que désormais ladicte compaignée
de Jésuistes ne soit suspecte en France, a esté conclud et advisé que
Sa Majesté sera très humblement suppliée de les faire sortir de son
royaulme. »

de fournir une somme de 2,620 écus, destinée à payer au gouverneur de Clisson la rançon de Hurtault (1).

De pareils faits rendaient plus vif de jour en jour le désir de la paix définitive. On sentait qu'un pouvoir central, reconnu et respecté de tous, pouvait seul la garantir. Ce fut donc avec une joie sincère qu'on vit disparaître le dernier prétexte qui retenait encore dans l'opposition quelques catholiques de bonne foi. Après de longues hésitations que justifiaient peut-être les antécédents du Béarnais, le pape avait consenti à relever Henri IV de l'excommunication portée contre lui. Louvet, qui n'est ici comme le plus souvent que l'interprète des sentiments des masses, se rallie définitivement. « Le vendredy 29 du mois de septembre, feste M. sainct Michel, le *Te Deum* a esté chanté à Sainct-Maurice et les feuz de joye faictz pour la réjouissance de ce que le pappe absoubt le Roy de Navarre Henri IVe, à présent, par la grâce de Dieu, Roy de France, et ce, au moien de ce qu'il a abjuré l'hérésie où il estoit tombé, sans laquelle il n'eust jamais esté Roy des François catholicques, de tant qu'il n'y a jamais eu de Roys en France qui aient esté huguenots ny héréticques (2). »

Les lettres d'absolution portaient le coup de grâce à la Ligue. On ne pouvait désormais garder les armes contre Henri IV sans se prétendre plus catholique que le pape lui-même, ou plutôt sans ôter le dernier voile qui couvrait de honteuses convoitises ou d'extravagantes ambitions. Aussi les capitulations se multiplient de tout côté;

(1) Registres, 10, 12, 20 janvier, 30 août.

(2) Louvet, t. II, 1595, septembre.

Mayenne en donne lui-même le signal. La Ligue n'a bientôt plus d'autre asile fortifié que les terres où commande le duc de Mercœur. Duplessis à Craon, les Saint-Offange à Rochefort, refusent, trois ans encore, à l'exemple de leur chef, de rendre leur épée au roi. Bois-Dauphin au contraire, chancelant dans sa foi depuis plus d'une année, se laisse facilement gagner par Duplessis-Mornay. Il se met à très haut prix et demande le bâton de maréchal de France. Le roi y faisant quelque difficulté, Mornay le décide d'un mot, « et lui dit que s'il eust tenu en honneur ceste charge jusques-là, qu'il en devroit faire scrupule, mais en combien de sortes elle a esté jà profanée! » Le négociateur ajoutait qu'il fallait isoler Mercœur en achetant ses lieutenants, « mesme à conditions iniques (1). » Bois-Dauphin obtint donc le brevet de maréchal et fut désormais pour Duplessis-Mornay et pour La Rochepot un auxiliaire fidèle et actif. A son instigation les villes de Laval et de Châteaugontier renoncèrent à la Ligue et reconnurent Henri IV (2).

Les Saint-Offange n'en restaient pas moins maîtres de la campagne où leurs coureurs venaient faire le pillage, toutes les fois que le permettaient les trèves, si souvent renouvelées et rompues pendant les interminables négo-

(1) David de Licques, p. 223.

(2) Les soldats de Bois-Dauphin ne suivaient qu'à contre-cœur les officiers du roi : « Frais sortis de la Ligue, ils portoient encore la casaque ennemie et le cœur encore plus. » Au siége de Tigné, petite place occupée par une bande des Saint-Offange, ils se laissèrent gagner par les agents de Mercœur et tentèrent d'enlever La Rochepot et Duplessis-Mornay. David de Licques, p. 228. — *Mémoires* de Mme Duplessis-Mornay, p. 295.

ciations de Mercœur. Un de leurs derniers faits d'armes, sanglant couronnement de leur carrière de bandits, fut le massacre des protestants de la Chasteigneraye (1). Le Cornu et la garnison de Craon continuaient aussi à entretenir la terreur dans le nord de la province.

A Angers, le petit nombre des faits, fournis par Louvet ou par les Registres, atteste la pacification progressive des esprits. Rien ne révèle plus l'existence de deux partis ; les paroisses semblent désormais aussi royalistes que le corps de ville. Les tribuns de la chaire gardent le silence, et les derniers échos de l'éloquence ligueuse meurent étouffés derrière les épaisses murailles des couvents. Les *courbonzons* et les huguenots accusent bien encore les religieux de secrètes intrigues et de menées séditieuses ; mais la guerre au grand jour a cessé : les *confesseurs* de l'Union ne sortent plus de leurs cloîtres silencieux.

Dans les années qui suivent, le roi continue ses progrès dans l'opinion. Tous les cœurs se réunissent dans un vœu commun : la fin de la guerre et le rétablissement d'un pouvoir assez fort pour balayer de la campagne les restes de la Ligue (2). Mercœur, encouragé par l'invasion

______

(1) *Discours véritable du massacre plus qu'inhumainement exercé, le treizième jour d'aoust 1595, sur l'église réformée de la Chasteigneraye, en Poitou, composée pour la pluspart des habitants dudict lieu et d'autres paroisses circonvoisines, laquelle de longtemps a accoutumé s'assembler à la Brossardière*, in-8°, 1595. D'après cette brochure, il y eut 31 morts, 22 hommes blessés, 10 femmes blessées, 4 prisonniers.

(2) Les ligueurs étaient le fléau des campagnes : « S'estant renduz maistres de la campagne et ny aïant aulcunes forces pour Sa Majesté, ont sans résistance recueilli tous les bleds jusques aux portes de ceste ville en laquelle n'a esté amené du bled pour y vivre un moys, et pour

des Espagnols en Picardie, redouble vainement d'activité; il ne s'agrandit plus et sent les peuples se séparer de lui. Une démonstration du roi du côté de la Bretagne devait précipiter sa chute. Aussi Duplessis-Mornay, ayant reçu la nouvelle de la reprise d'Amiens par les troupes françaises, presse Henri IV d'accourir pour porter le dernier coup à la Ligue expirante (1). L'échevinage joint ses supplications aux instances du gouverneur de Saumur. On vote en assemblée générale une somme de 24,000 écus pour aider le roi à réduire les pays occupés par Mercœur et ses lieutenants. Les procureurs des paroisses s'associent vivement à ce vote et y font ajouter « que le Roy sera supplié que le chasteau de Rochefort, estant remis en son obéissance, sera rasé, et toutes aultres places du pays, pour éviter aux révoltes si ordinaires qui en sont advenues à la ruisne du païs (2). » On voit que l'esprit de la Ligue s'était entièrement éteint dans le peuple.

Henri ne désirait pas moins vivement que les royalistes

rendre les habitants du païs plus incommodez ont prins jusques aux sepmences, tellement qu'il n'y a aulcune espérance que l'on puisse semer en l'année présente pour la prochaine année et que les laboureurs et mestayers seront contraincts de vendre leurs bestiaulx pour vivre. » Registres, an 1597, avril.

(1) David de Licques, p. 246. « Il lui représentoit que la fortune de M. de Mercœur estoit comme sur les estaiz, le peuple altéré de la paix, son crédit sappé vers les gouverneurs de ses places; qu'il ne la pouvoit si peu pousser qu'elle ne versast. » C'est vers cette époque, 30 septembre, que Duplessis-Mornay fut odieusement assailli par Saint-Phal dans la rue Courte à Angers. Voir David de Licques, p. 240, et de nombreuses lettres et mémoires dans les tomes VII et VIII des Mémoires de Duplessis-Mornay.

(2) Registres, an 1597, 5 et 16 décembre.

de l'Anjou, d'abattre le dernier drapeau de la rébellion. On annonça au mois de décembre 1597, qu'il préparait une expédition contre Mercœur.

L'année 1598 s'ouvrit ainsi au milieu des plus flatteuses espérances. Des fêtes préludèrent à la paix. Avant de venir en personne achever la ruine des ligueurs, le roi récompensa les services de Puycharic qui les avait si vaillamment combattus pendant dix ans. Le capitaine fut élevé à la dignité de sénéchal d'Anjou. Toute la population applaudit à cette promotion (1).

Le 20 février, la dernière trêve, signée entre le duc de Mercœur et les commissaires du roi, expire, et la guerre promène encore une fois ses ravages dans les campagnes de l'Anjou. Les populations effrayées se réfugient à Angers ; mais on voit surtout arriver des fuyards des villes ligueuses, Nantes, Ancenis, Ingrandes, Rochefort, qui craignaient d'être assiégées par les troupes du roi. Dès le 22, en effet, Louvet signale le passage des régiments qui se succèdent à quelques jours de marche, et remontent le long de la Loire dans la direction de Nantes (2).

Comme l'avait prévu Duplessis-Mornay, la seule nouvelle de la marche du roi sur la Bretagne précipita la défection de tous les lieutenants de Mercœur. Les deux plus compromis, Le Cornu Duplessis de Cosme et Hurtault de Saint-Offange, se hâtèrent d'envoyer des députés pour offrir leur soumission. Les articles, accordés au gouverneur de Craon, sont datés de Toury en Beauce, le 21 février ; le roi lui pardonne tous « les homicides et autres

(1) Louvet, an 1598, février.
(2) *Id. ibid.*

crimes énormes commis par lui et les siens (1). » Les lettres de rémission des Saint-Offange furent signées le 1er mars à Chenonceaux. Si l'on doutait des brigandages et des meurtres reprochés par tous les contemporains aux Saint-Offange, il suffirait de lire cette pièce curieuse, rédigée de leur propre main et dans laquelle ils confessent spontanément toutes les charges qui pèsent sur eux depuis l'arrestation de Sardini jusqu'au massacre de la Chasteigneraye (2). Le roi, justement irrité contre ces chefs de partisans, se refusa d'abord à les recevoir en grâce. Il céda pourtant aux prières de Fouquet de la Varanne, diplomate distingué qui lui avait rendu de grands services. Il signa les articles et consentit même à accorder une somme de 2,000 liv. à Hurtault pour indemnité du gouvernement qu'il perdait. Rochefort, suivant le vœu des habitants d'Angers, devait être démoli (3).

(1) De Thou, liv. cxx, p. 778.

(2) *Les articles accordés par le Roy aux sieurs de Heurtault et de La Houssaye de Sainct-Offange* ont été publiés à la suite d'une étude sur les Saint-Offange, par M. V. Pavie, dans la *Revue d'Anjou,* livraison de novembre-décembre 1854.

(3) Roger, p. 456. — Palma Cayet. *Chronologie novenaire*, t. Ier, liv. IX, p. 149. — Les forteresses furent en effet démolies; il ne reste plus sur le roc de Rochefort, qu'un pan de mur autour duquel gisent d'énormes blocs de maçonnerie, débris de ces gigantesques murailles. Les Saint-Offange furent très bien en cour et reçurent le titre de gentilshommes ordinaires du roi. Le traité public avait été sans doute complété par des articles secrets. N'est-ce pas ce qu'on doit conclure d'une note, trouvée par M. Paul Marchegay dans les archives du département de Maine et Loire, et qu'il a bien voulu me laisser prendre dans le trésor de pièces curieuses amassées par son infatigable érudition? Le roi Henri IV ordonne par lettres spéciales au trésorier de son épar-

Sur toute sa route, Henri IV reçut ainsi les soumissions des capitaines de Mercœur. Le duc, effrayé de la désertion générale qui s'opérait autour de lui, prit enfin son parti. Sa femme, Marie de Luxembourg, se rendit au-devant du roi. Elle aurait voulu l'attendre à Angers; mais quand elle se présenta aux portes de cette ville, elle fut insultée par le peuple et obligée de s'éloigner. Elle se retira aux Ponts-de-Cé (1).

Le roi arriva au château des Ponts-de-Cé le 6 mars. Il chargea aussitôt cinq commissaires de préparer, avec la duchesse de Mercœur, un projet de traité. On avait déjà arrêté des conditions très dures pour le chef de la Ligue, lorsque, le soir, la duchesse eut une entrevue avec le roi. Elle lui proposa le mariage de sa fille, la plus riche héritière de France, avec César, fils de Gabrielle d'Estrées. C'était déjà une idée caressée par l'ambition paternelle du Béarnais. Les articles préparés furent écartés, au grand regret de de Thou, l'un des commissaires, et le traité ajourné jusqu'à ce que le duc eût donné son agrément au mariage. La cour se transporta alors à Angers. Marie de Luxembourg monta dans la litière de Gabrielle; elle

gne de compter aux trois frères Saint-Offange les sommes suivantes, dont la destination n'est pas indiquée :

> 20 juillet 1601, 11,814 l. 13 s.
> 13 mars 1602, 10,614 écus au soleil.
> 20 mars 1603, 28,142 l.
> 27 janvier 1604, 26,240 l. 13 s.
> 30 mai 1605, 24,442 l. 13 s.
> 13 février 1606, 22,642 l. 13 s.
> .... 1607, 20,842 l. 13 s.

(1) De Thou, liv. cxx, p. 778. — Roger, p. 457.

n'avait plus à craindre qu'on lui fermât les portes (1).

Dès la veille, les habitants d'Angers s'étaient avancés sur le chemin des Ponts-de-Cé, « rangés en onze compaignées qui estoient en bel ordre et qu'il faisoit beau voir (2). » Ils revinrent le lendemain, attendant, avec une impatience qui n'était point jouée, le prince qui était pour eux un véritable libérateur. Le roi se présenta enfin et traversa les flots de la foule entre les deux haies, formées le long de la route par les bourgeois armés. Il s'arrêta même pour passer en revue « un bataillon quarré dressé en une pièce de terre qui est sur ledict chemin... qu'il auroit trouvé bien dressé et les capitaines et habitants en bon ordre (3). » Louvet, qui figurait peut-être dans une de ces belles compagnies, eût été sans doute moins fier, s'il avait entendu l'épigramme du Béarnais. « Je trouverois-là, dit-il, en revenant au milieu des princes et des seigneurs, plus de bonnes cautions que de bons soldats (4). » Au portail Saint-Aubin, l'attendaient le maire, les échevins, messieurs de la justice, Puycharic, Philippe Gourreau. On lui lut deux harangues, on lui présenta les clefs de la ville; et, suivi d'un brillant cortége, il s'achemina vers le logis de Lancreau, préparé pour le recevoir (5).

D'après ce que j'ai dit de Louvet, on ne s'étonnera pas de le voir s'attacher curieusement aux pas de Henri IV. Il note tous les actes et tous les mouvements du roi. Le « bon

---

(1) De Thou, liv. cxx, p. 779.
(2) Louvet, t. ii, an 1598, 6 mars.
(3) *Id.*, 7 mars.
(4) Roger, p. 455.
(5) Louvet, 7 mars.

catholicque » a lieu d'être satisfait de la piété de l'ancien chef des huguenots. Dès le lendemain de son entrée à Angers, le dimanche 8 mars, le roi va à Saint-Maurice ouïr la messe ; « lequel, après avoir receu à genoux, à l'entrée de laditte église, la bénédiction du révérend évesque, a entré en laditte église où il a ouy la messe qui a esté dicte par ledict révérend évesque et répondue en muzique (1). » Le lundi il va aux Cordeliers « pour ouïr la messe et le sermon. » Il est vrai que le vendredi, pendant que le roi est à la chasse sur les terres du château du Plessis-Macé, Madame, sa sœur, fait faire le prêche en son logis, « où tous les huguenots et héréticques et faulx catholicques sont allez. » Mais Henri efface cette fâcheuse impression par sa pieuse conduite, le dimanche 15 mars, fête de Pâques fleuries (2). Pendant toute la semaine sainte,

(1) Louvet, 7 mars.

(2) Il se rend à l'église Saint-Maurice, « ou estant, la bénédiction des rameaux a esté faicte, et a esté baillé à Sa Majesté une palme en la main et son collier de l'ordre du Saint-Esprit sur les espaulles ; et la bénédiction estant, la procession a marché en la forme et manière accoustumé, où saditte Majesté a assisté, portant la palme, accompaignée de M^{rs} les princes, chevalliers et seigneurs aïant leur ordre, et estant sortiz hors laditte église, Sa Majesté a faict aller devant M^{rs} du clergé, toutte la noblesse et Sa Majesté derrière, seule ; et est allé la procession jusques dans l'église Sainct-Michel-du-Tertre où elle a accoustumé d'aller tous les ans et estoit tout le dernier ; et estant arrivée dans l'église, saditte Majesté a entré dans le logis presbitéral et s'est mis à la fenestre qui a veue et aspect sur le cimetière, près et au droict de la chaire, où il a entendu le sermon, et aiant Sa Majesté ouy attentivement la prédication, a sorty dudict logis et est venue se mettre à genoux devant une croix, toutte couverte de rameaulx, et, après en avoir prins et faict sa prière, a entré laditte église, où il a esté à la messe ; et à l'après-dînée Sa Majesté est allée au couvent de la Baumette. » Louvet, t. II, an 1598, mars.

le roi continue à édifier les bourgeois d'Angers. « Le jeudy absollu, le Roy est allé au pallais épiscopal où il a lavé les piedz à treize paouvres, la teste nue, où il estoit assisté de plusieurs seigneurs. Le vendredy bénist, le Roy a esté au sermon à Sainct-Maurice... Le dimanche de Pâques, le Roy ayant ouy la grand'messe à Sainct-Maurice, a touché les mallades des escrouelles qui se sont trouvez dans le placistre Sainct-Maurice. » On le voit, le roi très-chrétien était irréprochable; le parti catholique n'aurait pu mettre sur le trône un prince plus orthodoxe.

Cependant Mercœur, cédant à la nécessité, avait accepté les conditions qui lui étaient offertes. Le 23 mars, des feux de joie, allumés sur toutes les places d'Angers, annonçaient sa soumission, et célébraient le rétablissement si longtemps attendu de la concorde civile (1). Cinq jours après, le duc entrait à Angers avec une nombreuse escorte de gentilshommes. Le roi s'était établi depuis quelques jours au château du Verger, magnifique habitation de la famille de Rohan. Il ne voulut pas que le duc se présentât devant lui avec une sorte de cour, comme s'il eût traité de puissance à puissance, et lui manda de congédier ses gentilshommes. Mercœur obéit, et se rendit, dans la journée du 30 mars, au bourg de Briollay où l'attendait Henri, « et au mesme instant, est allé salluer Sa Majesté et supplier le Roy oublier ce qui s'estoit passé, auquel Sa Majesté a faict response qu'il oublioit tout et l'a receu bénignement à son service. Ce faict, ledict sei-

______

(1) Roger, p. 457. Ce fut alors que l'ancienne prophétie, dont on trouvait l'explication si difficile, fut accomplie, à savoir que la guerre civile ne serait terminée qu'en *la ville noire*.

gneur de Mercure est aussy allé salluer madame la duchesse de Monceaulx et César monsieur son fils (1). »

L'entrevue de Briollay fut suivie de la signature du contrat que le roi et Gabrielle avaient tant à cœur (2).

Tout n'était point fini : il restait, pour consommer l'œuvre de pacification, à régler les différends avec l'Espagne, et surtout à statuer sur les garanties demandées par les protestants. Angers avait vu arriver dans ses murs, le 27 mars, lord Cecil, grand trésorier d'Angleterre, M. Justin, amiral de Zélande et M. de Barneveld (3); ces ambassadeurs des puissances protestantes insistèrent auprès du roi pour la rupture des négociations ouvertes à Vervins. Henri IV les reçut honorablement, mais refusa d'acquiescer à leurs vœux, et le traité de Vervins fut signé le 2 mai suivant.

La question qui intéressait ses anciens co-religionnaires était plus délicate et plus difficile. Le grand conseil discuta l'édit dans une salle des Jacobins à Angers; les articles en étaient presque tous arrêtés, lorsque le roi, le 11 avril, s'embarqua avec la cour sur la Maine pour descendre vers la capitale de la Ligue bretonne. On sait que l'édit de Nantes fut signé deux jours après, le 13 avril.

Les protestants de l'Anjou obtenaient six temples distribués sur les divers points de la province, Saumur,

(1) Louvet, 30 mars. Sully arriva trop tard pour empêcher le traité qu'il désapprouvait; il en blâme le roi avec sa rudesse ordinaire. (*Ec. Roy.*, t. III, p. 148, coll. Petitot.

(2) Le contrat de mariage a été publié par M. Godard-Faultrier, l'*Anjou et ses Monuments*, t. II, p. 487; la minute est conservée dans l'étude de Mᵉ Pachaut, notaire à Angers.

(3) Louvet, t. II, an 1598, mars.

Sorges, Baugé, Craon, Châteaugontier et Princé (1).
L'installation des prêches donna lieu à quelque agitation ;
mais les commissaires du roi passèrent outre, et le premier essai de tolérance religieuse commença partout (2).

L'édit de Nantes est le terme naturel de cette étude.
L'histoire de la Ligue en Anjou est finie ; celle du calvinisme entre dans une phase nouvelle.

Nous avons essayé dans ce travail imparfait de retracer
les destinées d'une petite église réformée et celles d'une
commune du XVIe siècle. Nous avons vu la religion nouvelle arrêtée dans ses premiers développements par le
caractère et les tendances naturelles des populations. La
persécution lui donne quelques jours d'un éclat passa-
ger : la noblesse en grande partie et quelques bourgeois
se laissent gagner .par les prédicants ; mais les masses
restent constamment hostiles. Après avoir préludé à la
guerre civile par la *journée des mouchoirs,* les réformés
s'emparent d'Angers ; toutefois leur triomphe est court :
décimés par le glaive ou les buchers, affaiblis par de sanglantes luttes, ne se recrutant plus, ils vont s'affaiblis-
sant de jour en jour. Ils cessent de former une faction à
l'avènement de Henri IV, et se fondent dans le parti royaliste. Après l'édit de Nantes, l'église angevine, déposant
l'arquebuse et privée de cette force d'expansion que les
idées nouvelles puisent dans la lutte ou la persécution,
voit insensiblement décroître son importance. La paix
lui est plus fatale que la guerre. Les abjurations se multiplient ; les grands noms désertent ; les fils des gentils-

(1) Roger, p. 478.
(2) Louvet, an 1599.

hommes qui avaient fait la *journée des mouchoirs*, et qui s'étaient si longtemps rangés autour de la cornette du prince de Condé, reviennent tous successivement au culte qui est célébré dans les chapelles royales. Roger assure que de son temps on ne comptait pas cent familles protestantes à Angers. Ce petit groupe de religionnaires partagea les vicissitudes agitées des églises de France, jusqu'au jour où elles trouvèrent un repos, désormais exempt de troubles, à l'ombre de ce drapeau de la tolérance que Michel L'Hôpital et quelques bourgeois d'Angers avaient vainement fait flotter au XVIe siècle.

Quant à la commune angevine, elle nous a offert l'exemple, rare au XVIe siècle, d'une bourgeoisie modérée dans ses sentiments et dans ses actes, s'interposant toujours entre les factions, et apportant au pouvoir un esprit de tempérament et de justice. Elle traverse habilement les épreuves des guerres civiles; elle épargne à la cité les horreurs de la Saint-Barthélemy; elle grandit en importance, développe ses libertés à la faveur des troubles, et atteint son apogée sous le règne libéral du duc d'Anjou. Si elle est débordée un instant par la faction démocratique de la Ligue, elle reprend bientôt sa place à la tête de la société communale, et, inspirée par le sentiment vrai des besoins de l'État, elle met son influence au service de la royauté qui seule pouvait sauver le pays. La paix termina son rôle politique. La commune perdit sans retour cette forme de petite république qu'elle avait prise dans l'anarchie. Son autonomie disparut bientôt sous le gouvernement centralisateur des Bourbons. L'échevinage, réduit à quatre membres dès 1601, ne conserva rien de cette indépendance qui nous l'a pu faire comparer à un sénat dans le tumulte de la guerre civile. Mais les travaux et les souffrances des bourgeois du XVIe siècle ne furent point perdus. Ils léguèrent à leurs fils leur expérience, leur science des hommes et des choses, leurs habitudes honnêtes et leurs tendances libérales. Les générations qui se succédèrent dans les deux siècles suivants se transmirent fidèlement ce précieux héritage ; elles surent l'agrandir, et elles se trouvèrent préparées par leurs traditions au rôle qui s'offrit au tiers-état, lorsque la féconde révolution de 1789 vint ouvrir le monde nouveau où nous vivons.

———————

Vu et lu,

A Paris, en Sorbonne, le 6 octobre 1855,

Par le Doyen de la Faculté des Lettres de Paris,

J.-Vict. LE CLERC.

Permis d'imprimer :

Le Vice-Recteur de l'Académie de Paris,

CAYX.

TABLE DES CHAPITRES.

CHAPITRE IX.

CHAPITRE X.

CHAPITRE XI.

FIN DE LA TABLE.

ERRATA.

Page ix, ligne 7 : *discours*; lisez : **Mémoires**.

Page 6, ligne 31 : tout; lisez : toute.

Page 81, ligne 1 : conseil; lisez : consul.

Pages 94 ligne 3, 97 lignes 4 et 11, 131 ligne 18 : Montcontour; lisez : Moncontour.

Page 113, ligne 21 : prévision; lisez : provision.

Ibid, ligne 26 : nous; lisez : non.

Page 122, ligne 11 : le capitaine; lisez : les capitaines.

Page 131, ligne 12 : Varsovie; lisez : Cracovie.

Page 204, ligne 8 : grandes; lisez : grands.

Page 258, ligne 11 : Souillaine; lisez : Goullaine.

Page 314, ligne 10 : M. Justin, amiral de Zélande; lisez : M. le comte Justin de Nassau, amiral de Zélande.

ANGERS. — IMPRIMERIE DE COSNIER ET LACHÈSE.